新时代领导干部必备的七种能力

杨英杰 主编

清华大学出版社
北京

版权所有，侵权必究。举报：010-62782989，beiqinquan@tup.tsinghua.edu.cn。

图书在版编目（CIP）数据

新时代领导干部必备的七种能力 / 杨英杰主编. —北京：清华大学出版社，2024.3
ISBN 978-7-302-65382-0

Ⅰ.①新…　Ⅱ.①杨…　Ⅲ.①中国共产党—干部教育—学习参考资料　Ⅳ.① D262.3

中国国家版本馆 CIP 数据核字（2024）第 022370 号

责任编辑：王如月
装帧设计：李　唯
责任校对：王凤芝
责任印制：刘海龙

出版发行：清华大学出版社
　　　　　网　　址：https://www.tup.com.cn, https://www.wqxuetang.com
　　　　　地　　址：北京清华大学学研大厦 A 座　邮　编：100084
　　　　　社 总 机：010-83470000　邮　购：010-62786544
　　　　　投稿与读者服务：010-62776969，c-service@tup.tsinghua.edu.cn
　　　　　质量反馈：010-62772015，zhiliang@tup.tsinghua.edu.cn

印 装 者：三河市天利华印刷装订有限公司
经　　销：全国新华书店
开　　本：165mm×230mm　　印　张：16.5　　字　数：212 千字
版　　次：2024 年 3 月第 1 版　　　　　　印　次：2024 年 3 月第 1 次印刷
定　　价：69.00 元

产品编号：091600-01

习近平在中央党校（国家行政学院）中青年干部培训班开班式上发表重要讲话 强调年轻干部要提高解决实际问题能力 想干事能干事干成事

新华社北京10月10日电　2020年秋季学期中央党校(国家行政学院)中青年干部培训班10月10日上午在中央党校开班。中共中央总书记、国家主席、中央军委主席习近平在开班式上发表重要讲话强调，历史总是在不断解决问题中前进的。我们党领导人民干革命、搞建设、抓改革，都是为了解决我国的实际问题。提高解决实际问题能力是应对当前复杂形势、完成艰巨任务的迫切需要，也是年轻干部成长的必然要求。面对复杂形势和艰巨任务，我们要在危机中育先机、于变局中开新局，干部特别是年轻干部要提高政治能力、调查研究能力、科学决策能力、改革攻坚能力、应急处突能力、群众工作能力、抓落实能力，勇于直面问题，想干事、能干事、干成事，不断解决问题、破解难题。

中共中央政治局常委、中央书记处书记王沪宁出席开班式。

习近平强调，党的十八大以来，党和国家事业取得历史性成就、发生历史性变革，其中一条很重要的经验就是坚持问题导向，把解决实际问题作为打开工作局面的突破口。当今世界正经历百年未有之大变局，外部环境出现更多不稳定性不确定性。明年我们将进入"十四五"时期,开启全面建设社会主义现代化国家新征程。进入新发展阶段,贯彻新发展理念,构建新发展格局,需要解决的问题会越来越多样、越来越复杂。我国继续发展具有多方面优势和条件,但发展不平衡不充分问题仍然突出。抗击新冠疫情斗争取得重大战略成果,但决胜全面建成小康社会、决战脱贫攻坚,扎实做好"六稳"工作、全面落实"六保"任务,夺取全面胜利,还需要付出持续努力。

习近平指出,年轻干部要提高政治能力。在干部干好工作所需的各种能力中,政治能力是第一位的。有了过硬的政治能力,才能做到自觉在思想上政治上行动上同党中央保持高度一致,在任何时候、任何情况下都能"不畏浮云遮望眼""乱云飞渡仍从容"。提高政治能力,首先要把握正确政治方向,坚持中国共产党领导和我国社会主义制度。在这个问题上,决不能有任何迷糊和动摇!这次抗击新冠疫情斗争的实践再次证明,中国共产党是风雨来袭时中国人民最可靠的主心骨,我国社会主义制度是抵御风险挑战的最有力制度保证。年轻干部必须坚守一条,凡是有利于坚持党的领导和我国社会主义制度的事就坚定不移做,凡是不利于坚持党的领导和我国社会主义制度的事就坚决不做!要不断提高政治敏锐性和政治鉴别力,观察分析形势首先要把握政治因素,特别是要能够透过现象看本质,做到眼睛亮、见事早、行动快。提高政治能力必须对党的政治纪律和政治规矩怀有敬畏之心。要自觉加强政治历练,增强政治自制力,始终做政治上的"明白人""老实人"。要注重提高马克思主义理论水平,学深悟透,融会贯通,掌握辩证唯物主义和历史唯物主义,掌握贯穿其中的马克思主义立场观点方法,掌握中国化的马克思主义,做马克思主义的坚定信仰者、忠实实践者。

习近平指出，年轻干部要提高调查研究能力。调查研究是做好工作的基本功。一定要学会调查研究，在调查研究中提高工作本领。调查研究要经常化。要坚持到群众中去、到实践中去，倾听基层干部群众所想所急所盼，了解和掌握真实情况，不能走马观花、蜻蜓点水，一得自矜、以偏概全。对调研得来的大量材料和情况，要认真研究分析，由此及彼、由表及里。对经过充分研究、比较成熟的调研成果，要及时上升为决策部署，转化为具体措施；对尚未研究透彻的调研成果，要更深入地听取意见，完善后再付诸实施；对已经形成举措、落实落地的，要及时跟踪评估，视情况调整优化。

习近平强调，年轻干部要提高科学决策能力。做到科学决策，首先要有战略眼光，看得远、想得深。领导干部想问题、作决策，一定要对国之大者心中有数，多打大算盘、算大账，少打小算盘、算小账，善于把地区和部门的工作融入党和国家事业大棋局，做到既为一域争光、更为全局添彩。要深入研究、综合分析，看事情是否值得做、是否符合实际等，全面权衡，科学决断。作决策一定要开展可行性研究，多方听取意见，综合评判，科学取舍，使决策符合实际情况。

习近平指出，年轻干部要提高改革攻坚能力。面向未来，我们要全面推进党和国家各项工作，尤其是贯彻新发展理念、推动高质量发展、构建新发展格局，继续走在时代前列，仍然要以全面深化改革添动力、求突破。改革必须有勇气和决心，保持越是艰险越向前的刚健勇毅。要把干事热情和科学精神结合起来，使出台的各项改革举措符合客观规律、符合工作需要、符合群众利益。改革攻坚要有正确方法，坚持创新思维，跟着问题走、奔着问题去，准确识变、科学应变、主动求变，在把握规律的基础上实现变革创新。要尊重群众首创精神，把加强顶层设计和坚持问计于民统一起来，从生动鲜活的基层实践中汲取智慧。要注重增强系统性、整体性、协同性，使各项改革举措相互配合、相互促进、相得益彰。

习近平强调，年轻干部要提高应急处突能力。预判风险是防范风险的前提，把握风险走向是谋求战略主动的关键。要增强风险意识，下好先手棋、打好主动仗，做好随时应对各种风险挑战的准备。要努力成为所在工作领域的行家里手，不断提高应急处突的见识和胆识，对可能发生的各种风险挑战，要做到心中有数、分类施策、精准拆弹，有效掌控局势、化解危机。要紧密结合应对风险实践，查找工作和体制机制上的漏洞，及时予以完善。

习近平指出，年轻干部要提高群众工作能力。要坚持从群众中来、到群众中去，真正成为群众的贴心人。要心中有群众，时刻把群众安危冷暖放在心上，认真落实党中央各项惠民政策，把小事当作大事来办，切实解决群众"急难愁盼"的问题。要落实党中央关于逐步实现全体人民共同富裕的要求，带领群众艰苦奋斗、勤劳致富，在收入、就业、教育、社保、医保、医药卫生、住房等方面不断取得实实在在的成果。要注意宣传群众、教育群众，用群众喜闻乐见、易于接受的方法开展工作，提高群众思想觉悟，让他们心热起来、行动起来。要自觉运用法治思维和法治方式深化改革、推动发展、化解矛盾，维护社会公平正义。

习近平强调，年轻干部要提高抓落实能力。干事业不能做样子，必须脚踏实地，抓工作落实要以上率下、真抓实干。特别是主要领导干部，既要带领大家一起定好盘子、理清路子、开对方子，又要做到重要任务亲自部署、关键环节亲自把关、落实情况亲自督查，不能高高在上、凌空蹈虚，不能只挂帅不出征。干事业就要有钉钉子精神，抓铁有痕、踏石留印，稳扎稳打向前走，过了一山再登一峰，跨过一沟再越一壑，不断通过化解难题开创工作新局面。

习近平指出，我们正处在大有可为的新时代。年轻干部要起而行之、勇挑重担，积极投身新时代中国特色社会主义伟大实践，经风雨、见世面，真刀真枪锤炼能力，以过硬本领展现作为、不辱使命。各级党组织要有针对性地加强对年轻干部的思想淬炼、政治历练、实践锻炼、专业训练，明确培养年轻干部的正确途径，坚决克服干部培养中的形式主义，帮助他们提高解决实际问题能力，让他们更好肩负起新时代的职责和使命。

陈希主持开班式，指出要深入学习贯彻习近平新时代中国特色社会主义思想，增强"四个意识"、坚定"四个自信"、做到"两个维护"，积极投身新时代中国特色社会主义伟大实践，持之以恒加强思想淬炼、政治历练、实践锻炼、专业训练，不断提高解决实际问题能力，牢记初心使命、勇于担当作为、善于攻坚克难，自觉担负起党和人民赋予的时代重任。

丁薛祥、黄坤明出席开班式。

2020年秋季学期中央党校（国家行政学院）中青年干部培训班学员参加开班式，中央有关部门负责同志列席开班式。

（《人民日报》，2020年10月11日，第1版）

目 录

第一章 "乱云飞渡仍从容"——提高政治能力 　001
 第一节　政治能力是党永葆生命力和战斗力的关键 　002
 第二节　新时代提高政治能力的必要性和紧迫性 　013
 第三节　领导干部提高政治能力的举措和途径 　023

第二章 "不逐蜻蜓点水轻"——提高调查研究能力 　043
 第一节　调查研究是践行群众路线的重要抓手 　044
 第二节　新时代提高调查研究能力的必要性和紧迫性 　058
 第三节　领导干部提高调查研究能力的举措和途径 　066

第三章 "世事如棋局局新"——提高科学决策能力 　084
 第一节　科学决策是实现党和国家发展战略的基石 　085
 第二节　新时代提高科学决策能力的必要性和紧迫性 　092
 第三节　领导干部提高科学决策能力的举措和途径 　102

第四章 "勇气百倍无与偶"——提高改革攻坚能力 　110
 第一节　改革攻坚是巩固党的执政地位的强大武器 　110
 第二节　新时代提高改革攻坚能力的必要性和紧迫性 　126
 第三节　领导干部提高改革攻坚能力的举措和途径 　138

第五章 "但得东风先手在"——提高应急处突能力　147
第一节 应急处突是党和国家行稳致远的重要支撑　147
第二节 新时代提高应急处突能力的必要性和紧迫性　159
第三节 领导干部提高应急处突能力的举措和途径　166

第六章 "用尽为国为民心"——提高群众工作能力　185
第一节 群众工作是党的优良传统和政治优势　185
第二节 新时代提高群众工作能力的必要性和紧迫性　198
第三节 领导干部提高群众工作能力的举措和途径　205

第七章 "足履分明深踏石"——提高抓落实能力　222
第一节 抓落实是共产党最讲"认真"二字的体现　222
第二节 新时代提高抓落实能力的必要性和紧迫性　233
第三节 领导干部提高抓落实能力的举措和途径　241

后　记　254

第一章
"乱云飞渡仍从容"——提高政治能力

政治性是政党的天然属性,世界上无论哪个政党,都强调自己的政治性,区别只在于讲什么样的政治,怎样讲政治。列宁指出:"一个阶级如果不从政治上正确地处理问题,就不可能维持它的统治。"[1] 毛泽东同志曾精辟指出:"没有正确的政治观点,就等于没有灵魂。"[2] 在马克思主义政党的发展历程中,党的政治路线正确与否,如何贯彻执行党的政治路线,直接关乎党的事业成败和兴衰存亡。中国共产党是马克思主义政党,代表着中国最广大人民的根本利益,"没有任何同整个无产阶级的利益不同的利益"[3]。"讲政治"是党生存发展第一位的问题,党的政治建设是党的根本性建设,决定着党的建设方向和效果。党的二十大报告明确指出,"中国共产党是最高政治领导力量,坚持党中央集中统一领导是最高政治原则"[4]。作为党的领导干部,在革命、建设和改革的各个时期,政治能力都是第一位的。习近平同志强调:"看一名党员干部特别是高级干部的素质和能力,

---

[1] 《列宁专题文集·论辩证唯物主义和历史唯物主义》,302页,北京,人民出版社,2009。
[2] 《毛泽东文集(第七卷)》,226页,北京,人民出版社,1999。
[3] 《马克思恩格斯选集(第1卷)》,413页,北京,人民出版社,2012。
[4] 习近平:《高举中国特色社会主义伟大旗帜　为全面建设社会主义现代化国家而奋斗——在中国共产党第二十次全国代表大会上的报告》,6页,北京,人民出版社,2022。

首先是看政治上是否站得稳、靠得住。"[1] 当前，我国已开启全面建设社会主义现代化国家新征程，吹响向第二个百年奋斗目标进军的号角，但实现中华民族伟大复兴不是轻轻松松的事情。世界正经历百年未有之大变局，新一轮科技革命和产业变革深入发展，国际力量对比深刻调整，我们党面临"四大考验""四种风险"。党员干部只有牢固树立政治意识，不断加强政治能力建设，才能自觉在思想上、政治上、行动上同党中央保持高度一致，在任何时候任何情况下都做到"不畏浮云遮望眼""乱云飞渡仍从容"；才能不辱使命，实现中华民族伟大复兴，把我国建设成为社会主义现代化强国，在世界东方高高举起中国特色社会主义伟大旗帜。

第一节　政治能力是党永葆生命力和战斗力的关键

政治能力是领导干部讲政治的具体体现。习近平同志指出，政治能力就是"把握方向、把握大势、把握全局的能力"，就是"辨别政治是非、保持政治定力、驾驭政治局面、防范政治风险的能力"。[2] 这一论述集中概括了政治能力的丰富内涵，为我们理解把握政治能力提供了根本遵循。中国共产党无论在革命、建设还是改革时期，都高度重视政治能力建设。在百年历程中，党在革命、建设、改革各个时期，都曾经遭受挫折，但极强的政治能力总使党敢于面对曲折，勇于修正错误，攻克一个又一个看似不可克服的难关，转危为安，创造一个又一个彪炳史册的人间奇迹。政治能力是党永葆生命力和战斗力的关键。

1　习近平：在党的十九届一中全会上的讲话，载《求是》，2018年第1期。
2　习近平在中共中央政治局第六次集体学习时强调　把党的建设作为党的根本性建设　为党不断从胜利走向胜利提供需要保证，载《人民日报》，2018年7月1日，第1版。

一、把握正确政治方向使党永葆生命力

"提高政治能力,首先要把握正确政治方向,坚持中国共产党领导和我国社会主义制度。在这个问题上,决不能有任何迷糊和动摇!"[1]中国共产党之所以能永葆生命力,首要原因就在于能始终把握正确政治方向。对于一个人来说,方向错了,就会南辕北辙;而方向正确,即使慢一点,也总有到达目的地的一天。对于一个政党来说,方向就是旗帜,有了旗帜才会有所趋赴。毛泽东同志曾说:"主义譬如一面旗子,旗子立起来了,大家才有所指望,才知所趋赴。"[2]

坚持正确的政治方向,核心在于举什么旗。举旗帜是建设具有强大凝聚力和引领力的政党的必然要求。建党之时,中国共产党就高举马克思主义的旗帜、共产主义的旗帜,形成了我们党明显的标识。近代以来,西方众多主义和学说纷纷传入中国,由此建立了数十种政党,而只有中国共产党最终带领中国人民取得了新民主主义革命的胜利。其根本原因就在于,其他政党所信奉的主义,都未能揭示人类社会发展的规律,未能为处于亡国灭种边缘的中华民族找到民族复兴、国家富强的救世"良方"。在人类思想史上,马克思主义第一次揭示了人类社会的发展规律,资本主义产生、发展和灭亡的规律,为世界被压迫人民和民族指明了获得解放的道路。因而,正是"主义"使中国共产党的前进方向顺应历史发展规律、符合最广大人民群众根本利益,由此也就决定了党的政治方向是正确的。

正确的政治方向使党能实事求是、与时俱进,始终成为先进生产力的代表、先进文化的代表、广大人民群众根本利益的代表,也是中国共产党

---

[1] 习近平在中央党校(国家行政学院)中青年干部培训班开班式上发表重要讲话,载《人民日报》,2020年10月11日,第1版。
[2]《毛泽东年谱(上卷)》,71页,北京,人民出版社、中央文献出版社,1993。

人坚定理想信念的支撑。对马克思主义的信仰，对社会主义和共产主义的信念，是共产党人的政治灵魂，是共产党人经受住任何考验的精神支柱。在革命战争年代，无数共产党人为了革命，前赴后继，流血牺牲；在和平建设时期，无数共产党人为了社会主义事业，艰苦奋斗，无私奉献；在改革开放时期，无数共产党人为了国家富强、民族振兴、人民幸福，顽强拼搏，勇往直前，根本的支撑就在于正确的政治方向使他们所从事的事业能够不断从胜利走向胜利。

近代以来，中国出现了众多的党派，但只有中国共产党应用马克思主义基本立场、观点和方法，认清了中国新民主主义革命的性质，找到了救国救民的"良方"。与中国国民党相比，中国共产党建党更晚，但由于以马克思主义为指导，党的一大就认清党的性质，初步确立了党的奋斗目标，明确了党在当时的基本任务。党的二大明确提出了彻底的反帝反封建的民主革命纲领，初步认清了中国革命的性质、对象、动力和前途。其后，以毛泽东同志为代表的中国第一代共产党人，应用马克思主义基本原理，深刻地认清了中国革命的性质、对象、动力和前途，并把马克思主义基本原理同中国革命具体实际相结合，创立了毛泽东思想，找到了一条新的革命道路，取得了新民主主义革命的胜利，建立了新中国。

新中国成立以后，我们党高举社会主义伟大旗帜，把社会主义确立为国家的建设方向，创造性地实行了社会主义改造，确立了社会主义制度。由于党领导国家建设的经验不足，在一个贫穷、落后的国家建设社会主义国家亦无更多国际经验可供借鉴，我们党在社会主义建设过程中也出现过失误、遭受过挫折。

特别是"文化大革命"这样的惨痛教训，使我们党重新认清了"实事求是"这一马克思主义活的灵魂，创造性地实行了社会主义改革开放。正是由于把握了正确的政治方向,在改革开放过程中,我们与时俱进、开拓创新,既吸收国际先进经验,又坚持中国特色;既坚持国家的基本制度,又改革创新;既强调物质文明,又强调精神文明;既注重又快又好发展,又注重稳定和谐。经过40多年的改革开放,我们党领导全国各族人民开创了中国特色社会主义道路,成功地确立了社会主义市场经济体制,创造了世所罕见的经济快速发展奇迹和社会长期稳定奇迹,中国经济社会获得了突飞猛进的发展,中国经济总量迅速跃升至世界第二位,人民生产生活水平获得了极大提升,彻底改变了贫穷、落后的面貌,中华民族迎来了从站起来到富起来的伟大飞跃。

党的十八大以后,以习近平同志为核心的党中央进一步坚定了正确的政治方向,坚持中国共产党领导和中国特色社会主义制度,既不走封闭僵化的老路,也不走改旗易帜的邪路,把新时代坚持和发展什么样的中国特色社会主义、怎样坚持和发展中国特色社会主义作为习近平新时代中国特色社会主义思想的主题,统筹推进"五位一体"总体布局、协调推进"四个全面"战略布局,使科学社会主义在21世纪的中国焕发出强大的生机活力。坚持和加强党的全面领导,阐明了中国共产党领导是中国特色社会主义最本质特征,是中国特色社会主义制度的最大优势。改革和完善党的领导体制机制,使党中央成为国家治理体系大棋局中坐镇中军帐的"帅";把保证全党服从中央、维护党中央权威和集中统一领导作为党的政治建设的首要任务,全党同志增强"四个意识"、坚定"四个自信"、做到"两个维护",始终在思想上政治上行动上同以习近平同志为核心的党中央保持高度一致,解决了许多长期想解决而没有解决的难题,办成了许多过去想办而没有办成的大事;严明党的政治纪律和政治规矩,陆续制定或修订了一系列党内法规,从制度上保证了党的领导全覆盖;坚持和完善党自我监督、自我净化的制度体系，把全面从严治党摆上战略布局，使党经历了革命性锻造，党风为之一新，党焕发出新的生机活力。

二、始终站稳政治立场使党赢得人民拥护

习近平总书记指出："人民立场是中国共产党的根本政治立场，是马克思主义政党区别于其他政党的显著标志。"[1] 马克思认为，物质生活资料的生产是一切历史的前提，在社会历史发展中起决定作用，人民群众是从事物质生产的主体，人民群众是历史的创造者。作为马克思主义政党，共产党与其他政党的根本性区别就在于：为人民谋幸福，为人类求解放。中国共产党作为马克思主义政党，之所以始终能赢得人民群众的拥护，根本在于始终站稳人民立场。

在革命年代，中国共产党之所以能领导人民取得新民主主义革命的胜利，就在于中国共产党来自人民群众，代表人民群众的根本利益，把人民群众作为革命的主体。在《论人民民主专政》中，毛泽东总结28年革命的经验时指出："深知欲达到胜利，'必须唤起民众，及联合世界上以平等待我之民族，共同奋斗'。"[2] 中国革命之所以能取得成功，其中的关键原因之一就在于，以毛泽东同志为代表的党的第一代领导集体深刻认识到，占中国人口80%～90%的工人和农民是革命的主力军，推翻帝国主义和国民党反动派，主要靠这两个阶级的力量。大革命失败后，毛泽东同志不在上海这样的大城市去从事革命活动，而到井冈山这样的山沟沟里去，实际上就是到中国最广大的农民群众中去。近代中国是一个半殖民地半封建社会，资本主义并不发达，工人阶级的力量很弱，农民才是人民群众的大多

---

[1] 习近平：在庆祝中国共产党成立95周年大会上的讲话，载《人民日报》，2016年7月2日，第1版。
[2]《毛泽东选集（第四卷）》，1472页，北京，人民出版社，1991。

数，如何赢得中国广大农民的支持和拥护，才是获得革命胜利的关键，因而中国的马克思主义不仅在城市的工人之中，也在山沟沟里。毛泽东指出："真正的铜墙铁壁是什么？是群众，是千百万真心实意地拥护革命的群众。这是真正的铜墙铁壁，什么力量也打不破的，完全打不破的。反革命打不破我们，我们却要打破反革命。在革命政府的周围团结起千百万群众来，发展我们的革命战争，我们就能消灭一切反革命，我们就能夺取全中国。"[1]可见，中国革命之所以要走农村包围城市的道路，根本的原因就在于，当时中国最广大的人民群众是农民，农民生活在山沟沟里，到山沟沟里去革命恰恰是人民立场最充分的体现。

在革命年代，我们党之所以能成为中国革命的领导力量，就在于是"一个有纪律的，有马克思列宁主义的理论武装的，采取自我批评方法的，联系人民群众的党"[2]。我们党之所以能由一个小党、贫苦群众为多数的党成为一个夺取政权的党，法宝之一就是在长期革命中，我们党既把群众路线作为生命线，又作为根本工作路线。我们党之所以能由小变大，之所以无数仁人志士愿意追随共产党，不惜抛头颅洒热血，就因为我们党来自人民群众、关心人民群众、代表人民群众的利益、为人民谋幸福。打土豪分土地，使无数贫苦群众翻身做了主人；彻底反帝反封建，使中国成为独立自主的现代国家，使人民抛弃了传统社会的各种羁绊，以全新的面貌走向新世界。我们党用群众路线，逐步获得了高超的领导艺术、战略战术。在革命过程中，很多党员和党的领导干部，正是用群众路线的方法来开展工作的，把一切为了群众作为工作的立足点，把一切依靠群众作为力量之源，到群众中去了解实际情况，倾听群众的呼声，汲取群众的智慧，再用马克思主义的基

---

[1] 《毛泽东选集（第一卷）》，139页，北京，人民出版社，1991。
[2] 《毛泽东选集（第四卷）》，1480页。

本立场、观点、方法,总结群众的实践,凝聚群众智慧。长此以往,我们党逐渐成熟起来,形成了一系列高超的战略战术,一大批贫困群众在革命中锻炼成长,成为革命的领导者。

在社会主义建设时期,党仍然站稳人民立场。马克思反复强调,"国家制度一旦不再是人民意志的现实表现,它就变成了事实上的幻想"[1]。列宁也指出:"劳动群众才应该是全部国家生活的基础[2]。"新中国作为社会主义国家,成立伊始,就确立了坚定的人民立场,把新生中国定性为"人民"的国家,把政府定性为"人民"政府,"为人民服务"的理念得到了充分体现。在新中国成立后10多年的社会主义革命和建设中,我们党领导完成了全国范围的土地改革,对国民经济实行了社会主义改造,建立了以公有制为主导的经济体系,实行了按劳分配,实行了人民代表大会制度、民族区域自治制度、中国共产党领导的多党合作和政治协商制度,人民群众真正成为国家的主人。

改革开放以后,党与时俱进,把是否有利于提高人民的生活水平作为工作的落脚点,为人民立场填充了新的时代内涵。通过改革开放发展社会主义生产力,增强综合国力,目的是使人民富裕起来、国家强盛起来。从这个角度来说,改革开放恰恰是人民立场在新时期的体现。中国的改革开放之所以能取得如此巨大的成就,就在于顺乎时代、顺乎民意,站在人民立场。

党的十八大以后,我国社会主要矛盾已经发生转化,中国特色社会主义进入新时代,以习近平同志为核心的党中央赋予人民立场以新的内涵。实际上,早在2005年,时任浙江省委书记的习近平首次将"人民至

---

1 《马克思恩格斯全集(第3卷)》,73页,北京,人民出版社,2002。
2 《列宁全集(第37卷)》,166页,北京,人民出版社,1986。

上"纳入"浙江精神"范畴。习近平总书记强调"人民至上",就是要把以人民为中心确立为当代中国发展的指导思想,把人的全面发展作为发展的出发点和落脚点,着力解决我国社会的主要矛盾,提高人民生活水平,让人民过上幸福美好生活。习近平总书记指出:"党的一切工作必须以最广大人民根本利益为最高标准。"[1]之所以一再强调"人民至上",就是为了让我们党在任何历史时期,都能始终保持先进性和纯洁性。

党的百年历程证明了人民是党力量之源,人民立场是党鲜明的标识。我们党之所以能永葆生命力和战斗力,根本在于始终站在人民的立场,以人民为中心,不断让人民群众有获得感。站稳人民立场,不断根据时代发展的新变化,为人民立场补充新的时代内涵,是党政治能力的重要体现。我们党要不断走向强大,长期执政,就必须站稳人民立场。

三、党的团结统一使党永葆战斗力

中国共产党是无产阶级的先锋队,是无产阶级中最觉悟、最先进的部队,不是狭小的秘密组织,也不是某一个利益集团的代表,而是同广大人民群众保持密切联系的无产阶级政党。这就要求党必须把无产阶级的组织性纪律性升华为组织原则,确保全体党员和党的组织真正代表人民群众的根本利益和历史前进的方向,确保全党聚合形成强大的战斗力。高度的组织性纪律性是马克思主义政党的特殊品质和高尚情操。马克思、恩格斯把保持党的纪律作为无产阶级政党的一条建党原则,在总结巴黎公社的经验教训时,他们认为"巴黎公社遭到灭亡,就是由于缺乏集中和权威"。[2] 恩格斯特别指出:"没有明确权威,就不可能有任何的一致行

---

[1] 习近平:《决胜全面建成小康社会 夺取新时代中国特色社会主义伟大胜利——在中国共产党第十九次全国代表大会上的报告》,50页,北京,人民出版社,2017。
[2] 《马克思恩格斯选集(第四卷)》,606页,北京,人民出版社,2012。

动。"[1] 1904 年，列宁在《进一步，退两步》一文中指出："无产阶级之所以能够成为而且必然会成为不可战胜的力量，就是因为它根据马克思主义原则形成的思想一致是用组织的物质统一来巩固的。"[2] 中国共产党之所以能永葆战斗力，就在于中国共产党作为无产阶级政党，是以铁的纪律聚合起来的统一的战斗组织，意志统一，行动统一。

在革命年代，面对强大的反革命势力，革命力量在很长一段时间内处于弱势，但革命力量为什么最终能获得胜利？ 1928 年，毛泽东在《中国的红色政权为什么能够存在？》一文中，科学地论证了红军和红色政权在中国存在和发展的五个条件，其中第一个条件就是当时的中国是一个政治经济发展极不平衡的半殖民地半封建大国，反革命营垒内部不统一并充满矛盾，国民党名义上统一了中国，实际上是军阀割据，这就为小块红色区域的长期存在和发展提供了客观依据。[3] 而中国共产党是一个团结、统一的政党，特别是遵义会议以后，党中央是领导全国革命的战斗"司令部"，广大党员在重大原则上同中央保持一致，党成为一支纪律严明的战斗队。可以说，全党统一意志、统一行动、步调一致，是我们党在革命战争时代能够克服各种艰难险阻，最终战胜国民党取得革命政权最重要的原因之一。

新中国成立以后，党的团结统一使国家具有了一项重要的制度优势——集中力量办大事，主要展现在这几个方面：一是集中力量发展战略性先导产业，形成能够突破弱势窘境向优势跨越转变的强劲增长极，有效地破解了后发国家资本稀缺下战略性先导产业不能快速发展起来的难题。二是集中力量开展重大尖端科技攻关，有效突破了后发国家科技落后的约束。中国集中力量对重大尖端科技进行攻关，在不同时期都取得了重大

---

1 《马克思恩格斯全集（第 33 卷）》，368 页，北京，人民出版社，2004。
2 《列宁全集（第 8 卷）》，415 页，北京，人民出版社，1986。
3 《中国的红色政权为什么能够存在？》，《毛泽东选集（第一卷）》，北京，人民出版社，1991。

成果，改革开放前成功研制"两弹一星"、杂交水稻、青蒿素等，改革开放后，特别是党的十八大以来，"天宫"、"蛟龙"、"天眼"、"悟空"、"墨子"等重大尖端科技攻关的成功突破，不仅大幅提升了综合国力，更是为突破弱势窘境向优势跨越转变提供了强劲的引擎。三是集中力量推进重大基础设施建设，有效突破后发国家基础设施落后对发展的约束。中国在重大基础设施建设上取得信息畅通、公路成网、铁路密布、高坝矗立、"西气东输"、"南水北调"、高铁飞驰等显著成就，为各市场主体的发展提供了更广阔的空间，也因降低时间成本、物流成本等增强了市场主体的发展能力和竞争力，为突破弱势窘境向优势跨越转变提供了良好的基础设施支撑。

在改革开放过程中，尽管要求各地要大胆地闯、大胆地试，但仍强调党中央的权威，党中央的统一领导。邓小平同志说："党中央的权威必须加强，……特别是有困难的时候，没有中央、国务院这个权威，不可能解决问题。有了这个权威，困难时也能做大事。"[1] 中国的改革开放之所以获得突飞猛进的发展，是因为一方面我们党调动了广大人民群众的积极性和创造性，另一方面党统揽了改革开放全局。改革开放的大幕启动，是在以邓小平同志为核心的第二代党中央领导集体吸取群众智慧、总结群众实践经验，统筹谋划中实现的。我们党通过开展关于真理标准问题的大讨论，很快恢复了"实事求是"这一马克思主义活的灵魂，统一了全党的思想，随后的农村经济体制改革和城市经济体制改革，标志着全国范围内全面开启改革开放。在改革开放过程中，尽管面临许多新情况、新问题，但党的团结统一促使全党很快统一认识，引导广大人民群众达成各方面的改革共识。党的团结统一也是党在改革开放中凝聚人心、汇聚民智、克服困难、

---

[1]《邓小平文选（第三卷）》，319页，北京，人民出版社，1993。

战胜挫折的重要保障，是党的力量所在。

党的十八大以来，中国特色社会主义进入新时代，习近平总书记多次强调维护党的团结统一的极端重要性，并提出了明确要求。2013年1月，在第十八届中纪委第二次全体会议上，习近平总书记强调："党面临的形势越复杂、肩负的任务越艰巨，就越要加强纪律建设，越要维护党的团结统一，确保全党统一意志、统一行动、步调一致前进。"[1] 2016年10月，中共十八届六中全会通过的《关于新形势下党内政治生活的若干准则》明确指出："坚决维护党中央权威、保证全党令行禁止，是党和国家前途命运所系，是全国各族人民根本利益所在，也是加强和规范党内政治生活的重要目的。"[2] 2016年12月，习近平总书记在主持中央政治局民主生活会时进一步强调："党的历史、新中国发展的历史都告诉我们：要治理好我们这个大党、治理好我们这个大国，保证党的团结和集中统一至关重要，维护党中央权威至关重要。"[3] 2017年10月，在党的十九届一中全会上，习近平总书记指出："要严格遵守政治纪律和政治规矩，全面执行党内政治生活准则，确保党中央政令畅通，确保局部服从全局，确保各项工作坚持正确政治方向。"[4] 2018年1月，在十九届中纪委二次全会上，习近平总书记又指出："坚持党的领导，最根本的是坚持党中央权威和集中统一领导。"[5] 2018年7月，在全国组织工作会议上，习近平总书记进一步强调："党中央是大脑和中枢，党中央必须有定于一尊、一锤定音的权威，这样才能'如身使臂，如臂使指，叱咤变化，无有留难，则天下之势一矣'。"[6]

---

1 《习近平谈治国理政（第一卷）》，386页，北京，外文出版社，2014。
2 《关于新形势下党内政治生活的若干准则》，12页，北京，人民出版社，2016。
3 《习近平谈治国理政（第二卷）》，188页，北京，外文出版社，2017。
4 《习近平谈治国理政（第三卷）》，85页，北京，外文出版社，2020。
5 习近平：全面贯彻党的十九大精神 以永远在路上的执着把从严治党引向深入，载《人民日报》，2018年1月12日，第1版。
6 习近平：在全国组织工作会议上的讲话，载《当代党员》，2018年第19期。

习近平总书记的以上要求，为全党提供了基本遵循。通过全党的努力，消除了内部存在的严重隐患，党内政治生活气象为之一新，党内政治生态明显好转，党的创造力、凝聚力、战斗力显著增强，党焕发出了新的强大生机活力。

第二节　新时代提高政治能力的必要性和紧迫性

政治能力是领导干部第一重要的能力。我们党成立以来，之所以能不断从胜利走向胜利，首要的原因就是强调政治能力建设，不断提升政治能力水平。在新时代，提高政治能力仍然是领导干部特别是年轻领导干部第一重要的能力。当今世界正面临百年未有之大变局，我国面临的内部条件和外部环境正在发生深刻变化，我们比历史上任何时期都更接近实现中华民族伟大复兴的目标，但面临的风险和挑战也日益多样和复杂，需要进行许多具有新的历史特点的伟大斗争。

一、政治能力是领导干部第一位的能力

2020年10月10日，习近平总书记在中央党校（国家行政学院）中青年干部培训班开班式上明确指出，在干部干好工作所需的各种能力中，政治能力是第一位的。党内政治生活具有政治性、时代性、原则性、战斗性，其中政治性是第一位的。政治性是马克思主义政党强烈和鲜明的特点，中国共产党作为马克思主义政党，政治性是其性质宗旨和职责使命的体现。党的领导干部只有不断淬炼政治能力，才能站稳政治立场、把握政治方向，始终走在党的旗帜下，为党、国家和人民作出应有的贡献。

作为党的领导干部需要具备多种能力，要有一定的科学文化知识、领导才能和领导艺术、对工作内容的熟悉和了解、正确的价值观和人文修养等等，而其中政治能力在这诸多能力中起着统帅的作用。其他方面的能力再强，政治能力不过关，政治意识不强、政治立场不稳，政治方向错误，不仅不适合成为党的领导干部，还应把他们剔除出领导干部队伍。政治能力本质上是思想和行动上的方向问题、立场问题，只有政治方向正确、政治立场稳定，无论面临怎样波谲云诡的形势、复杂多变的挑战和危险，总是能辨别政治是非，廓清思想迷雾，点亮方向的灯塔，确保党的事业不走邪路、老路。如果政治方向、政治立场出问题，就会把党和人民给予的权力变成牟取私利的工具，置党和人民的利益不顾，给党和国家造成严重损失，甚至背叛革命、背叛党。

在革命年代，政治能力作为党的领导干部首要的能力，是党性的集中体现。中共一大共有参会代表12人，只有毛泽东、董必武两人走到最后，见证了中华人民共和国的诞生。邓恩铭、王尽美、何叔衡、陈潭秋为革命而牺牲，李达和李汉俊虽为革命作出了重要贡献，但曾经一度脱党，刘仁静曾误入歧途，陈公博、周佛海和张国焘更是投敌叛党。陈公博生于广州官宦之家，后考入北京大学哲学系，接受过各种新思想，但中共一大后脱党，加入国民党行列，不久与蒋介石合流，后又追随汪精卫，叛国投敌，成为中国第二号大汉奸，被钉在历史的耻辱柱上。周佛海在中共一大后也脱党而去，成为国民党内的"状元中委"，后又叛蒋投日，成为汪伪政权的"股肱之臣"。抗战胜利之后，周佛海又摇身一变，变成国民党的接收大员。1946年11月，国民党南京高等法院准备以"通谋敌国、图谋反抗本国"罪判处他死刑，后经蒋介石签署特赦，改判无期徒刑。张国焘早年入北京大学读书，并积极参加五四运动，逐步成为中共早期重要的领导人之一。在红军长征中，他自恃川陕根据地的军事实力比中央红军更强，反对中央关于红军北上建立川陕甘苏区根据地的决定，企图另立"中央"，分裂党和红军。其后投靠国民党，加入国民党的特务组织，从事反共特务活动，还在上海创办《创进》周刊，进行反共宣传，晚年死于加拿大多伦多的一家养老院。这三人的能力都很强，但缺乏坚定的政治方向和稳定的政治立场，缺乏我们党的领导人应有的政治能力，最终成为党的叛徒、国家和民族的敌人。

当前，中国特色社会主义进入新时代，党的领导面临的形势已没有战争时代时的险恶，但却面临精神懈怠的危险、能力不足的危险、脱离群众的危险、消极腐败的危险，面临长期执政考验、改革开放考验、市场经济考验、外部环境考验，党的领导干部常常成为围猎的对象，如果其政治方向不明确，政治立场不坚定，缺乏政治能力的淬炼，依然会像战争时代一样，站在党的对立面，成为国家和民族的罪人。

在新时代，领导干部要做到"不畏浮云遮望眼""乱云飞渡仍从容"，就必须有过硬的政治能力。在《在中国共产党第七次全国代表大会上的结论》中，毛泽东曾说："当桅杆顶刚刚露出的时候，就能看出这是要发展成为大量的普遍的东西，并能掌握住它，这才叫领导。"[1] 领导干部怎么才能成为这样的领导呢？答案是首先要把握正确政治方向，坚持中国共产党领导和我国社会主义制度。中国社会主义革命、建设和改革开放的伟大事业都证明了只有中国共产党才能领导中国人民从胜利走向胜利，实现民族伟大复兴。特别是改革开放以来，中国能够在四十多年的时间内取得如此巨大的成就，就是因为党和人民历尽千辛万苦、付出巨大代价，找到了

---

[1]《毛泽东文集（第三卷）》，395页，北京，人民出版社，1999。

一条适合中国发展的道路和制度——中国特色社会主义。领导干部只有坚定政治方向，在政治方面不出现任何迷糊和动摇，才能不断提高政治敏锐性和政治鉴别力，增强政治自制力，始终做政治上的"明白人""老实人"；才能自觉在思想上政治上行动上同党中央保持高度一致，始终同党和人民站在一边。

领导干部有过硬的政治能力，就会对党的政治纪律和政治规矩怀有敬畏之心，有了这样的敬畏之心，就不会做违反党纪国法的事。党的十八大以来，中央坚定不移"打虎""拍蝇""猎狐"，反腐败斗争压倒性态势已经形成并巩固发展。但仍然有一批干部走上腐败的不归路。政治腐败是最大的腐败，一些人胆大妄为，结成利益集团，妄图窃取党和国家的权力；一些人利欲熏心，搞山头主义宗派主义，破坏党的集中统一。青年干部必须有过硬的政治能力，才不会一失足成千古恨。

二、淬炼政治能力是建设社会主义现代化国家的需要

党的十八大以来，中国特色社会主义进入新的发展阶段，我们比历史上任何时期都更接近实现中华民族伟大复兴。但是，中华民族伟大复兴并不是轻轻松松的事情，越接近目标，就越要警惕风险。在开启全面建设社会主义现代化国家新征程之际，领导干部，特别是青年干部更要淬炼政治能力，适应新要求，迎接新挑战。

当今时代利益多元化，领导干部容易成为围猎对象，因此需要淬炼政治能力才能不被腐蚀。随着中国经济社会的进一步发展，各种利益群体越来越多，领导干部手中权力的含金量会越来越高，受到"围猎"的风险越来越大。根据中纪委的统计，从2012年12月到2021年5月，在党中央坚强领导下，纪检监察机关共立案审查调查省部级以上领导干部392人、

厅局级干部2.2万人、县处级干部17万余人、乡科级干部61.6万人；查处落实中央八项规定精神不力问题、"四风"问题62.65万起。[1] 党的十八大以后，全面从严治党取得明显成效，但反腐败仍然任重道远，对于领导干部来说，腐败常常"就在身边"。领导需要淬炼政治能力，才能抵挡诱惑，不被利益群体收买。

当今时代价值多元化，领导干部容易迷糊动摇，因此需要淬炼政治能力才能保持政治定力。随着人们生活水平的提高，人们的价值观越来越多元。有追求享乐的，把金钱、美色作为人生的价值目标。党的领导干部是为人民服务的，当官就不要想发财，发财就不要想当官。只有具有坚定政治信念的干部，才能真正做到权为民所用、情为民所系、利为民所谋。政治立场不稳的人，不可能诚心诚意为群众办实事，不可能尽心竭力为群众解难事，也不可能谋一方一地发展。有的人追求个人利益，只考虑自己的一亩三分地，是精致的利己主义者，这样的人混入党的队伍，特别是成为领导干部后，就不可能为党担当、为国家和人民担当。有的人不用心去研究中央的决策、部署，不用心去研究马克思主义中国化的最新成果，结果说起来宏论滔滔，但就是不扑下身子抓落实，对党的政策囫囵吞枣。甚至有的领导干部不信马列信鬼神，成天热衷于看相、算命，把自己的升官寄托在求神拜佛上，而不是用心在为人民服务、开拓创新上。有的领导干部心思不用在工作上，而是用在拉关系、拜码头，成天吃吃喝喝，称兄道弟，沉溺在人来客往中，热衷于拉小圈子，搬弄是非。有的领导干部把市场上的庸俗作风带入党内、带入单位内，桌上讲党性，桌下谈交易，与社会黑恶势力为伍，遇事习惯于潜规则"摆平"。面对价值多元化，领导干部只

---

[1] 2012年12月至2021年5月省市级以上领导干部392人被立案审查调查，中国青年网，https://baijiahao.baidu.com/s?id=1703772228708852773，2021–06–28。

有站稳政治立场，淬炼政治能力，才能带头践行社会主义核心价值观，才能弘扬正气，维护世道人心。

当前，在我国已经开启全面建设社会主义现代化国家新征程上，领导干部需要牢记使命，不忘初心，才能攻坚克难，实现伟大梦想。在新的发展阶段，社会主要矛盾发生了深刻变化。虽然我国仍处于重要战略机遇期，但世界正面临百年未有之大变局，人类社会正面临新一轮大发展、大变革、大调整时期，不确定、不稳定因素明显增多，要把我国建成社会主义现代化强国，实现中华民族伟大复兴，需要进行许多具有新的历史特点的伟大斗争。领导干部需要具有极强的政治能力，才能在时代的潮流中保持政治定力，始终走在正确的道路上。领导干部需要有极强的政治能力，才能自觉维护中央权威，真心实意弄懂习近平新时代中国特色社会主义思想，根据本地区、本部门的实际情况，创造性落实中央的方针政策，确保令行禁止，中央方针政策有效执行。领导干部需要有极强的政治能力，才能以时不我待的闯劲，啃下改革的"硬骨头"。在改革开放进入攻坚克难关键时期，领导干部只有具有极强的政治能力，才会迎难而上，勇敢肩负起应对错综复杂局势和困难的责任，才能抵御重大风险、克服重大阻力、解决重大矛盾，坚持和发展中国特色社会主义，坚持和巩固党的领导地位和执政地位。领导干部需要有极强的政治能力，才能最大限度调动人民群众的积极性，汇集起14亿人的智慧和力量，形成实现中华民族伟大复兴的磅礴之势。人民群众是历史的创造者，也是实现民族复兴的主力军，领导干部具有极强的政治能力，才能真心实意为人民服务，才会得到人民真心拥护。全国人民才能在党的领导下，心往一处使，劲往一处用，推动伟大事业，实现伟大梦想。

三、淬炼政治能力是党长期执政的需要

领导干部具备极强的政治能力，是中国共产党长期执政的重要基础。这就要求党的各级领导干部必须淬炼政治能力，使中国共产党始终代表中国先进生产力的发展要求，代表中国先进文化的前进方向，代表中国最广大人民的根本利益。

（一）党的领导干部只有淬炼政治能力，才能确保党的领导干部始终坚持正确的政治方向和政治立场。

中国共产党是马克思主义政党，马克思主义科学地揭示人类社会发展规律，指明了人类解放的康庄大道。中国共产党的政治方向就是人类发展的前进方向，就是人类解放的进行方向。坚持这一方向，就是顺应历史发展规律、顺应人类自身发展规律。中国革命、建设和改革之所以能不断从胜利走向胜利，根本的一条就在于坚持马克思主义的指导，用马克思主义的基本立场观点方法来分析人类社会发展规律、不同时代发展规律、中国自身的实际，始终走在中国社会发展的正道上。

在革命年代，中国共产党把马克思主义与中国革命具体实践相结合，创立了毛泽东思想，认清了中国社会发展的方向，把社会主义和共产主义确立为自己的奋斗目标；用马克思主义清楚分析了中国社会各阶级的状况，找到了中国革命的主体和革命的对象；用马克思主义制定了一系列中国革命的策略。可以说马克思主义和毛泽东思想为中国共产党找到了中国革命的正确政治方向和政治立场。中国共产党人不断淬炼政治能力，确保始终坚定政治方向、站稳政治立场，才使中国革命最终获得胜利。在新中国成立以后的社会主义建设过程中，尽管我们党出现了一些失误，但坚定的政治方向和政治立场，确保我国社会主义建设取得巨大成就，使曾经备受列

强侵略的半殖民地半封建的旧中国，以崭新面貌屹立于世界的东方，成为抵御世界强权和霸权的中流砥柱。"文化大革命"结束后，中国共产党人又把马克思主义与中国社会主义建设的具体实践相结合，认清了中国当时所处的历史发展阶段，找到了中国社会发展的主要矛盾，制定了一系列改革开放的战略、方针和政策，形成了邓小平理论，探索出一条适合中国自身发展的中国特色社会主义道路。"三个代表"重要思想和科学发展观，为中国特色社会主义理论体系增添了新的篇章。党的十八后，以习近平同志为核心的党中央面对中国特色社会主义进入新时代的全新局面，提出了一系列新理念新思想新战略，形成了习近平新时代中国特色社会主义思想。习近平新时代中国特色社会主义思想系统回答了新时代坚持和发展什么样的中国特色社会主义、怎样坚持和发展中国特色社会主义，指明了新时代坚持和发展中国特色社会主义的总目标、总任务、总体布局、战略布局等一系列基本问题，是当今中国政治方向和政治立场的具体体现。在习近平新时代中国特色社会主义思想的指导下，我国解决了许多长期想解决而没有解决的难题，办成了许多过去想办而没有办成的大事，推动党和国家事业发生历史性变革。

（二）党的领导干部只有淬炼政治能力，才能践行人民至上的价值立场，确保党长期执政。

站在政治高度看问题，就是要站在全局的高度看问题，站在国家和人民的角度看问题，站在社会发展的长远方向看问题。人民是我们党的存在之基，失去了党同人民群众的血肉联系，党就会缺乏生机和活力。

在中国古代，人们就已经认识到"君者，舟也；庶人者，水也。水则载舟，水则覆舟"。（《荀子·王制》）但中国古代所说的"民"不过是"臣民"

"草民""贱民",他们都是为"君"服务的,把"君"与"民"看作统治与被统治的关系,重视"民"主要是从统治的角度来看的,相对于"君"来说,"民"在人格和地位上是不对等的。因而,尽管历代的统治者很多已经认识到民心就是江山、人心就是社稷,但并未跳出历史周期率。中国共产党要想跳出历史周期率,就必须坚持人民至上,把"君"与"民"之间的统治与被统治关系变成党与人民之间的血肉联系。从人民中来,到人民中去,建立党同人民的鱼水的关系,党才不会被人民所抛去,始终得到人民群众的拥护。在《论人民民主专政》一文中,毛泽东说:"总结我们的经验,集中到一点,就是工人阶级(经过共产党)领导的以工农联盟为基础上的人民民主专政。"[1] 习近平总书记曾指出,一个政党,只有顺民意、得民心、为民谋利,才能得到人民群众的拥护和支持,才能永远立于不败之地。中国社会主义革命、建设和改革开放所取得的巨大成就都是人民群众创造的,人民才是中国经济社会发展的脊梁,我们党要长期执政,就必须坚持人民至上。党的领导干部淬炼政治能力,就是要牢记自己是人民群众的公仆,"始终坚持人民立场,坚持人民主体地位,虚心向人民学习,倾听人民呼声,汲取人民智慧,把人民拥护不拥护、赞成不赞成、高兴不高兴、答应不答应作为衡量一切工作得失的根本标准"[2];就是要把人民群众对美好生活的向往,作为我们的奋斗目标,让人民群众共享改革发展的果实,让人民群众感受到在党的领导下有更多获得感;就是要让人民群众感受到党的政策好、党的政策实。我们的各项政策只有人民群众说好,才是真正的好;离开了人民群众,我们将一无所有,一事无成;背离了最广大人民的根本利益,我们党就会被历史所淘汰。

---

1 《毛泽东选集(第四卷)》,1480 页。
2 中共中央宣传部:《习近平新时代中国特色社会主义思想三十讲》,318 页,北京,学习出版社,2018。

我们党要长期执政，党的领导干部就必须淬炼政治能力，把人民至上作为全体共产党员，特别是党的领导干部的价值立场。

（三）党的领导干部只有淬炼政治能力，才能保持政治定力，提升政治研判能力，确保我们党长期执政。

党要长期执政，党内需要有一批有坚定政治立场、掌握正确理论的思想家。1938年，毛泽东同志指出："如果我们党有一百个至两百个系统地而不是零碎地、实际地而不是空洞地学会了马克思列宁主义的同志，就会大大地提高我们党的战斗力量。"[1] 我们党之所以能历经艰难困苦，不断发展壮大，很重要的一个原因就是党始终重视思想建党、理论强党，在学懂悟透马克思主义立场、观点、方法的基础上，结合中国实际，形成了毛泽东思想、邓小平理论、"三个代表"重要思想、科学发展观和习近平新时代中国特色社会主义思想。正是在这些思想的指导下，我们党始终保持了正确的政治方向，立于不败之地。

党要长期执政，需要有一批有坚定政治立场、坚持为人民谋幸福的战略家。无论是中国社会主义革命、建设还是改革开放时期，总是面临着各种风险挑战，国内外各种势力、各种利益集团都想把自身利益最大化。在2021年1月22日召开的十九届中央纪委五次全会上，习近平总书记反复强调，全面从严治党首先要从政治上看。[2] 一些腐败分子结成利益集团，妄图窃取党和国家权力，搞非组织活动，破坏党的集中统一，改变人民政权的性质。政治腐败是最大的腐败，政治建设是党的根本性建设。如果政治上出了问题，就是全局性的，根本性的。要确保我们党战略、方针、政

---

1 《毛泽东选集（第二卷）》，533页，北京，人民出版社，1991。
2 习近平：充分发挥全面从严治党引领保障作用　确保"十四五"时期目标任务落到实处，载《人民日报》，2021年1月23日，第1版。

策有利于党和人民，党的领导干部必须淬炼政治能力，确保对党忠诚老实，坚决防止党内形成利益集团，只要政治上不出问题，我们党就能长期执政。党要长期执政，党内需要有一批政治纪律严明，以人民为中心，踏石留印、抓铁有痕、撸起袖子加油干的领导干部。相反，领导干部不淬炼政治能力，在服务群众时，就会利用手中的权力，为自己谋取私利，置党和人民的利益不顾，给党和人民造成重大损失。长此以往，就会动摇党的根基，党就会被人民抛弃。党要长期执政，就务必要使全党，特别是党的领导干部，淬炼政治能力，确保党中央的正确决策令行禁止，确保人民群众能够有实实在在的获得感、幸福感、安全感。

第三节 领导干部提高政治能力的举措和途径

旗帜鲜明讲政治，既是马克思主义政党的鲜明特征，也是我们党一以贯之的政治优势。对于领导干部来说，政治能力是管总的、管根本的，是第一位的能力。"绳短不能汲深井，水浅难以负大舟。"我国已经开启全面建设社会主义现代化国家新征程，各级领导干部，特别是青年干部只有自觉把讲政治贯穿于党性锻炼全过程，使自己的政治能力与担任的领导职责相匹配，才能担负起党和人民赋予的政治责任。然而，政治能力不是与生俱来的，领导干部提高政治能力不是一朝一夕之功，不是一蹴而就的，不是一劳永逸的，需要紧跟新形势、适应新要求，采取多种方式、从各个方面坚持不懈地进行政治训练和政治历练。

一、用科学理论武装头脑，坚定政治信仰

政治信仰是政党立党的第一位问题，决定着一个政党的前途命运和

兴衰成败，是政党政治建设的逻辑起点。政治信仰决定着一个政党的政治方向和政治立场，如果政治信仰出问题了，这个政党就一定会衰落。中国共产党是马克思主义政党，我们的政治信仰就是马克思主义。马克思主义科学地揭示了人类社会的发展规律，共产主义是马克思主义对人类未来社会的科学构想，是人类获得自由全面发展的社会。把马克思主义和共产主义确立为党的政治信仰，确保了我们党能够永远代表人类社会发展的前进方向。习近平总书记说："对马克思主义、共产主义的信仰，对社会主义的信念，是共产党人精神上的'钙'。没有理想信念，理想信念不坚定，精神上就会得'软骨病'，就会在风雨面前东摇西摆。"[1] 理论上清醒，政治上才能坚定。我们党之所以有坚定的政治信仰，就在于有理论上的坚定。中国共产党之所以能肩负起拯救中国的历史使命，就在于有科学理论指导。我们又始终重视思想建党，理论强党，用科学理论武装全党，使全党保持坚定的政治方向、政治立场、政治意志，使党拥有强大的战斗力。

（一）真正掌握马克思主义立场观点方法

马克思主义理论素养是党的领导干部必备素养，学习马克思主义基本理论是领导干部淬炼政治能力的基础，领导干部只有通过学习马克思主义基本理论，真正把握马克思主义的立场观点方法，才能树立正确的世界观、人生观、价值观，在各种风险面前、各种诱惑面前，坚定理想信念。毛泽东曾说："谢谢马克思、恩格斯、列宁和斯大林，他们给了我们以武器。这武器不是机关枪，而是马克思列宁主义。"[2] 习近平总书记说，"马克思列

---

[1] 习近平：在纪念陈云同志诞辰 110 周年座谈会上的讲话，载《人民日报》，2015 年 6 月 13 日，第 2 版。

[2] 毛泽东：《论人民民主专政》，《毛泽东选集（第四卷）》，1469 页。

宁主义,为中国人民点亮了前进的灯塔"。[1]马克思主义经典著作是马克思主义理论的直接来源,领导干部要认真阅读马克思主义经典著作,是真学的根本之途。没有真学,不可能真懂。没有真学真懂,真信真用就成为一句空话。马克思主义的经典原著,阅读起来有不小难度,为了读懂弄清,可以借助一些参考资料,可以认真听取有关讲座,也可以组织或者参与一些研讨会,但这些都不能替代对原著的刻苦研读。作为领导干部,要反反复复地读马列原著,在细嚼慢咽中感悟。学习马列原著,要避免教条主义,既要字斟句酌地弄清原著的意思,又要全面地理解,要把他们的论述综合起来,完整地理解,不能抓住只言片语,要弄清悟透马克思主义立场观点方法,把握其精神实质。对此,恩格斯曾说:"马克思的整个世界观不是教义,而是方法。它提供的不是现成的教条,而是进一步研究的出发点和供这种研究使用的方法。"[2]

(二)真正掌握马克思主义中国化最新理论成果

马克思主义中国化是马克思主义与中国具体实践相结合的产物。领导干部在学习马列原著的同时,还要注意学习毛泽东思想、邓小平理论、"三个代表"重要思想、科学发展观,特别是习近平新时代中国特色社会主义思想。马克思主义理论具有开放性、革命性,马克思主义的精髓是与时俱进、实事求是。马克思主义的生机和活力在于创新和发展,毛泽东思想、邓小平理论、"三个代表"重要思想、科学发展观、习近平新时代中国特色社会主义思想,是中国共产党人用马克思主义立场观点方法解决中国实际问题形成的不同时代的理论形态,是对马克思主义的创新和发展,是当

---

[1] 习近平:在纪念毛泽东同志诞辰120周年座谈会上的讲话,载《人民日报》,2013年12月27日,第2版。
[2] 恩格斯:《致韦尔纳·桑巴特》,《马克思恩格斯选集(第四卷)》,664页。

代的马克思主义。在中国特色社会主义进入新时代，开启全面建设社会主义现代化国家新征程中，面对百年未有之大变局，面对各种新的风险和挑战，领导干部最重要的是认真学习和把握习近平新时代中国特色社会主义思想，用这一马克思主义中国化的最新成果武装头脑。习近平新时代中国特色社会主义思想是全党全国各族人民为实现中华民族伟大复兴而奋斗的行动指南，蕴含着当代中国共产党人的政治品格、政治信仰、价值追求、思想境界、理想目标和实践要求，是当今领导干部解决前进中遇到的难题、化解风险和挑战、改造主观世界、提升政治能力的思想武器，必须全面系统学、及时跟进学、深入思考学。

（三）高度重视理论联系实际

领导干部在学习理论时，注意把理论的学习与实际应用结合起来。学习马克思主义经典著作，学习马克思主义中国化理论成果，目的在于运用，在于指导行动，改变世界。因而，领导干部要注意学习马克思主义关于人类社会发展规律的思想、唯物史观的基本理论、马克思主义关于世界历史的思想、马克思主义关于人与自然关系的思想、马克思主义关于人民民主的思想、马克思主义关于社会建设的思想、马克思主义关于文化建设的思想、马克思主义关于政党建设的思想。领导干部在学原著时，既要掌握马克思主义的基本理论，把握人类社会发展的基本规律，又要注意理论联系实际，注重工作中面临的问题，注重当今时代和中国面临的新问题、新挑战，通过学原典、悟原理、分析面临的问题，探寻解决问题的途径。在学习马克思主义中国化理论成果，特别是学习习近平新时代中国特色社会主义思想时，要深入理解其丰富思想内涵，联系实际学。深入理解"十个明确""十四个坚持"和"十三个方面成就"，领导干部要融会贯通地领悟，把握其思想要旨；要把习近平总书记一系列重要论述与党的十八大以来党在内政外交国防各领域各行业所进行的生动实践和所取得的历史性成就结合起来，参悟领会。同时，领导干部还要结合自身所处行业和领域的具体情况，一方面要毫不动摇、不折不扣地贯彻落实；另一方面要把思想理论转化为创新实践的理论工具，大胆创新、锐意进取，开创工作新局面。

（四）高度重视政治上的清醒和坚定

领导干部在学习理论时，注意把理论的学习与坚定政治信仰结合起来。马克思主义理论有很强的价值指向，有很强的政治立场。马克思指出："哲学把无产阶级当作自己的物质武器，同样，无产阶级也把哲学当作自己的精神武器。"[1] 马克思主义是为全世界被压迫、被剥削人民求解放的理论，马克思主义在批判旧世界的同时，也为人们科学描绘了未来的理想世界。通过对马克思主义和马克思主义中国化最新成果的学习，要发展健康的党内文化，净化党内的政治生态，纠正各种不正之风。领导干部通过学习，要形成正确的世界观、人生观、价值观。马克思主义理论科学揭示了自然界和人类社会的发展规律，既区别于旧唯物主义，也区别于唯心主义，领导干部要通过学习马克思主义和马克思主义中国化理论成果，自觉地抵制和批判各种腐朽、落后思想的侵蚀，要成为信马列而非信鬼神的唯物主义者；要培养为人民谋幸福、为民族谋复兴、为党担当、积极有为、为共产主义而奋斗的人生观；要培养实事求是、公道正派、光明磊落、艰苦奋斗、清正廉洁的价值观。对此，习近平总书记指出："政治上的坚定、党性上的坚定都离不开理论上的坚定。干部要成长起来，必须加强马克思主义理论武装。"[2] 理论学习本身就是政治能力淬炼的一部分，领导干部要自觉在

---

[1] 《马克思恩格斯选集（第一卷）》，15 页，北京，人民出版社，2012。
[2] 《习近平谈治国理政（第三卷）》，518 页。

提升理论修养的同时，提升政治能力，把理论学习的深度转化为政治敏感的强度，把理论学习的宽度转化为思维视野的广度，把理论学习的厚度转化为思想境界的高度。

二、把准政治方向，培养政治判断力

政治能力很大程度上体现为把握正确政治方向的能力。只有把准了政治方向，领导干部才不会在大是大非面前犯原则性错误，才能在错综复杂的形势面前明辨是非，心明眼亮，坚定不移。对于领导干部来说，正确的政治方向就是坚持中国共产党领导和中国特色社会主义制度。中国共产党的领导是中国特色社会主义最本质的特征，是中国特色社会主义制度的最大优势。"中国特色社会主义制度是当代中国发展进步的根本制度保障，是具有鲜明中国特色、明显制度优势、强大自我完善能力的先进制度。"[1]领导干部要把准政治方向，在与各种错误思潮、错误言论、错位行为斗争中，培养政治判断力。

领导干部要善于辨别是非，培养政治判断力，做政治上的明白人。当今时代是一个价值多元的时代，领导干部要树立社会主义核心价值观，自觉抵御各种腐朽、低俗的价值观，自觉同社会上各种黄色、灰色、黑色价值观划清界限，加强共产主义的道德修养，具备乐观、健康的生活方式和生活态度。领导干部也要自觉养成良好的家风、学风、政风。领导干部就是一面旗帜，其一言一行在一个单位具有导向作用，领导干部的价值观、个人喜爱，直接影响一个单位的风气，影响党在人民群众中的形象。因而，领导干部培养敏锐的政治判断力要从自我做起，在日常工作和生活中，严格要求自己。

---

[1] 习近平：《在庆祝中国共产党成立 95 周年大会上的讲话》，13 页，北京，人民出版社，2016。

领导干部要自觉抵御各种错误思潮，明辨是非，做政治上的清醒人。在利益多元的时代，不同的群体站在不同的利益立场，对党和国家的大政方针会有各种看法和认识。有的看法和认识有一定的合理性，有的却是错误的，甚至直接污蔑党的历史，污蔑改革开放，还有一些看法和认识，是"高级黑""低级红"。有的人为了达到不可告人的目的，有意把党的信念和政治主张庸俗化；有的人披着学术的外衣，极端化地解读党的理想信念、宗旨、方针政策等，达到以另一种方式"黑"我们党的目的。加之一些敌对国家从未放弃对我国进行西化、分化的企图，而且西化、分化的手法和方式越来越隐蔽，更具有欺骗性。作为领导干部要在把准政治方向，站稳政治立场的基础上，练就"火眼金睛"，敏锐识别，积极应对。

领导干部要具有全局性思维、战略思维，善于把握党和国家的大局、大势，明辨方向，判断形势，始终做政治上的识路人。当前，党正带领人民进行具有许多新的历史特点的伟大斗争，面对波谲云诡的国际形势和艰巨繁重的改革发展稳定任务，领导干部要善于站在人民立场，从党和国家发展全局、大局来思考问题，特别是要善于把个人和自身的工作摆在党和国家的大局、全局中去，把稳全局、谋略大事，立足自身实际，做政治上的识路人，使自身成为全面贯穿党的路线方针政策起而行之的行动者、攻坚克难的奋斗者。

领导干部培养政治判断力，还要善于识别各种风险和挑战，成为守土有责、守土尽责的"战斗堡垒"。改革开放进入深水区，作为领导干部，在工作中随时都可能面临各类"黑天鹅""灰犀牛"事件。面对错综复杂的世情、国情，面对各种风险和挑战，领导干部要培养自己的政治判断力，站在政治高度，提高防范与应对风险的本领。一部中国共产党的发展史就是应对各种风险挑战不断成长壮大的奋斗史，无论在战争时期还是和平时期，我们这么一个大党，这么一个大国，时时处处都会存在风险和挑战。作为领导干部，提升政治判断力的重要方面就在于当风险还未爆发时，就要善于发现风险。领导干部的政治能力在很大程度上就体现为：善于站在政治高度，发现各种风险、应对重大挑战、克服重大危机、化解重大风险，保证改革开放事业不出现系统性风险，保证改革开放事业披荆斩棘、勇往直前。

领导主政一方，主管一方，要成为一个战斗堡垒。就好像战争年代的一个堡垒一样，要守住自己辖区，要善于发现敌情和研判敌情，善于抵御各种势力的入侵。如果每一位领导干部都能成为一个战斗堡垒，我们党就能始终立于不败之地。

三、强化党内政治生活锻炼，培养对党忠诚的政治品格

我们党在长期革命、建设和改革的历程中，逐渐形成了一套淬炼政治品质的党内政治生活制度。党内政治生活是领导干部历练政治能力的大熔炉，是党员进行党性锻炼的主要平台，是解决党内自身问题的重要途径。《关于新形势下党内政治生活的若干准则》开宗明义指出："党要管党必须从党内政治生活管起，从严治党必须从党内政治生活严起。"[1] 在省部级主要领导干部学习贯彻十八届六中全会精神专题研讨班开班式上，习近平总书记强调，新形势下加强和规范党内政治生活，要着力增强党内政治生活的政治性、时代性、原则性、战斗性。[2] 这一重要论述为加强和规范党内政治生活指明了方向。

---

[1]《关于新形势下党内政治生活的若干准则》，1 页，北京，法律出版社，2016。
[2] 习近平：以解决突出问题为突破口和主抓手　推动党的十八届六中全会精神落到实处，载《人民日报》，2017 年 2 月 14 日，第 1 版。

我们党是马克思主义政党，重视党内政治生活是马克思主义政党本质属性。党的一大就旗帜鲜明地把"为共产主义、社会主义而奋斗"确定为政治纲领，党的二大确立了党的组织架构和各级党组织、全体党员的基本行为规范，明确了党的纪律规矩。1929 年在古田会议上，毛泽东首次提出"使党员的思想和党内的生活都政治化，科学化"[1]的命题。1938 年在党的扩大的六届六中全会上，毛泽东再次提出"党内生活的民主化"。1957 年，毛泽东强调要"造成一个又有集中又有民主，又有纪律又有自由，又有统一意志、又有个人心情舒畅、生动活泼，那样一种政治局面"[2]的目标要求，详细勾画了党内政治生活的理想蓝图。1980 年党的十一届五中全会通过的《关于党内政治生活的若干准则》，正式使用"党内政治生活"的概念，并确立了有很强针对性和时代特点的若干准则。党的十二大党章及以后历次修订的党章，都在"总纲"中对加强和规范党内政治生活提出明确要求。进入新时代，习近平总书记根据党面临的新的历史任务，更加强调通过党内政治生活来锤炼党性、纯洁党风、锻造队伍，并对党内政治生活提出进一步要求。正是因为从建党之初起就特别重视党内政治生活，在革命、建设、改革的长期实践中不断总结和规范党内政治生活，才在党内形成了以实事求是、理论联系实际、密切联系群众、批评和自我批评、民主集中制、严明党的纪律等为主要内容的优良传统和基本规范。这些优良传统和基本规范塑造了党的政治品格，巩固了党的团结统一，保证了党的先进性和纯洁性，使党始终充满创造力凝聚力战斗力。青年干部由于阅历少，缺乏历练，要特别重视党内政治生活，把党内政治生活作为接受党性锻炼的基本平台，在党内政治生活中锤炼政治能力，提升思想觉悟。

---

[1]《毛泽东选集（第一卷）》，87 页。
[2]《建国以来重要文献选编（第一册）》，485 页，北京，中央文献出版社，1994。

（一）领导干部要增强党内政治生活的政治性。

马克思主义政党具有鲜明的政治性，政治性体现了我们党政治生活的根本方向，是党内政治生活的灵魂，决定着党内政治生活的方向和属性。党内政治生活其实质就是把政治性作为首要原则。党内政治生活不同于领导干部的日常工作和日常生活，日常工作也要讲政治性，但日常工作主要是业务工作，日常生活主要是社会生活的方方面面。而党内政治生活就是要站在讲政治的高度，思考党的工作，谋划党的事业，要从讲政治的角度把自己摆进去，从讲政治的角度反思自身。党内政治生活的政治性，对于领导干部来说，就是要坚定人民立场，与人民同甘共苦，权为民所谋，把人民对美好生活的向往作为奋斗目标，把改善民生、增进人民福祉的决策部署落实到党和国家的各项工作中去；就是要坚持党的领导，强化政治意识、大局意识、核心意识、看齐意识，自觉在思想上政治上行动上同以习近平同志为核心的党中央保持高度一致，令行禁止，把党中央的精神和决策部署不折不扣落到实处；就是要严守党的纪律和规矩，对党忠诚、老实；就是要净化党内政治生态，保持共产党的先进性、纯洁性。

（二）领导干部要增强党内政治生活的时代性。

习近平同志指出：''只有立足于时代去解决特定的时代问题，才能推动这个时代的社会进步。''[1] 中国共产党是善于把马克思主义同中国具体实践相结合的政党，从建党开始，中国共产党就在坚定政治理想信念的同时，结合不同时期中国革命和建设的实际，与时俱进地提升各阶段的战略、目标、任务。注重党内政治生活的时代性，是党内政治生活的重要特征，是使我们党保持生机和活力的内在要求。领导干部要增强党内政治生活的时

---

1 习近平：《之江新语》，235 页，杭州，浙江人民出版社，2007。

代性,就必须聆听时代声音、紧跟时代步伐,中国的改革开放不仅要改变不适应发展的生产方式、政治、文化、社会体制,还要对外开放,学习借鉴世界先进技术、先进经验,把握时代特点,跟上人类社会发展的步伐。领导干部要增强党内政治生活的时代性,就必须准确把握我国社会主义建设发展所处的历史方位,准确把握改革开放所面临的新时代背景,认清改革开放面临的新的风险和挑战,完成党的时代任务和历史使命。当今,我国已经开启全面建设社会主义现代化国家的新征程,奋力实现"两个一百年"奋斗目标,把我国建设成为社会主义现代化强国,是我们党,也是每一位党的领导干部的时代任务,党内政治生活要围绕这一时代任务来开展,领导干部的政治能力也要围绕这一时代任务来提升。领导干部要增强党内政治生活的时代性,就必须直面"四大考验"和"四种危险",直面党情、国情、世情的深刻变化,主动应对、把握应对的策略和方法,在思想上走在时代前列,行动上开拓进取,确保党内政治生活始终保持创新和活力。领导干部要增强党内政治生活的时代性,就必须根据时代发展,创新治理体制机制,实现治理能力的现代化。

(三)领导干部要增强党内政治生活的原则性。

党内政治生活的政治性决定了党内政治生活的原则性。党内严格按照党的思想原则、政治原则、组织原则和工作原则处理党内关系和解决党内矛盾,否则党内政治生活的政治性就无从落实,党的政治生活的时代性就无从体现,党内政治生活的战斗性就无从谈起。领导干部要增强党内政治生活的原则性,要严格遵循《关于新形势下党内政治生活的若干准则》《中国共产党党内监督条例》等党内法规和我们党在长期实践中形成的优良传统、工作惯例,使党内政治生活有规可依、有章可循。领导干部个人,无论职位再高,都要接受党内政治生活原则的约束,在党内不存在凌驾于党组织之上的特殊党员。领导干部要增强党内政治生活的原则性，就必须按照原则处理党内存在的问题。在党内，无论领导干部职务多高，无论涉及多少人，无论存在的问题性质严重还是轻微，无论对上还是对下，都必须坚持原则，不能瞒天过海，也不能大事化小、小事化了。对存在的严重问题要坚决揭露，提高党纪国法的震慑力和警示力；对于轻微问题要防微杜渐，抓小抓早，防止养痈遗患，确保党内政治生活风清气正。

（四）领导干部要增强党内政治生活的战斗性

党内政治生活的政治性、时代性、原则性决定了党内政治生活的战斗性。党内政治生活的战斗性是党内政治生活政治性、时代性、原则性的力量源泉，也是检验党内政治生活成色的重要标准。领导干部增强党内政治生活的战斗性，就必须扶正祛邪、激浊扬清，旗帜鲜明坚持真理、反对错误；领导干部要增强党内政治生活的战斗性，就必须切实解决党内政治生活中自我批评难、相互批评更难的普遍性问题，勇于承认错误、勇于纠正错误，敢于抛开面子进行触及灵魂的思想交锋，真正做到红红脸、出出汗。领导干部要增强党内政治生活的战斗性，就必须落实双重组织生活制度，以普通党员身份参加所在党支部的组织生活，与党员一起学习讨论、查摆问题、接受教育。

党内政治生活的"四性"要求是淬炼领导干部政治能力的重要抓手，领导干部必须率先垂范，必须抓在日常、严在经常、常抓不懈，真正贯彻到党内政治生活的各个方面、各个环节。

四、严守政治纪律政治规矩，提升政治执行力

领导干部提升政治能力，必须坚持坚定的政治方向、政治立场、政治原则，重要的体现就是严格遵守党的政治纪律和政治规矩。一个政党没有

政治规则，就像一个人没有操守一样。遵守政治纪律和政治规矩，既是领导干部的一种品德，也是一种政治能力。政治纪律在党的各项纪律中是最重要的纪律，如果没有严明的政治纪律，党就会沦为一盘散沙，就会失去创造力、凝聚力、战斗力。党的领导干部来自人民群众，但又不能等同于人民群众，任何时候都要严格执行党的政治纪律和政治规矩。政治纪律和政治规矩是领导干部政治能力得以发挥的基础，领导干部要施展自己的政治才能，为党和人民做贡献，必须使自己的言行符合党的政治纪律和政治规矩，才能得到党和人民的认同。守纪律、讲规矩就是按照党的立场、用党和人民可接受的方式为党和人民工作，讲规矩才能办成事，守规矩才能不出事。习近平总书记在多种场合反复强调政治纪律问题，并提出了一系列具体要求，为领导干部遵守政治纪律指明了方向。在党的十九大报告中，习近平总书记指出："全党要坚定执行党的政治路线，严格遵守政治纪律和政治规矩，在政治立场、政治方向、政治原则、政治道路上同党中央保持高度一致。"[1]

领导干部要严守政治纪律和政治规矩，淬炼政治能力，就必须树立正确的权力观、地位观、利益观。政治纪律和政治规矩体现为一套制度规范，反映的是党对工作生活中一系列具体实践的观点、看法，是党的政治方向、政治立场、政治态度等的制度化。守住了政治纪律这根底线，不触政治规矩这根红线，就保持了政治定力。领导干部要时时处处把政治纪律挺在前面，要不断增强纪律定力、道德定力，面对各种诱惑，不放纵、不越轨、不逾矩，不钻制度空子，不打纪律的擦边球，要做遵守党纪党规的模范。

---

[1] 习近平：《决胜全面建成小康社会 夺取新时代中国特色社会主义伟大胜利——在中国共产党第十九次全国代表大会上的报告》，62页。

领导干部严守政治纪律和政治规矩，必须同党中央保持高度一致。中国共产党是马克思主义政党，同党中央保持一致首先就体现为同党的指导思想保持一致。《中国共产党章程》明确规定："中国共产党以马克思列宁主义、毛泽东思想、邓小平理论、'三个代表'重要思想、科学发展观、习近平新时代中国特色社会主义思想作为自己的行动指南。"我们党的指导思想，体现了党的宗旨，明确了党在各个时期的政策、战略。领导干部要保持同党中央的高度一致，就必须认真学习马克思主义和马克思主义中国化理论成果，当前特别要认真学习习近平新时代中国特色社会主义思想，做到真学、真用。

领导干部严守政治纪律和政治规矩，必须在重大原则问题上同党中央保持高度一致，切实增强"四个意识"、坚定"四个自信"、做到"两个维护"。领导干部要坚定执行党的政治路线，在政治立场、政治方向、政治原则、政治道路上同党中央保持高度一致。《中国共产党纪律处分条例》第四十九条规定："在重大原则问题上不同党中央保持一致且有实际言论、行为或者造成不良后果的，给予警告或者严重警告处分；情节较重的，给予撤销党内职务或者留党察看处分；情节严重的，给予开除党籍处分。"[1]在第五十条、第五十三条、第五十四条列举了一些重大原则性问题。第四十五条规定："通过网络、广播、电视、报刊、传单、书籍等，或者利用讲座、论坛、报告会、座谈会等方式，公开发表坚持资产阶级自由化立场、反对四项基本原则，反对党的改革开放决策的文章、演说、宣言、声明等的，给予开除党籍处分。"[2]第六十条规定："擅自对应当由党中央决定的重大政策问题作出决定、对外发表主张的，对直接责任者和领导责任者，

---

[1]《中国共产党纪律处分条例》，25 页，北京，中国方正出版社，2023。
[2]《中国共产党纪律处分条例》，25–26 页。

给予严重警告或者撤销党内职务处分；情节严重的，给予留党察看或者开除党籍处分。"[1] 第六十一条规定："不按照有关规定向组织请示、报告重大事项，对直接责任者和领导责任者，情节较重的，给予警告或者严重警告处分；情节严重的，给予撤销党内职务或者留党察看处分。"[2]

领导干部严守政治纪律和政治规矩，必须立足中华民族伟大复兴战略全局和世界百年未有之大变局，心怀"国之大者"。领导干部同党中央保持高度一致，是精神实质上的一致。领导干部要有政治家的格局和高度，学会从中央的高度思考问题、理解政策，关注党中央在关心什么、强调什么；领导干部要学会思考大局、大势和大事，深刻领会什么是党和国家最重要的利益，对定邦安国的重大原则、重大立场和重大利益，做到心明眼亮；要善于从大局出发，思考部门、地方、行业的工作，多打大算盘、算大账，少打小算盘、算小账，善于把地区和部门的工作融入党和国家事业大棋局，做到既为一域争光、更为全局添彩。

领导干部严守政治纪律和政治规矩，必须在路线方针政策上同党中央保持高度一致，提升政治执行力。领导干部要坚决在党和国家的大局下行动，切实做到党中央提倡的坚决响应，党中央决定的坚决照办，党中央禁止的坚决杜绝，防止和克服部门本位主义，绝不搞"上有政策、下有对策"，绝不在落实党中央决策部署上打折扣、搞变通，坚决维护党中央权威和集中统一领导，做到不掉队、不走偏。紧密结合工作实际，经常与党中央对标对表，把精力和心思用在主动破解难题、勇于攻坚克难、着力解决人民群众最关心最直接最现实的利益问题上，不折不扣抓好党中央精神贯彻落实，在任何时候任何情况下都要做到政治立场不移、政治方向不偏。

---

1 《中国共产党纪律处分条例》，31页。
2 同上。

五、积累政治经验，提升政治领悟力

领导干部讲政治，既是一种态度，也是一种品格，还是一种能力。讲政治不是喊空头口号，不是搞苍白的表态，而是要体现在实际工作中，落实在是否有利于加强党的领导、是否有利于巩固中国特色社会主义制度上。习近平总书记指出，讲政治"既要政治过硬，也要本领高强"。在马克思主义看来，政治是一门科学，有其规律可循。讲政治既要旗帜鲜明、立场坚定，也要有科学的方法。领导干部的政治能力是领导干部在政治实践中，通过政治文化学习和政治实践历练，转为政治意识、政治行动的能力。

刀在石上磨，人在事上练。领导干部的政治能力需要通过不断学习、尤其需要通过在现实的政治实践中砥砺，才能不断提升。领导干部要成长，无捷径可走，只有经风雨、见世面，才能壮筋骨、长才干。领导干部需要在现实社会实践中，特别是工作实践中，摸爬滚打、层层历练，才能不断积累政治经验，提升政治领悟力。

（一）在政治实践中涵养执政为民的政治品质

领导干部需要在政治实践中涵养执政为民的政治品质，积累政治经验，提升政治领悟力。执政为民是共产党人的政治品质，我们党是为人民服务的，政治领悟力不是投个人所好，揣度领导心思的能力，而是抓住人心、民心的能力。时代出卷，领导干部答卷，人民阅卷。一个政党，只有顺民意、得民心、为民谋利，才能得到人民群众的拥护和支持，才能永远立于不败之地。一个领导干部，只有站在党和人民的立场，回应广大人民群众的现实关切，才能得到党和人民群众的认同。领导干部的政治领悟力，是领悟人民对美好生活向往的能力，是善于把社会现实和工作实际与党的奋斗目标联系起来的领悟能力。社会主义制度的优越性、党的正确领导是建立在人民群众获得感的基础上，领导干部为政一方，其政治领悟力要体现在扎扎实实谋发展、扎扎实实改善人民生活上。领导干部还要善于从全局的角度讲政治。领导干部的政治领悟力还体现在善于站在全局的角度，站在党和人民群众长远利益的角度，算总账、算大账的能力。我们党十分重视德才兼备、以德为先的用人导向，目的就在于要把政治品质作为政治能力的基础。不讲执政为民的政治品质，只讲政治能力，就会偏离方向。

（二）在政治实践中养成严于自律的政治自制力

领导干部需要在政治实践中养成严于自律的政治自制力，积累政治经验，提升政治领悟力。要注意把政治信仰真正内化于心、外化于行，在严峻形势面前立场坚定，是非分明，敢于亮剑。为此，领导干部要正心修身，把党性修养作为贯穿终身的必修课，练好共产党人的"心学"。宋明理学"心学"的集大成者王阳明主张"致良知"和"知行合一"。他倡导良知是心之本体，无善无恶。修养的目的在于为善去恶，达到良知，并按照良知去行动。共产党人"心学"的"良知"就是拳拳为党为民之心。领导干部要修炼政治信仰、政治立场，使之"扎根"于心中，成为我们的价值标准。领导干部的政治修炼必须天天坚持，做到自励、自警、自省，保持慎独、慎微、慎终。同时，要做到"知""行"合一。很多领导干部理论学了不少，但在实践中，一旦面临风险和挑战，面对利益诱惑，时常迷失方向。党的十八大后，反腐败形成了压倒性态势，腐败现象明显减少，但仍然有领导干部顶风违法违纪。有一些领导干部在台上讲得头头是道，在台下却被利益集团利用。有些领导干部在一段时间内能抵御住诱惑，但却不能长期抵御诱惑。有的领导干部能抵御绝大多数人的拉拢和腐蚀，但却抵御不了亲人、同学、朋友的拉拢和腐蚀。这其中的原因之一，就是面对眼前利益，失去了政治自制力。一旦失去了政治自制力，政治领悟力就无从谈起。领导干部要提升政治领悟力必须练就强大的政治自制力，否则就会乱了方寸和心智。

（三）在政治实践中扛起敢于担当的政治责任

领导干部需要在政治实践中扛起敢于担当的政治责任，积累政治经验，提升政治领悟力。要提升政治领悟力就必须主动作为，勇于担当。担当既是责任，更是能力，要有敢于担当的宽肩膀，才能练就善于担当的真本领。领导干部为官一任，主管一方，要主动作为，以守土有责、守土负责、守土尽责的强烈责任感，敢于面对工作中风险和挑战，主动承担艰巨繁难的事务，在完成重大任务中摔打磨炼自己的政治能力。只有在摔打磨炼中，才能发现自己的知识弱项、能力短板、经验盲区，才能锻炼和检验自己的政治能力。领导干部勇于担当还要修养严格自律的政治习惯。中国传统文化很重视慎独，即在没有外人自己独处时，也能做到行为方正，这样在真正应对世事时，才能行为有方。同样，领导干部要养成良好的政治习惯，时刻保持清醒的政治头脑，遇事善于从政治的角度观察、思考和分析，平时遇事要善于从遵从政治规矩的角度来解决问题，在日常工作和生活中要做到秉公用权、依法用权、廉洁用权，养成清正廉洁的习惯，这样在关键时刻才能顶得上去，才能扛得住各种诱惑。平时就随心所欲、目无党纪国法，关键时刻必然会失去政治自制力、丧失政治信念、丢失政治立场。

领导干部特别是青年干部，要提升自己的政治领悟力，就要主动到基层去锻炼。到基层去，就能面对面与群众接触，真实倾听群众所思所想，实地了解群众愿望诉求。群众路线是我们党的生命线，也是共产党员的政治本色，从群众中来，到群众中去，才能改进作风、磨炼意志、陶冶情操，提升政治领悟力。领导干部要积累政治经验，提升政治领悟力，就要主动到艰苦的工作岗位上去。艰苦的工作岗位往往是各种矛盾更为集中、工作任务更为繁重的岗位,到这些岗位工作,常常需要打起十二分精神,既体现责任和担当,更体现才能和智慧。如果成天无所事事,遇到难事就躲避,遇到烦事就避让,拈轻怕重钻空子,不敢主动去面对问题、解决问题,说明政治品质不合格,政治能力有缺陷。

(四)在政治实践中锤炼善于战斗的政治艺术

领导干部需要在政治实践中锤炼善于战斗的政治艺术,积累政治经验,提升政治领悟力。政治是一门学科,有其规律。讲政治也是一种能力,领导干部的政治领悟力,既是政治信仰、政治立场的体现,也是政治经验、政治艺术的积累。领导干部要善于在政治实践中总结经验,提升自己的政治智慧。政治领悟力、政治判断力本质上是人的一种思维能力。思维能力是人们运用科学理论的立场观点方法观察问题、分析问题和解决问题的能力。常言道:"思想有多远,就能走多远。"政治思维的能力很大程度上决定了政治领悟力和政治判断力的高低。

领导干部提升政治领悟力,需要树立战略思维。不谋万世者,不足谋一时;不谋全局者,不足谋一域。要善于站在国际国内两个大局、善于从党和人民长远利益的角度,来思考改革发展稳定的问题,来思考工作中面对的风险和挑战,来思考在日常工作和社会生活中遇到的大事难事,善于发现、抓住和用好发展中的机遇,谋大事,干成事。

领导干部提升政治领悟力,需要树立历史思维。领导干部遇事要善于从党史、新中国史、改革开放史、社会主义发展史中去寻找智慧和解决之道,善于用历史的眼光看问题。任何事物都有发生、发展的过程,要善于在其初露端倪时,就能预见到其发展,才能防微杜渐。

领导干部要提升政治领悟力,需要学会辩证思维。任何事物的发展都不是静止、孤立的，要善于用系统的、普遍联系观点来看问题，才能获得更为全面、准确的认识。

领导干部提升政治领悟力，需要树立创新思维。党情、世情、国情总是在不断发生变化，实际工作也总是面临新机遇新挑战，领导干部必须有创新思维才能肩负起应有的职责。同时，领导活动本质上就是一种创新活动，卓越的政治领悟力更是与无畏精神、卓越胆识、睿智思维相联系的。领导干部需要有创新思维才能解决问题，才能提高工作效率，才能把改革开放不断推向更高水平。

领导干部提升政治领悟力，需要树立法治思维。政治能力本质是在党纪国法规范内实施的能力，合规合法是领导干部政治实践的必然要求。领导干部要善于用法治思维来处理改革发展稳定的问题，善于在法治的轨道上想问题、做决策、办事情。领导干部提升政治领悟力，需要树立底线思维。领导干部要明确不可逾越的红线、警戒线，时时刻刻守住政治底线，才能避免发生政治风险。

第二章
"不逐蜻蜓点水轻"——提高调查研究能力

习近平指出:"年轻干部要提高调查研究能力。调查研究是做好工作的基本功。一定要学会调查研究,在调查研究中提高工作本领。调查研究要经常化。要坚持到群众中去、到实践中去,倾听基层干部群众所想所急所盼,了解和掌握真实情况,不能走马观花、蜻蜓点水,一得自矜、以偏概全。对调研得来的大量材料和情况,要认真研究分析,由此及彼、由表及里。对经过充分研究、比较成熟的调研成果,要及时上升为决策部署,转化为具体措施;对尚未研究透彻的调研成果,要更深入地听取意见,完善后再付诸实施;对已经形成举措、落实落地的,要及时跟踪评估,视情况调整优化。"[1] 党的二十大报告强调指出:"弘扬党的光荣传统和优良作风,促进党员干部特别是领导干部带头深入调查研究,扑下身子干实事、谋实招、求实效。"[2]

---

[1] 习近平在中央党校(国家行政学院)中青年干部培训班开班式上发表重要讲话强调 年轻干部要提高解决实际问题能力 想干事能干事干成事,载《人民日报》,2020年10月11日,第1版。

[2] 习近平:《高举中国特色社会主义伟大旗帜 为全面建设社会主义现代化国家而奋斗——在中国共产党第二十次全国代表大会上的报告》,68页。

第一节　调查研究是践行群众路线的重要抓手

2011年11月16日,习近平在中央党校秋季学期第二批学员的开学典礼上发表重要讲话,阐明了调查研究的重要意义以及如何做好调查研究。习近平指出:"马克思主义的辩证唯物主义、历史唯物主义世界观和方法论,党的实事求是的思想路线,党的从群众中来、到群众中去的根本工作路线,都要求我们的领导工作和领导干部必须始终坚持和不断加强调查研究。只有这样,才能真正做到一切从实际出发、理论联系实际、实事求是,真正保持党同人民群众的密切联系,也才能从根本上保证党的路线方针政策和各项决策的正确制定与贯彻执行,保证我们在工作中尽可能防止和减少失误,即使发生了失误也能迅速得到纠正而又继续胜利前进。"[1] 由此可见,坚持群众路线,必须加强调查研究。调查研究关系党和人民事业的成败得失,调查研究必须做到从群众中来,到群众中去。

一、坚持群众路线,必须加强调查研究

群众路线是中国共产党的生命线。中国共产党就是在与人民群众密切联系、共同战斗中诞生、发展、壮大、成熟起来的。群众路线,是我们的事业不断取得胜利的重要法宝,也是党始终保持生机与活力的重要源泉。调查研究是中国共产党的重要工作方法。调查研究,是对客观实际情况的调查了解和分析研究,目的是把事情的真相和全貌调查清楚,把问题的本质和规律把握准确,把解决问题的思路和对策研究透彻。这就必须深入实际、深入基层、深入群众,多层次、多方位、多渠道地调查了解情况。由

---

[1] 习近平:谈谈调查研究,载《学习时报》,2011年11月21日,第1版。

此可见，调查研究是深入实际、深入基层、深入群众的过程，也是践行党的群众路线的基本途径。因此，群众路线与调查研究相辅相成，相伴相促：要坚持群众路线，必须加强调查研究；同时，加强调查研究，真正做到深入实际、深入基层、深入群众，才能更好地践行群众路线。

一部中国共产党群众路线的生成史，就是一部党深入实际、深入基层、深入群众进行调查研究的历史。中国共产党始终重视群众问题，并一贯强调要加强调查研究，这是由党的初心所决定的。调查研究能够提供解决群众问题的重要方法，因此调查研究蕴涵着为人民谋幸福的使命和责任。中国共产党很早就提出了要到群众中去的工作方法，"我们既然是为无产群众奋斗的政党，我们便要'到群众中去'要组成大的'群众党'。"[1]这就从中国共产党的初心出发，道出了中国共产党必须走的革命路线。在这一时期，毛泽东深入实际，联系群众，做了一些调查研究。通过调研，他深刻认识到了人民群众的巨大力量，逐步开创了联系群众、深入群众、依靠群众的革命风气。这表明中国共产党的群众路线思想已经开始萌发，并运用到了指导中国革命的实践当中。

在土地革命时期，围绕党和红军的建设问题，毛泽东等人深入群众、深入军队进行调查研究，了解群众之所需，正确把握军队发展与建设。在这一过程中，党的群众路线思想初步形成。事实上，这一时期，单纯的军事观点在红军当中非常盛行。对此，毛泽东指出："红军的主要任务是做群众工作，打仗与做群众工作是一与十之比，它们的工作量之比是一比十。"[2]"红军决不是单纯地打仗的，它除了打仗消灭敌人军事力量之外，还要负担宣传群众、组织群众、武装群众、帮助群众建立革命政权以至于

---

[1] 中共中央文献研究室、中央档案馆编：《建党以来重要文献选编（一九二一——一九四九）》（第1册）》，162页，北京，中央文献出版社，2011。
[2] 《毛泽东选集（第一卷）》，186页。

建立共产党的组织等项重大的任务。"[1]为什么我们要宣传群众、组织群众、武装群众呢？毛泽东回答说："我们现在的中心任务是动员广大群众参加革命战争，……那末，我们对于广大群众的切身利益问题，群众的生活问题，就一点也不能疏忽，一点也不能看轻。"[2]那么，如何了解群众的切身利益问题、生活问题？就是要做大量深入实际、深入基层、深入群众的调查研究。我们这样做了，"广大群众就必定拥护我们，把革命当成他们的生命，把革命当成他们无上光荣的旗帜"。[3]毛泽东用过河与桥或者船的关系，生动地说明了群众工作第一等的重要性，他说："不解决桥或船的问题，过河就是一句空话。"[4]在这里，解决桥或者船的问题，就是指群众工作，过河就是指革命任务。在斗争惨烈的革命年代，"为了谁、依靠谁"的问题就是这样自然而然地被提了出来。

在抗日战争时期，延安整风运动提出了群众是真正英雄的观点。1943年6月，中共中央通过了毛泽东起草的《关于领导方法的若干问题》的决定，要求"在我党的一切实际工作中，凡属正确的领导，必须是从群众中来，到群众中去"。[5]至此，党的群众路线理论基本确立。1945年，刘少奇在党的七大上作了《关于修改党章的报告》，集中论述了中国共产党的群众路线思想，指出党的群众路线"是我们党的根本的政治路线，也是我们党的根本的组织路线"。[6]把群众路线放在这样的高度上予以定位，在党的历史上是第一次。党的七大以后，群众路线更加为全党所熟悉，在各项革命工作中得到更加普遍和更加自觉的应用。

---

1 《毛泽东文集（第一卷）》，79页，北京，人民出版社，1993。
2 《毛泽东选集（第一卷）》，136页。
3 《毛泽东选集（第一卷）》，139页。
4 《毛泽东选集（第一卷）》，139页。
5 《毛泽东选集（第三卷）》，899页，北京，人民出版社，1991。
6 《刘少奇选集（上卷）》，342页，北京，人民出版社，1981。

在中华人民共和国成立以后，中国共产党面临着带领全国各族人民进行国家建设的艰巨任务，需要处理的矛盾十分复杂，党更加注重贯彻执行群众路线，对群众路线的认识也在不断深化。这一时期，毛泽东指出："人民群众有无限的创造力。他们可以组织起来，向一切可以发挥自己力量的地方和部门进军，向生产的深度和广度进军。"[1] 此后，党的八大对群众路线的内涵和意义进行了进一步阐述。邓小平在《关于修改党的章程的报告》中提醒全党："由于我们党现在已经是在全国的执政党，脱离群众的危险，比以前大大地增加了，而脱离群众对于人民可能产生的危害，也比以前大大地增加了。"[2] 然而，历史就是这样给我们上了深刻的一课，在"文化大革命"的混乱年代，党的群众路线思想误入了歧途。

"文化大革命"结束以后，经过深刻反思，党的群众路线思想很快得以恢复。1981年，中共十一届六中全会通过的《关于建国以来党的若干历史问题的决议》对党的群众路线思想做了简洁、明确的概述，指出："群众路线，就是一切为了群众，一切依靠群众，从群众中来，到群众中去。"[3] 在这一表述的基础上，1982年，十二大通过的《中国共产党章程》又加了一句："把党的正确主张变为群众的自觉行动。"[4] 这样，就形成了中国共产党关于群众路线的完整表述。

通过梳理中国共产党群众路线工作的简要历史，我们可以看到，坚持群众路线的核心要求就是要做到从群众中来，到群众中去。不到群众中去，何谈从群众中来？不从群众中来，不了解群众的想法，又如何实现为人民谋幸福的初心？那么，如何做到从群众中来，到群众中去呢？一个重要环

---

1 《中国农村的社会主义高潮（中册）》，578页，北京，人民出版社，1956。
2 《邓小平文选（第一卷）》，221页，北京，人民出版社，1991。
3 中共中央文献研究室：《三中全会以来重要文献选编（下）》，834页，北京，人民出版社，1982。
4 中共中央文献研究室：《十二大以来重要文献选编（上）》，67页，北京，人民出版社，1986。

节，就是要做好调查研究。所以，坚持党的群众路线和加强调查研究并不是两项孤立的事业，而是相伴而立、互相促进的。尽管调查研究的主题有所不同，但如何实现人民的需求却是贯穿一切工作的主线。人民立场是中国共产党的根本立场，而人民立场的一个重要体现就是要站在人民群众中，真真切切了解群众所思、所求、所想，在此基础上，将一切工作的出发点、立足点、满意点放在群众利益之上，由此制定出的决策，才是不负我们党初心的正确决策。中国共产党正是在如此正确决策的不断叠加中走至今天，践行使命。

二、调查研究关系党和人民事业的成败得失

实事求是，是马克思主义的根本观点，也是中国共产党的思想路线。勉力"求是"，基础在于深入实际、调查研究，搞清"实事"。从"砸烂一个旧世界"到"建设一个新世界"，重视调查研究，及时总结经验，在实践中认知和把握客观实际，由表及里，由此及彼，始终是中国共产党一以贯之的工作方法。正是凭着俯身调研、"解剖麻雀"的真功夫，中国共产党一路披荆斩棘、攻坚克难，走出了中国革命、建设和改革的成功之路。重视调查研究，是党做好领导工作的重要传家宝。习近平指出："调查研究不仅是一种工作方法，而且是关系党和人民事业得失成败的大问题。"[1]这是总结历史经验得出的正确结论。回顾我们党的发展历程可以清楚地看到，什么时候全党从上到下重视并坚持和加强调查研究，党的工作决策和指导方针符合客观实际，党的事业就顺利发展；而忽视调查研究或者调查研究不够，往往导致主观认识脱离客观实际、领导意志脱离群众愿望，从

---

[1] 习近平在中央党校秋季学期第二批入学学员开学典礼上强调　贯彻六中全会精神　加强调查研究工作，载《人民日报》，2011年11月17日，第4版。

而造成决策失误，使党的事业遭受损失。

1935年1月召开的遵义会议，在极端危急的历史关头，挽救了党，挽救了红军，挽救了中国革命。这次会议集中解决了党内所面临的最迫切的组织问题和军事问题，结束了"左"倾教条主义错误在中央的统治，确立了毛泽东在中共中央和红军的领导地位。毛泽东之所以能够在革命最紧要的关头成为党和红军的实际领导人，这与他对中国实际情况，尤其是对中国基层群众"心中有数"的了解密不可分。而毛泽东之所以能够做到"心中有数"，就是因为他在大革命时期和土地革命战争的前期、中期做了大量深入实际、深入基层、深入群众的调查研究。毛泽东思想的创立很大程度上都要归功于调查研究，他用马克思主义的方法去脚踏实地地研究中国实际的国情，力所能及地带动群众，从而扩大影响。关于毛泽东的调查研究工作，以下略举一二。

毛泽东比较早的一次调查研究工作是在1925年春季的湖南韶山，时值农历春节，他便利用串门、走亲访友的形式做了一个社会调查。在这个过程中，毛泽东收集了许多关于农民生产和生活的材料，再加上在湘潭西乡同佃农张连初交谈所得的情况，最终写成《中国佃农生活举例》（1927年3月发表）一文。文章以一个勤劳的壮年佃农作为分析对象，计算了他一年的各项支出和收入，相抵之后，还有将近20大洋的亏空。而且收入还须假定在下列6个条件下才有可能实现：（一）绝无水、旱、风、雹、虫、病各种灾害；（二）身体熬练，绝无妨碍工作之疾病；（三）精明会计算；（四）所养猪牛不病不死；（五）冬季整晴不雨；（六）终年勤劳，全无休息。事实上，这6个条件都具备者是很少的。根据比较严谨的数量统计，毛泽东最终得出的结论是：中国的佃农比牛还苦啊，因为，牛每年还有休息的时间，人却一天都没有。事实上，没有哪个佃农能像调查所假设的那样全年劳作，但凡一休息，就必然会有更多的亏折。这就是为什么中国的佃农比世界上无论何国之佃农为苦的原因，也是许多佃农被迫离开土地变为兵匪的真正原因。[1]《中国佃农生活举例》是目前保存下来的毛泽东用文字写成的最早的一篇调查报告。

1927年大革命失败后，毛泽东曾说，城市站不住，那我们就到农村去，由此开辟出了一条农村包围城市、武装夺取政权的革命道路。在建立农村革命根据地的过程中，毛泽东不放过任何了解农村和农民情况的机会，深入开展社会调查。他不顾党内错误路线的排斥和打击，将自己的调查研究加以梳理分析，撰写了著名的《中国社会各阶级的分析》《湖南农民运动考察报告》《中国红色政权为什么能够存在》《兴国调查》《长冈乡调查》《才溪乡调查》《寻乌调查》等一系列调查报告，科学阐明了中国社会半殖民地半封建性质，正确说明了农民问题是中国民主革命的基本问题，为我们党正确地制定民主革命的总路线奠定了坚实的理论基础。

在深入调查研究的基础上，毛泽东不仅对中国的实际情况有了更加深入、细致的了解，而且还从争取群众进行革命斗争的角度，对调查研究的重要意义作出了精辟概括。他说："我们的斗争目的是要从民权主义转变到社会主义。我们的任务第一步是，争取工人阶级的大多数，发动农民群众和城市贫民，打倒地主阶级，打倒帝国主义，打倒国民党政权，完成民权主义革命，由这种斗争的发展，跟着就要执行社会主义革命的任务。这些伟大的革命任务的完成不是简单容易的，它全靠无产阶级政党的斗争策略的正确和坚决。……共产党的正确而不动摇的斗争策略，绝不是少数人坐在房子里能够产生的，它是要在群众的斗争过程中才能产生的，这就是说要在实际经验中才能产生。因此，我们需要时时了解社会情况，时时进

---

[1]《毛泽东农村调查文集》，28—34页，北京，人民出版社，1982。

行实际调查。"[1]

新中国成立后,毛泽东仍然十分重视开展调查研究工作。1955年底至1956年春,为准备中共八大的召开和迎接大规模经济建设,毛泽东进行了一系列调查研究工作。在此基础上,他于1956年4月在中共中央政治局扩大会议上发表了《论十大关系》的著名讲话,提出了许多对中国社会主义建设有长远意义的思想观点。然而令人遗憾的是,在此后的一段时间里,由于对建设社会主义的长期性和艰巨性认识不足,特别是在农村生产关系的变革上急于求成,在农业生产合作社尚未巩固的情况下匆忙实行人民公社化,造成了严重的后果。在这个过程中,毛泽东虽然也做了一些调查研究,但由于多种复杂的原因,这些调查并未取得实际效果。正如刘少奇在"七千人大会"上所指出的:"(这些年我们出现的问题,)都是缺少根据或者是没有根据的,都没有进行充分的调查研究,没有同工人和农民群众、基层干部和技术专家进行充分的协商,……这就违反了党的实事求是和群众路线的传统作风,违反了党的生活、国家生活和群众组织生活中的民主集中制的原则。这是我们这几年在某些工作中犯了严重错误的根本原因。"[2] 可见,这种不尽理想的调查研究,也是"大跃进"和人民公社化运动之所以会发生的原因之一。

由于"大跃进"和人民公社化运动的影响,加之遇上较为严重的自然灾害,1959年至1961年我国出现了暂时的经济困难,其中农村的情况最为严重。"三年暂时困难"的出现,很大程度上是吃了情况不明、没有深入调查研究的亏,从而也使党的领导人认识到调查研究的重要性。在1960年底至1961年初的中央工作会议上,毛泽东指出:"我们的同志多少

---

[1] 《毛泽东选集(第一卷)》,115页。
[2] 《刘少奇选集(下卷)》,424页,北京,人民出版社,1985。

年来不做调查研究,只要不做这种工作,我们的工作就没有基础。"[1]调查研究极为重要,情况明才能决心大。他还说,我们是有实事求是传统的,"但是新中国成立以来,特别是最近几年,我们对实际情况不大摸底了。大概是官做大了。我这个人就是官做大了,从前在江西那样的调查研究,现在就做得很少了。今年要做一点,这个会开完,我想去一个地方,做点调查研究工作。不然,对实际情况就不摸底"。[2]他要求与会的高级干部回去后大兴调查研究之风,都要去做调查研究,把实事求是的精神恢复起来。

随后,1961年成为了中国共产党历史上的调查研究年。为应对当时国内经济社会发展面临的严峻挑战,毛泽东同志亲自组织了3个调查小组,分赴浙江、湖南、广东进行调研。他在吸收这些调研意见的基础上,并综合中央其他领导同志的意见建议,提出了"农业六十条",对国民经济的恢复和发展起到重要的指导作用。这次全党上下共同进行的大规模调研活动,开展得相当扎实、系统,摸清了问题的要害,在此基础上制定的一系列政策,确保了"调整、巩固、充实、提高"方针的有效实施,也使大批领导干部痛切地认识到自己工作上的失误,在后来的工作中更谨慎地判断形势,更求实地开展工作,也更尊重人民群众的实际利益。

党的十一届三中全会以后,解放思想、实事求是,成为党在新的历史条件下的思想路线,党的调查研究的优良传统得到恢复和发扬。党的十五届六中全会向全党发出了"大力加强调查研究工作"的号召,要求各级领导干部深入基层调研,总结经验,探索规律,指导工作,解决问题。中央领导同志率先垂范,身体力行,亲自深入群众搞调查研究,推动了全党调查研究工作的健康开展。邓小平同志继承和发展毛泽东思想,深入全国各

---

[1] 《毛泽东文集(第八卷)》,234页,北京,人民出版社,1999。
[2] 《毛泽东文集(第八卷)》,237页。

地调查研究，足迹遍布大江南北，及时总结群众实践中的新鲜经验和伟大创造，发展了党的实事求是的思想路线，做出全党全国的工作重心及时转移到经济建设上来、建设中国特色社会主义、实行改革开放的重大战略决策，使社会主义建设事业蓬勃发展，社会面貌发生了巨变。

党的十八大以来，以习近平同志为核心的党中央高度重视调查研究工作，要求在全党大兴调查研究之风。2023年，中共中央办公厅印发了《关于在全党大兴调查研究的工作方案》，并发出通知，要求各地区各部门结合实际认真贯彻落实。

三、调查研究就是"从群众中来，到群众中去"

调查研究就是要深入基层，了解基层。基层下得深不深、了解群众透不透，决定着调查研究的质量和水平。只有迈开双腿走下去，放开身心沉下去，才能察到实情、获得真知，才能在此基础上解决群众所想所急所需，从而根据所了解的情况，解决需要解决的问题。因此，调查研究必须做到"从群众中来，到群众中去"。

调查研究的数据要来源于群众。古人有言："耳闻之不如目见之，目见之不如足见之，足见之不如手办之。"所谓的足见之，就是要亲自到那个地方去看一看，要走到群众中去，通过实际的调查研究，获取最客观实际的一手资料，只有这样的一手资料，才能作为解决问题和进行决策的客观依据。在这方面，马克思给我们树立了光辉的典范。为了深入了解资本主义社会，马克思经常到工厂、农村去，与工人、农民、商人、律师、店员等各阶级、各阶层的人物详细交谈。如马克思于1843年从德国奔赴当时欧洲革命运动的中心——巴黎。他不顾反动警察的跟踪盯梢，一次又一次地到工人的住宅区进行社会调查。马克思经常参加工人们的各种集会，通过亲自走进底层群众的方式,同许多国家的工人组织建立了密切联系。1866年,他亲自编制了包括11个项目的调查大纲,向工人阶级做了详细调查。1880年,也就是在逝世前3年,马克思拟制出一份《工人调查表》,包括99个题目,内容涉及工人生活的各个细节,非常详细周密。马克思最终通过调查研究找到了剩余价值的秘密。

调查研究本身就是一个联系群众、为民办事的过程。"从群众中来"的含义就是将群众中分散的无系统的意见集中起来。这需要我们运用各种方式方法,通过各种途径,有计划、有目的地去了解事物的真实情况,这个过程就是"调查"的过程。做好调查研究,并不是一件容易的事。"既要调查机关,又要调查基层;既要调查干部,又要调查群众;既要解剖典型,又要了解全局;既要到工作局面好和先进的地方去总结经验,又要到困难较多、情况复杂、矛盾尖锐的地方去研究问题。基层、群众、重要典型和困难的地方,应成为调研重点,要花更多时间去了解和研究。只有这样去调查研究,才能获得在办公室难以听到、不易看到和意想不到的新情况,找出解决问题的新视角、新思路和新对策。领导干部搞调研,要有明确的目的,带着问题下去,尽力掌握调研活动的主动权,调研中可以有'规定路线',但还应有'自选动作',看一些没有准备的地方,搞一些不打招呼、不作安排的随机性调研,力求准确、全面、深透地了解情况,避免出现'被调研'现象,防止调查研究走过场。"[1]

如何做到到群众中去?到一个地方后,到农贸市场走一走,看看市场上的商品,问问行情,这是一种调查;到群众家里去看一看,了解他们的住房、吃饭的情况,同他们聊聊家常,这也是一种调查;到田间地头、工地车间以及一切有劳动、工作、群众的地方走一走、看一看、听一听、谈

---

[1] 习近平:谈谈调查研究,载《学习时报》,2011年11月21日,第1版。

一谈这还是一种调查。这是一种到群众中去的表现,但到群众中去不仅仅局限在走到群众中去了解情况。对此习近平指出:"通过深入基层、深入实际、深入群众,我们可以了解群众在想什么、盼什么,最需要我们党委、政府干什么。从而,使我们的各项决策和工作部署,集中民智,体现民意,反映民情,做实一件事,赢得万人心,真正做到情为民所系,利为民所谋,权为民所用。"[1]这也是一个到群众中去的过程。所以,"到群众中去"的含义是指将收集起来的各种意见,经过研究,化为系统的意见,制定出符合群众利益的路线、方针和政策,再回到群众中去,即把党的路线、方针、政策交给群众,使之化为群众的行动,并在群众行动中考验这些意见是否正确。显然,"到群众中去"就是要首先对调查得来的材料进行去粗取精、去伪存真、由此及彼、由表及里的思维加工,以获得对客观事物本质和规律的认识,再进行研究,由此得出解决问题的对策和思路,并再落实。因此,从认识论的角度来讲,调查研究的过程就是"从群众中来""到群众中去"的过程。

调查研究要做到从群众中来,到群众中去,这其中一个重要的环节就是要作出符合实际的、符合人民意愿的正确决策。调查研究的目的是做决策。调查研究是正确决策的前提。早在1930年5月,毛泽东同志在《反对本本主义》中,最早提出了"没有调查就没有发言权"的著名论断。毛泽东严厉批评了没有调查就发言的人,他说:"你对于某个问题没有调查,就停止你对于某个问题的发言权。这不太野蛮了吗?一点也不野蛮,你对那个问题的现实情况和历史情况既然没有调查,不知底里,对于那个问题的发言便一定是瞎说一顿。瞎说一顿之不能解决问题是大家明了的,那么,

---

[1] 习近平:《干在实处　走在前列——推进浙江新发展的思考与实践》,534页,北京,中共中央党校出版社,2006。

停止你的发言权有什么不公道呢？许多的同志都成天地闭着眼睛在那里瞎说，这是共产党员的耻辱，岂有共产党员而可以闭着眼睛瞎说一顿的吗？"[1] 邓小平也十分看重调查研究的作用，认为无论制定任何决策都要进行实地的考察与调研，联系各地区各单位的实际情况再作进一步的部署。1978年我国开始了改革开放的征程，面对的是前所未有的挑战和新的历史拐点，邓小平对我党提出了要求：在处理各项工作时，戒骄戒躁，不要纸上谈兵从而脱离了实际情况。习近平进一步强调："调查研究是谋事之基、成事之道。没有调查，就没有发言权，更没有决策权。"[2]

习近平治国理政思想从根本上说都是在调查研究中形成和提出的，是针对影响和制约经济社会持续健康发展的突出问题、人民群众反映强烈的热点难点问题、党的建设面临的重大理论和实际问题、改革发展稳定大局的重点问题进行深入调研，并在深入掌握实际情况的基础上作出的科学解答。比如，2014年5月，习近平总书记在河南考察工作时首次提及新常态，他指出："我国发展仍处于重要战略机遇期，我们要增强信心，从当前我国经济发展的阶段性特征出发，适应新常态，保持战略上的平常心态。"[3] 新常态思想是我们党经济发展思想的重大创新，明确了在当前经济转型升级的关键阶段要坚持的经济发展方略。同年12月，习近平总书记在江苏考察调研时指出："主动把握和积极适应经济发展新常态，协调推进全面建成小康社会、全面深化改革、全面推进依法治国、全面从严治党，推动改革开放和社会主义现代化建设迈上新台阶。"[4] 这是他首次提出协调

---

[1] 《毛泽东选集（第一卷）》，109页。
[2] 习近平在武汉召开部分省市负责人座谈会时强调 加强对改革重大问题调查研究 提高全面深化改革决策科学性，载《人民日报》，2013年7月25日，第1版。
[3] 习近平在河南考察时强调 深化改革发挥优势 创新思路统筹兼顾 确保经济持续健康发展 社会和谐稳定，载《人民日报》，2014年5月11日，第1版。
[4] 习近平在江苏调研时强调 主动把握和积极适应经济发展新常态 推动改革开放和现代化建设迈上新台阶，载《人民日报》，2014年12月15日，第1版。

推进"四个全面"战略布局和"全面从严治党"。"四个全面"战略布局的提出，开启了治国理政新实践。

新发展格局同样是在习近平总书记深入调研的基础上提出的。他指出："近年来，经济全球化遭遇逆流，国际经济循环格局发生深度调整。新冠疫情也加剧了逆全球化趋势，各国内顾倾向上升。新冠疫情期间，我到几个省进行调查研究，深入了解抗疫情况，调研复工复产中出现的问题。我在浙江考察时发现，在疫情冲击下全球产业链供应链发生局部断裂，直接影响到我国国内经济循环。当地不少企业需要的国外原材料进不来、海外人员来不了、货物出不去，不得不停工停产。我感觉到，现在的形势已经很不一样了，大进大出的环境条件已经变化，必须根据新的形势提出引领发展的新思路。所以，去年4月，我就提出要建立以国内大循环为主体、国内国际双循环相互促进的新发展格局，党的十九届五中全会对构建新发展格局作出全面部署。"[1] 可以说，新发展格局是把握未来发展主动权的战略性布局和先手棋，是新发展阶段要着力推动完成的重大历史任务，也是贯彻新发展理念的重大举措。

调查研究是正确决策的前提。作决策本身并不难，难的是对情况的准确把握。只有通过调查研究、冷静分析形势、掌握真实情况、找准症结所在，我们才能作出正确决策。那种看看文件、翻翻报纸、听听汇报、上上网络、拍拍脑袋形成的决策，在工作实践中往往是漏洞百出、离题万里。当然，随着现代科技的发展，掌握大数据也是一种很重要的调研方法。领导干部应当善于获取数据、分析数据、运用数据，使大数据在调查研究、科学决策中发挥更大作用。

---

1 习近平：把握新发展阶段，贯彻新发展理念，构建新发展格局，载《求是》，2021年第9期。

第二节　新时代提高调查研究能力的必要性和紧迫性

一、调查研究是共产党人"不忘初心，牢记使命"的体现

中国共产党人的初心和使命，就是为中国人民谋幸福、为中华民族谋复兴。"党不是高处于群众之上来统治群众，而是在群众之中来帮助群众的。"[1]调查研究是党和人民相互沟通的重要渠道，它不只是一种人们认识社会的方法，更是一种群众工作的方法。群众路线是党的生命线，是党在制定方针政策时必须坚持的路线，切实维护群众的利益，反映群众的诉求，体现群众的意志。只有愿意"眼睛向下看"去调查去研究，真心为人民，人民才会真心地为你。卸下官架子，真心地贴近群众的心，真正地遵守原则、履行宗旨。"不靠行政命令办事，不靠吹胡子瞪眼去建立威信。久而久之，群众感到你这个领导没有架子，讲道理，可以信赖，自然而然会'七嘴八舌'地发表意见。再加上我们有意识地利用各种形式和机会，让群众说出自己的看法，我们就从群众中听到许多意见，为走群众路线创造了条件。"[2]通过调查研究，实现真正地贴近群众，才能同群众建立鱼水关系，"眼睛向下看"才能看到真东西，才能真正做到依靠群众，办成许多难办的事，最终真正做到为了群众。从这个角度来说，调查研究是真正能够集中民智、体现民意、反映民情的决策方法，是科学决策的基础。

调查研究也是实现党引领群众的重要途径。随着"五位一体"总体布局的全面推进，经济、政治、文化、社会、生态文明全面发展，但也出现了一些问题，诸如发展不平衡不充分的问题等。要想真正去解决这些现实

---

[1] 董必武：《我们的财经任务与群众路线》，《建党以来重要文献选编（一九二一——一九四九）》第24册，394页，北京，中央文献出版社，2011。

[2] 《白银厂"四清"运动结束报告》，《中共中央文件选集（一九四九年十月——一九六六年五月）》第49册，161页，北京，人民出版社，2013。

中存在的问题，就需要扎根于群众，深入群众的内心之中，真正了解他们所需，才能成为人民群众的朋友，受到人民群众的拥护。调查研究除了能发现问题，也能解决问题。实地调查既是由下向上汲取营养，又是由上向下有针对性地解释党和国家方针政策，有针对性地向人民群众答疑解惑的过程。通过这样一个双向作用的过程，既能为政策的制定提供大量丰富客观的现实资料，使得政策更好地满足人民群众的现实需要，也能引导人民群众用科学的眼光和客观的态度认识国家发展现状，增强群众对党和国家的认同感，将广大群众团结凝聚在党的周围。

二、调查研究是改进和加强党的执政能力的有效手段

中国共产党的诞生，是开天辟地的大事变。中国共产党的领导是历史和人民的选择。其重要原因就在于，党应时而变，与时俱进，在不同的时期制定不同的、与现实情况相符合的方针政策。其中，调查研究功不可没。通过调查研究，党不断适应时代需要和人民的需求，不断改进和提高党的执政能力。调查研究有益于党全方位、多层次了解人民群众的需求，也能够不断适应时代、社会、国际竞争等方面的需要。只有充分知晓社会情况和问题，充分了解民众意愿的情况下，才能最大程度调动人民群众的积极性和创造性，使其全身心地投入伟大祖国的建设中。

马克思指出："问题就是公开的、无畏的、左右一切个人的时代声音。问题就是时代的口号，是它表现自己精神状态的最实际的呼声。"[1]一个先进的政党，总是善于在众声喧哗中听清楚时代的声音，解决时代提出的问题。我们做群众工作，就要以解决实际问题为基础，把群众利益时刻记在脑海中、放在心上、抓在手中。

---

[1]《马克思恩格斯全集（第40卷）》，289–290页，北京，人民出版社，1982。

调查研究是领导干部增强自身能力素质的基本要求。首先，调查研究能够密切联系群众。紧密联系群众是党的优良传统，充分相信群众，坚决依靠群众，从群众中来、到群众中去，是我们党最根本的工作路线和思想路线。而调查研究的整个过程，就是深入群众、了解群众、向群众学习的过程。通过调查研究，不仅可以与群众交流思想、增进感情，而且能够及时地把党的政策深入宣传下去，把群众的愿望和要求及时反映上来，及时为群众办好事、解难事，从而不断地密切党同人民群众的血肉联系。

其次，调查研究能够了解掌握真实情况。领导干部要想了解掌握真实情况，必须通过调查研究获得鲜活、精准的第一手资料。只有深入到群众中去，扑下身子、沉到底部，真心诚意地察民情、解民意，才能找到最有代表性的实情，才能听到群众最真切的呼声。而只是看看材料、听听汇报、走马观花、蜻蜓点水，是永远也掌握不到真实情况的。

再次，调查研究能够保证科学决策。调查研究是科学决策的前提和基础。任何一项大的决策，就其程序来说，都大体包括确定目标、研究方案、优化方案、修正完善四个步骤。确定目标、研究方案的过程，实际上就是调查研究的过程，优化方案也是在调查研究的基础上进行的。可以说，没有调查研究就无法优化决策。决策水平的高低取决于调研质量的好坏：正确的调研成果或直接转化为科学决策，或为科学决策提供科学依据和参考；错误的调研结果，或对决策起到干扰作用，或把决策引向歧途。

从次，调查研究能够保持思想进步。所谓思想进步，不只是政治思想进步，也包括文化思想、管理思想、工作思想、作风意识等诸方面的进步。面对改革开放的日新月异和现代化事业的深入发展，人们的思想观念也必须适应发展、与时俱进。毛泽东同志指出："情况是在不断地变化,要使自己的思想适应新的情况,就得学习。即使是对于马克思主义已经了解得比较多的人,无产阶级立场比较坚定的人,也还是要再学习,要接受新事物,要研究新问题。"[1] 学习的基本途径无外乎两条,一个是向书本学习,一个是向实践学习。那么调查研究的途径也有两条,一个是直接调研,一个是间接调研。直接调研就是亲自深入生动具体的现实生活,亲身感受不断变化的客观实践,亲手了解现实情况的具体信息,通过由感性认识向理性认识的飞跃,实现思想观念的与时俱进。间接调研就是通过学习借鉴别人的调研成果,丰富自己的理论知识,更新自己的思想观念。直接调研也好,间接调研也好,都是实现思想进步的有效途径。这是由认识和实践的辩证关系所决定的,是马克思主义认识论揭示的客观规律。

最后,调查研究能够推动工作创新。工作创新包括理论创新和实践创新两个方面。科学的理论指导科学的调研,调研工作本身是一项科学性和技术性很强的工作,需要科学理论的指导,同时,科学深入的调研工作,可以加强对事物的正确认识,从而对理论有纠正和完善作用。科学调研得出的科学结论也在很大程度上反作用于科学理论,促进理论发现,推动发展进步,使理论不断创新。所谓实践创新,即解决问题有新的成效,推进发展有新举措,建章立制有新进步。只有通过调查研究,才能掌握工作创新的主动性,增强工作创新的有效性和科学性。

三、调查研究是领导干部提高能力的重要途径

调查研究的过程,是领导干部提高认识能力、判断能力和工作能力的过程。经常走出领导机关,深入实际、深入基层、深入群众,进行各种形

---

[1]《毛泽东文集(第七卷)》,271页。

式和类型的调查研究，非常有益于促进领导干部正确认识客观世界、改造主观世界、转变工作作风、增进同人民群众的感情；有益于深入了解群众的需求和愿望，更好发挥其创造精神、实践经验。如今交通通信手段越来越发达，获取信息的渠道越来越多，但都不能代替领导干部亲力亲为的调查研究。因为直接与基层干部群众接触，面对面地了解情况和商讨问题，对领导干部在认识和感受上所起的作用和间接听汇报、看材料是不同的。通过深入实际调查研究，把大量零碎的材料经过去粗取精、去伪存真、由此及彼、由表及里的思考、分析、综合，加以系统化、条理化，透过纷繁复杂的现象抓住事物的本质，找出它的内在规律，由感性认识上升为理性认识，在此基础上作出正确的决策，这本身就是领导干部分析和解决问题本领的重要表现，也是领导干部思想理论水平和工作水平的重要反映。领导干部不论阅历多么丰富，无论从事哪一方面工作，都应始终坚持和不断加强调查研究。

为什么对领导干部的调查研究，要强调"始终坚持"和"不断加强"呢？一是因为我们所肩负的任务是不断变化的，原有的任务完成了，新的任务又摆到了面前，需要重新学习和调查研究。二是因为党的领导干部要不断进行新老交替和不断调换工作岗位的，老干部离开了领导岗位，新一批干部上来了，老干部的经验可以供新上来的干部学习借鉴，但代替不了新干部的学习和调查研究。领导干部从一个地区和部门到另一个地区和部门，都必须进行调查研究。即便是回到曾经熟悉的工作岗位和工作环境，也不能刻舟求剑，还应重新调查了解新情况。三是客观事物总在不断变化，新矛盾新问题每日每时都在出现。当前，世界正处于百年未有之大变局，世界多极化、经济全球化深入发展和科学技术突飞猛进，这就要求领导干部必须坚持不懈地进行和加强调查研究。

四、履行新时代使命，迫切需要提高调查研究能力

在新时代，改革和发展的历史条件发生着深刻变化。改革开放和社会主义市场经济的不断深化，带来经济体制的深刻变革、社会结构的深刻变动、利益格局的深刻调整及思想观念的深刻变化。经济体制改革带来原有经济关系的改变，从而也带来了更大范围内的社会变革。正如党的十九大报告所指出的："我们的工作还存在许多不足，也面临不少困难和挑战。主要是：发展不平衡不充分的一些突出问题尚未解决，发展质量和效益还不高，创新能力不够强，实体经济水平有待提高，生态环境保护任重道远；民生领域还有不少短板，脱贫攻坚任务艰巨，城乡区域发展和收入分配差距依然较大，群众在就业、教育、医疗、居住、养老等方面面临不少难题；社会文明水平尚需提高；社会矛盾和问题交织叠加，全面依法治国任务依然繁重，国家治理体系和治理能力有待加强；意识形态领域斗争依然复杂，国家安全面临新情况；一些改革部署和重大政策措施需要进一步落实；党的建设方面还存在不少薄弱环节。这些问题，必须着力加以解决。"[1]

领导干部如何成功应对这些挑战，妥善解决这些新矛盾、新问题？首先，要做细致的调研。办法不会从天上掉下来，只有系统周密的调查研究才能觅得良方。调查研究越充分，解决问题的对策就会越多。毛泽东曾指出："我的经验历来如此，凡是忧愁没有办法的时候，就去调查研究，一经调查研究，办法就出来了，问题就解决了。"[2] 陈云强调："领导机关制定政策，百分之九十以上的时间是作调查研究工作，最后讨论作决定用不到百分之十的时间就够了。"[3] 面对当前纷繁复杂的形势任务，领导干部必须

---

[1] 习近平：《决胜全面建成小康社会 夺取新时代中国特色社会主义伟大胜利——在中国共产党第十九次全国代表大会上的报告》，9页。
[2] 《毛泽东文集（第八卷）》，261页。
[3] 《陈云文选（第三卷）》，189页，北京，人民出版社，1995。

以更大的决心和精力投入对实际工作的调查研究之中。只有通过扎实细致的调查研究，找出一个个问题的症结，开出一个个管用的药方，才能真正解决矛盾和问题。其次，领导干部要在抓工作落实中增强责任感。能不能狠抓落实，既是工作责任心问题，也是思想方法和工作作风问题。领导干部要树立强烈的进取意识、忧患意识，有一种对党对人民事业极端负责的崇高使命感、责任感，要带着感情深入到群众中去，进行面对面领导，扎实解决改革和发展中的一些重大问题，多解决群众关心的难题。发现和总结分析影响落实的矛盾症结，努力掌握抓落实的科学方法，减少工作中的盲目性和片面性。再次，领导干部要在深入实际中提高调查研究能力。能力的培养提高，不是一朝一夕的功夫，需要实践的磨炼。要提高发现问题、获取信息、沟通协调、驾驭现代化调研方法、组织撰写调研报告的能力等调查研究综合能力。必须努力做到戒"假"，假风一旦盛行，工作就难推行；戒"浮"，浮夸作风与工作要求格格不入，必须戒除；戒"僚"，官气越大，得到的真情就会越少；戒"空"，服务基层意识"空"，搞调研就会一空百空，到头来只能是一事无成。同时，还要做到敢于听真话，善于听真情，避免下级忽悠上级，这是一种导向、一种胸怀、一种优秀品质。讲实话、道实情、报实数，及时发现深层次问题，拿出切实的措施，科学决策，提前防范，减少折腾，推进事业科学发展。

中国特色社会主义进入新时代，提高调查研究能力对于应对新形势、掌握新情况、破解新难题，都具有十分重要的现实意义。

提高调查研究能力是应对"新变数"的迫切需要。当前，世界正处于百年未有之大变局，我国正处于实现中华民族伟大复兴的关键时期，发展的内部条件和外部环境正在发生深刻复杂变化。"十四五"时期面临新发展阶段、新发展格局，这就要求我们必须立足"两个大局"，不断提高调查研究能力，充分把握错综复杂的国际环境带来的新矛盾新挑战，充分把握我国社会主要矛盾发展变化带来的新特征新要求，自觉在大势大局下想问题做工作、育先机开新局。

提高调查研究能力是摸清"新底数"的迫切需要。基于形势的深刻变化，我们所肩负的任务也在不断变化，实际情况也在不断发生变化，需要及时学习和了解掌握。这就要求我们提高调查研究能力，把本地区本系统本领域的实际情况摸清楚、把困难问题摸清楚，在此基础上综合研判、对症下药。

提高调查研究能力是拿出"新招数"的迫切需要。党的十八大以来，全面深化改革从前期夯基垒台、中期全面推进，到如今转向系统集成、协同高效，可以说进入了一个新的阶段，将改革进行到底，实现艰苦奋斗再创业、改革开放再出发，既要胆子大、也要步子稳。这就要求我们必须提高调查研究能力，在充分调研论证的基础上，在各自工作岗位上敢于创新路、出新招，大胆试、大胆闯，不断把改革开放引向深入。

一语不能践，万卷徒空虚。党的二十大报告提出："弘扬党的光荣传统和优良作风，促进党员干部特别是领导干部带头深入调查研究，扑下身子干实事、谋实招、求实效。"[1] 当前，世界百年未有之大变局加速演进，不确定、难预料因素增多，国内改革发展稳定面临不少深层次矛盾躲不开、绕不过，各种风险挑战、困难问题比以往更加严峻复杂，迫切需要通过调查研究把握事物的本质和规律，找到破解难题的办法和路径。对广大党员、干部而言，只有通过深入细致的调查研究，才能把握快速变动的实际，出实招、见实效。在全党大兴调查研究，坚持党的群众路线，坚持实事求是，坚持问题导向，坚持攻坚克难，坚持系统观念，必将汇聚攻坚克难、勇毅前行的强大力量。

---

[1] 习近平：《高举中国特色社会主义伟大旗帜　为全面建设社会主义国家而团结奋斗——在中国共产党第二十次全国代表大会上的讲话》，68页。

第三节　领导干部提高调查研究能力的举措和途径

一、提高调查研究能力

提高调查研究能力是进行调查研究的基本保障。有三个方面的能力至关重要。

第一，提高发现问题的能力。解决问题的前提是发现问题，习近平总书记指出要"增强分析问题、解决问题能力"。[1] 随着党的干部队伍建设知识化、专业化的推进，党员领导干部比起过去拥有更加丰富、系统的知识结构。根据中共中央组织部发布的党内统计公报，截至2022年底，大专及以上学历党员5365.4万名，占全部党员人数的54.7%。[2] 2012年这一数字为3408.1万名，占全体党员的40%。我国省部级干部中拥有硕士学历的高达50%以上，学科背景也非常广泛。学历的提升和学科背景的丰富，为领导干部进行科学调查研究提供了条件，但也会出现主观臆断，通过理论分析理论，通过概念寻找概念，用想象制造案例，先有结论后有事实的问题，"很多同志常是主观主义，自以为是，完全不重视调查研究工作"[3]。科学的认识是脚踏实地得出来的，是用眼睛看出来的，绝对不是听来的，从书本上搬来的。"调查工作要面向下层，而不是幻想。"[4] 毛泽东曾说："一切结论产生于调查情况的末尾，而不是在它的先头。只有蠢人，才是他一个人，或者邀集一堆人，不作调查，而只是冥思苦索地'想办法''打主意'。须知这是一定不能想出什么好办法，打出什么好主意的。换一句

---

[1] 《习近平关于社会主义经济建设论述摘编》，333页，北京，中央文献出版社，2017。
[2] 共产党员网：2022年中国共产党党内统计公报，http://www.12371.cn/2023/06/30/ARTI16881099683309167.shtml. 2023-06-30.
[3] 《毛泽东农村调查文集》，21页。
[4] 同上。

话说，他一定要产生错办法和错主意。"[1] 提高发现问题的能力，就要勇立潮头，走到基层，保持对发现新问题的热情，承担解决问题的责任，把握社会发展的长期规律，认识事物发展的阶段性特征，未雨绸缪，高瞻远瞩。要久久为功，不能半途而废，"事物是运动的，变化着的，进步着的。因此，我们的调查，也是长期的。今天需要我们调查，将来我们的儿子、孙子，也要作调查，然后，才能不断地认识新的事物，获得新的知识"。[2]

第二，提高把握全局的能力。社会由不同的部分和层级构成，不同的地域和对象有不同的特征。我国历史源远流长，情况复杂，南北发展差异巨大，生活方式迥异，各民族风俗习惯不一。现阶段正处于百年未有之大变局，面对严峻挑战，领导干部需要拥有整体思维，能够洞悉我国社会整体发展规律，从历史和现实出发，把握主要矛盾，分析解决实际问题时，要将具体问题放入宏观场景、历史长河、整体生态中去认识。如果只是局限于"细枝末节"，便无法把握主干，就会轻重倒置。毛泽东曾说："没有调查，就没有发言权。但就有同志要问，'十样事物，我调查了九样，只有一样没有调查，有没有发言权？'我以为如果你调查的九样都是一些次要的东西，把主要的东西都丢掉了，那末，仍旧是没有发言权。"[3] 毛泽东从事大量的农村调查，并不只是为了认识具体的问题，而是通过不同时期、不同形式的农村调查，了解农村的实际情况，从而为党的农村政策的制定提供了现实基础。

第三，对已有理论的思考能力。理论需要在现实的不断检验中得到深化，这就是实践对真理的检验问题。实践是检验真理的唯一标准，实践检验真理是一个过程，不是一次完成的，已经被实践检验过的真理还要继续

---

1 《毛泽东选集（第一卷）》，110页。
2 《毛泽东农村调查文集》，21页。
3 《毛泽东农村调查文集》，25页。

经受实践的检验。有的人在实践开始前就已经存在一套自己的理论框架，很有可能出现用实际来印证理论，而不依据现实情况对理论进行思考升华的情况。调查研究一方面能够帮助我们探索新鲜事物，拥有新的经验；另一方面能够对已有的经验进行反思，破除思维定式。在进行调查研究时，需要一定的理论作为指导，但如果还未开始调研就把脑袋塞得满满当当，那就再也装不下新鲜的东西，在科学思维的指导下，应该尽量把脑袋"清空"，以虚心和"懵懂"的状态深入实践，对已有经验进行检验反思。"真理只有在实践中才能得到检验，真理只有在实践中才能得到确立。"[1] 尤其是在当今社会大发展、时代大变革的历史背景下，我们如果亦步亦趋，迷信本本，不懂得用实践丰富理论，在实践中发展理论，固守已经过时的理论不放手，这不是对理论的尊重，而是对理论的破坏。要想使得理论符合客观真理，"只有把理性的认识再回到社会实践中去，应用理论于实践，看它是否能够达到预想的目的"。[2] 这样不断检验得出的真理才能真正反映中国国情，总结中国经验，回答时代问题，解决人民关切，为"两个一百年"奋斗目标的实现提供强大思想理论支撑。

二、坚持正确调查研究原则

坚持正确的调查研究原则，是开展调查研究工作，提高调查研究能力的保障。

（一）客观性原则

调查研究的问题和方案的设计需要具有客观性。这要求我们既不能好高骛远，又不能怠惰因循，而要从客观实际出发。

---

[1] 习近平：《在纪念红军长征胜利80周年大会上的讲话》，4页，北京，人民出版社，2016。
[2] 《毛泽东选集（第一卷）》，292页。

第一要考虑到可行性和可操作性。要依据客观条件和个人的主观能力来选择问题和制订方案，如果选择的问题或者制订的方案超出客观条件和个人能力，就可能无法完成调查研究工作。如某一县级政府想要对全国的国防工业状况进行研究，这不但超出了其职权范围，还会造成大量资源的无效投入。对于学者来说，出现这样的情况意味着调研的科学性降低或者科研项目的失败，而对于领导干部来说，将会造成更为严重的后果：一是无效地占用过多公共资源，导致群众对政府产生不满情绪。二是选择超越客观条件的调研方案，即使最终获得了某些调研结果，但其对政策的制定并没有太大的帮助。因此，我们在进行选择调研问题和方案时，一定要"量力而行"。

第二要考虑到价值性。调查研究需要量力而行，并不意味着避重就轻，专挑"软柿子"，害怕"硬骨头"，而是应该根据自身所处的位置，所具有的能力，所面对的客观条件选择具有价值的调研方案。即使从细微处入手，也要以小见大，用微观看宏观，充分利用手中的资源，使得调查研究真正具有价值，而不是大炮打蚊子，杀鸡用牛刀。

（二）实践性原则

对于党和政府来说，调查研究是为政策的制定提供现实的依据，使得决策结果符合现实需要。领导干部通过调查研究，不仅仅要丰富自身认识，更重要的是要服务于实践。正如毛泽东所说："我们调查工作的主要方法是解剖各种社会阶级，我们的终极目的是要明了各种阶级的相互关系，得到正确的阶级估量，然后定出我们正确的斗争策略，确定哪些阶级是革命斗争的主力，哪些阶级是我们应当争取的同盟者，哪些阶级是要打倒的。我们的目的完全在这里。"[1]

---

1 《毛泽东选集（第一卷）》，114 页。

（三）系统性原则

任何事物都具有内在结构性，任何事物都和其他事物处于一定的相互联系之中，整个世界是相互联系的统一整体。调查研究是一项系统复杂的工作，涉及调研问题的设置，调研方案的选择，调研人员的确定，调查研究的具体实行，调研结论的得出等许多环节。在调查研究过程中，还会出现意想不到的情况。同时因为人力物力的有限性，不可能对某一问题所涉及的全部对象进行调查，如想要了解全党对群众路线的执行情况，不可能对9000多万党员逐一进行调研，因此抽样便成为重要的方法。但是抽样得到的只是样本情况，并不能直接反映整体的真实情况，这就需要我们从点到面，从样本推理到全部，用系统论的观点看问题，而不能以点对点，以具体说明具体。对此，习近平总书记指出："要坚持系统的观点，依照新发展理念的整体性和关联性进行系统设计，做到相互促进、齐头并进，不能单打独斗、顾此失彼，不能偏执一方、畸轻畸重。"[1]领导干部在进行调查研究时，要联系地看问题，系统地考虑问题，从点入手，带动全面，统筹考虑，整体施策。

（四）科学原则

调查研究是一项科学的研究活动。今天科学技术取得的巨大成就，为调查研究提供了更为科学的手段和方法。调查研究的科学性就在于它遵循科学的调查研究程序，选取科学的调查研究方法，使用科学的分析工具，得出客观科学的调查研究结果，通过样本的特征，科学地预测更大范围、更广空间的实际情况。因此在进行调查研究时，要遵守科学的方法和程序，绝不能主观臆断，随便创造。

---

1 习近平：《在省部级主要领导干部学习贯彻党的十八届五中全会精神专题研讨班上的讲话》，37页，北京，人民出版社，2016。

同时，我们也要认识到，矛盾具有特殊性，没有放之四海皆可行的调查研究方法，不同的调查研究问题和对象具有不同的特点，要坚持具体问题具体分析，选择适合当下条件的研究方案，选择真正"适合脚的鞋子"。

三、学习科学的调查研究方法

运用科学的调研方法是调查研究科学性的根本保证，也是调查研究成功的保障，是调查研究结果能真正服务实践的前提。调查研究过程中，问题的选择、预定的假设，理论的构建、调查研究方案的设计、具体样本的抽取，调研数据收集处理和分析，都要遵守其自身的规律和原则。只有掌握了调查研究的基本方法和技巧，才能够保证结果尽可能符合科学规范，揭示客观规律。

（一）学习党的调查研究历史经验

《反对本本主义》是毛泽东为反对当时红军中教条主义思想于1930年5月所写，是中国共产党内关于调查研究的一本经典著作，是党的调查研究经验的集大成者。文中所阐述的调查研究方法，至今仍然具有重要的价值，值得我们认真学习研究。毛泽东在这篇文章的开篇就指出调查研究的重要意义："没有调查，就没有发言权。"《反对本本主义》中蕴含着丰富的调查研究方法，如讨论式的调查研究，具体就是寻找相关的人员，坐下来以讨论会的形式进行。调查研究需要走出"本本"，但有的时候在时间、地点、个人自身条件限制下，调查者对要调查的对象实际状况并不能快速的熟悉，在这样的情况下，从熟悉情况的人中获得间接经验就显得十分重要。毛泽东在文中指出："可以召集那些明了情况的人来开个调查会，把你所谓困难问题的'来源'找到手，'现状'弄明白，你的这个困难问题也就容易解决了。"[1]

要做实地考察,亲自出马。"需要时时了解社会情况,时时进行实际调查。"[2] 获得间接的经验固然重要,但是实地考察也是必不可少的,这是调查者充分认识现实情况的重要途径。对于这一点,毛泽东在文中指出:"凡担负指导工作的人,从乡政府主席到全国中央政府主席,从大队长到总司令,从支部书记到总书记,一定都要亲身从事社会经济的实际调查,不能单靠书面报告,因为二者是两回事。"[3]

要列举提纲,突出重点。调查研究具有针对性,每一次调查都存在主要矛盾,调查研究要突出主要矛盾,不能记"流水账",事无巨细,大包大揽,眉毛胡子一把抓。要"下马看花",解剖一只麻雀,而不能骑马观花,那种喜欢"满园春色"的调查"用处不大,不能达到我们的主要目的"。[4] 因此调查时要首先认真思考,列出提纲,按提纲发言。在调研过程中对于争议性过大的问题,再做专门细致的讨论或调查。

(二)坚持问题导向

调查研究是从问题开始的,是受问题所指引的,坚持问题导向是调查研究的出发点。只有心中有问题,调查研究才有针对性、才会有所收获。进行调查研究时要紧扣时代脉搏、坚守使命。时代是出卷人,调查者是答卷人,人民是阅卷人。这张卷子,就是时代之问,调查研究就是寻找答案、回答考卷的过程。要想得到"高分",就要紧扣题目。习近平总书记指出要"坚持问题导向"[5],问题是事物矛盾的表现形式,强调问题意识,坚持

---

1 《毛泽东选集(第一卷)》,110 页。
2 《毛泽东选集(第一卷)》,115 页。
3 《毛泽东选集(第一卷)》,117 页。
4 《毛泽东选集(第一卷)》,113 页。
5 《习近平谈治国理政(第三卷)》,178 页。

问题导向,就是承认矛盾的普遍性、客观性,就是要善于把认识和化解矛盾作为打开工作局面的突破口。

坚持问题导向也是调查研究的落脚点。要坚持哪里有问题,调查研究就去哪里,要到困难多、问题多的地方去调查。把问题找准了,调查研究才能事半功倍,分析决策才能落到实处,才能真正解决群众关心的问题。

坚持问题导向,重要的在于发现问题。一是可以从反差中发现问题。这个反差包括预想与现实的反差,政策与实践的反差。看起来合乎理论逻辑的预想有时会与现实存在差异,经过充分论证的政策也会出现效果不佳的情况。比如在高校设置大量的思想政治课程本应该能够提升大学生的思想政治水平,但现实情况是高校大学生思想状况亟须改善。习近平总书记多次提出高校要加强思想政治工作的问题,强调:"我们的高校是党领导下的高校,是中国特色社会主义高校。办好我们的高校,必须坚持以马克思主义为指导,全面贯彻党的教育方针。"[1]告诫全党"高校是意识形态工作的前沿阵地"。那么为什么会出现这样的反差?如何切实提升高校思想政治课的效果?这是需要认真调查研究的问题。领导干部需要在反差中发现问题,及时对发现的问题调查研究,得出解决方案。对一项政策、一个问题负责到底。问题不解决,调查研究不停止,反复认识,长期追踪,重视反差,力争从根本上解决问题。

二是可以在借鉴他人经验的基础上发现问题。他山之石,可以攻玉,很多问题具有共性,调查研究也是一种"他为我用"的过程。学习他人的经验与教训,既可以未雨绸缪,防患于未然,也可以少走弯路,少吃苦头。在美国的"占领华尔街运动"中,青年人因为缺少发展机会,对政府产生不满,成为运动的急先锋。我们能从美国发生的事件中得到什么前

---

[1] 习近平:在全国高校思想政治工作会议上的讲话,载《人民日报》,2016年12月9日,第1版。

车之鉴,防止这样的问题在中国发生?

三是可以通过咨询专家,拓宽建议渠道来发现问题。领导干部不可能神通广大事事皆知,因此拓宽建言献策的渠道就显得十分重要。要充分依靠群众,倾听"小问题",从而发现"大问题",建言献策不能只依靠制度化的方式,"群众的很多想法,往往不是在那些很正式的场合、当着很多人的面会讲出来的,而是要同他们身挨身坐、心贴心聊才能听得到。各级干部要多沉下身子、走近群众,就从严治党问题多向群众请教"。[1]专家学者往往对某一领域有相对科学充分的认识,他们对某一问题的认知程度是其他人在短时间内无法达到的。毛泽东就曾经说过:"我们应该尊重专门家,专门家对于我们的事业是很可宝贵的。"[2] 要充分发挥专家学者作用,使得他们学有所用,"要主动同专家学者打交道、交朋友,经常给他们出题目,多听取他们的意见和建议"。[3] 但是也要注意到,专家学者有时会出现迷信书本、理论、逻辑,缺乏实践经验,意见建议不接地气的问题。所以对于建言献策不能厚此薄彼,要尽可能倾听不同的声音,将各方面的意见建议汇总起来,形成相对客观全面的认识。正如习近平总书记强调的:"我们的学习应该是全面的、系统的、富有探索精神的,既要抓住学习重点,也要注意拓展学习领域;既要向书本学习,也要向实践学习;既要向人民群众学习,向专家学者学习,也要向国外有益经验学习。学习有理论知识的学习,也有实践知识的学习。"[4]

---

[1] 习近平:《在党的群众路线教育实践活动总结大会上的讲话》,28页,北京,人民出版社,2014。
[2] 《毛泽东选集(第三卷)》,864页,北京,人民出版社,1991。
[3] 习近平:《在哲学社会科学工作座谈会上的讲话》,28页,北京,人民出版社,2016。
[4] 习近平:《在中央党校建校80周年庆祝大会暨2013年春季学期开学典礼上的讲话》,7页,北京,人民出版社,2013。

（三）科学确定调查研究的问题

现实问题纷繁复杂，在诸多预选问题中确定最终的靶点，对领导干部显得尤为重要。对于他们来说，调查研究具有很强的政策性和实践性，不是单纯的学术研究。这就对问题的选择提出了很高的要求。问题的确定大致可以体现以下的价值：

第一，社会性价值。调查研究需要紧贴社会现实问题、人民实际问题、发展重大问题来展开。领导干部的调研结果往往决定了政策的制定和执行，这事关某一地区、某一领域社会的共同价值和人民福祉。因此在选择问题时，既要遵循科学的原则、方法，也需要保持理性、冷静的头脑，在诸多问题中选择最能满足大多数人利益，最能解决社会现实问题，最能体现社会发展规律，最具社会公共价值的问题。

第二，未来性价值。调查研究既可以帮助人们解决现实问题，也是人们认识社会、把握未来的重要基础。特别是在当今社会快速发展的情况下，问题产生和更新速度也加快了，人们对问题本质的认识远远赶不上问题的产生速度。这就需要我们对问题的选择具有前瞻性、代表性。前瞻性是说要充分认识问题的本质。新问题虽然随时产生，但大部分只是表现形式的不同，其本质依然是一样的。如不同时期的青年人可能会表现出对生活的迷茫，或是对游戏上瘾，对学习厌恶等，虽然表现形式不同，但这些问题很大程度上是与青年人对未来信心降低相关。认识到问题的本质，才能在新问题中抽丝剥茧，找到核心。因此在选择问题时，要深入问题的内部，认识问题的本质，不被问题的表象所迷惑，真正让调查研究具有未来性价值。

第三，理论性价值。调查研究结果只有上升为理论才能在较长时间内发挥重要作用。从实践中产生感性认识，由感性认识升华为理性认识，这是认识的第一次飞跃。在理性认识的指导下进行实践，这是认识的第二次飞跃，也是更为重要的一次飞跃，这是辩证的认识过程。这两个过程不是进行一次就结束，而是循环往复，螺旋式上升。只有这样实践才能得到科学理论的指导，科学理论才能不断在实践的检验中得到升华。领导干部要高瞻远瞩，不能只看眼前。要让自己的调查研究为党的治国理政方针、政策的制定提供强大的实践支撑。

（四）采取科学的调查研究程序

调查研究作为一项科学的研究工作，具有一定的程序和步骤，遵循科学的程序是调查研究科学性、客观性、可行性的重要保障。一般来说，调查研究的程序步骤大致包括设计调查方案，选取调查方法，选择调查研究人员，组织开展调查，材料的收集和整理，撰写调查报告等。

1.设计调查方案

设计调查方案阶段的工作主要是确定调查的目标和对象、选取样本的范围等。在这一阶段，首先要将问题具体化，即明确问题的特征，准确判断和分析调查对象，对调查研究的问题作出具体的界定和清晰的陈述，从而将模糊的想法变成清晰的问题，将宽泛的领域变成特定领域的特定问题。如"城市中的农民工就业状况研究"，这实际上是调查研究的主题或者说是范围，并不是一个具体的问题。在设计调查方案时，需要对主题进行具体化。比如，是研究"城市中的农民工就业状况"的原因，还是发展趋势，还是解决办法。只有问题明确具体，调查研究才有针对性。可以通过将问题范围缩小，将宽泛问题转化为狭小问题，使得问题进一步具体化。如将"城市农民工就业状况"缩小到某地区、某城市、某一特定群体。同时在选取具体调查对象或者采访对象时，一定要遵循代表性、时效性、经济性、系统性原则。所谓代表性就是选取的调研或采访对象要能基本代表研究群体的特征。比如要想研究大学生群体的校园生活问题，最好选择在读大学生，同时还应该注重选择不同学校和学科背景的研究对象。所谓时效性就是要考虑情况发生变化后，如何选择调研对象的问题，比如毕业大学生与在读大学生对研究大学生群体校园生活的时效性就不一样。所谓经济性就是避免人力、物力、财力的浪费，坚持够用原则，特别是对于领导干部来说，调查研究会动用大量公共资源，一定要注重投入产出比。所谓系统性就是要注意对象选择对整个调查研究工作和政策制定的意义，以系统整体的思维来看待和评估问题，不能为了省事而随意。同时，调研和采访对象之间要能相互关联，相互衔接；能以点带面，连为整体。

2. 选取调研方法

科学的调研方法可以起到事半功倍的效果。针对不同的调查研究情况，可以采取抽样法、问卷法、访谈法等。

抽样法是运用十分普遍的调查研究方法，由于社会调查研究往往涉及很广的范围和很大的人群，对所有对象普查费时费力，在某些情况下是不可能的，抽样就显得十分重要。抽样是收集信息、数据、资料的方法，又是对社会现象进行总体科学估计和判断的方法。根据抽样的不同特点，可以分为概率抽样和非概率抽样。两者适用于不同的调查研究情景，前者能得到相对较广泛和随机的样本，后者则是针对特定样本的特定数据。当然，抽样法也有自身的缺点，那就是样本的选取十分重要，样本不科学，调查研究结果将无法反映整体情况。这需要在前期的样本设计中投入大量精力，在实际抽样中也要尽量避免主观作用的干扰。

问卷法也是经常采用的一种调查研究方法，它通过统一设计的问卷以获取被调查研究对象关于某一问题的看法或者意见。问卷法能够有效节约人力物力，减少实地调查研究或者访谈中时间、物力的损耗。特别是在现代科学技术条件下，问卷的分发和回收可以依靠计算机系统来快速完成，其操作效率大大提升。但是问卷法也有局限性，如它主要运用于成分较为简单一致的群体，如果调查的群体复杂，就无法设计出能满足每一类人的问卷。另外，问卷法还会存在无效问卷和虚假填写问卷的问题。比如由于填写不规范、多选漏选等造成的无效问卷，比如在涉及老师的授课、领导的工作问题时，受访者多倾向于作出积极的回答，这样的问卷得出的结论会与事实相差甚远。当然还会存在因问卷设计者有意或能力不足造成的问卷质量较低、带有引导性倾向的问题。

访谈法就是与受访者直接接触，获得一手资料的方法。这是最为直接、最为灵活，也是最可能获得真实情况的方法。但是访谈法也有缺陷。首先，要耗费大量的人力物力。调查研究过程中，涉及调查所需的差旅费、人员报酬以及其他支出，如果情况有变需要改变调研计划，则又会增加成本。其次，效率相对较低，如果是进行深度访谈，调研员一天所能调研的对象是有限的，有可能还会出现被拒绝的情况，要想在短时间内获得大量数据，只能增加调研员数量，这样不但会增加调研费用，也会因调研员自身素质参差不齐而影响调研质量。再次，受主观影响较大。由于是面对面的直接交流，调研环境以及调研员的外形表现、语气、口音等都会影响受访者对问题的回答。调研过程中调研员的主观性、随意性也会影响调研质量。最后，可能会出现信息的遗失问题。调研员经过旅途奔波，寻找调研对象，进行访谈，记录访谈信息，整理调研资料，甚至还要撰写研究报告，精力、体力都有极大的消耗，难免会出现信息遗失的情况。如果被调研者拒绝录音录像，调研员只靠纸笔记录也很难完整记录访谈信息。

因此，在调查研究过程中需要将各种方法相结合，取长补短，使得调查研究尽量科学，调研结果尽量客观公正，反映真实情况。

3. 选取调研实施人员

调查研究是一项科学的工作，需要由具有丰富调研经验、具有调研工作专业素质的人员进行。调查研究也是一项系统工作，无论前期准备工作多么充分、合理、科学，都需要人去具体操作执行，这就对调研人员素质提出了很高要求。尤其是对领导干部来说，能投入调查研究的时间和精力都有限，对于那种需要长期追踪且较为复杂的调研项目，更加需要专业人员参与。一般来说，调研人员应该具备以下素质：

第一，拥有一定的知识和工作能力。随着社会调查的专业化、科学化，调查研究对人的知识储备提出了越来越高的要求。调研人员不但应该掌握一定的社会科学知识，还应该掌握一定科学技术知识；不但能够科学制订调研方案，还能进行实际的调查研究，熟练运用各种调查研究工具。同时还应该具有一定的沟通能力、观察能力、信息提取能力、实际操作能力等。

第二，热爱调查研究工作。知之者不如好之者，好之者不如乐之者。调查研究工作是一项费时费力，有时甚至是枯燥无味的工作，没有对调查研究工作的热情，没有吃苦耐劳的精神，只是被动消极完成工作，会严重影响调研工作的质量。

第三，实事求是，严肃认真。调查研究是一项了解实际情况，为决策提供客观公正材料的工作，这就要求调查人员从实际出发，以客观事实为依据，尽量减少因为个人主观意志造成的调查材料失真问题。调查人员在调研过程中还要耐心、细致，尊重受访者的意见和想法，积极引导受访者理解调研问题。

第四，对调研问题有一定的认知。调研人员需要在调查研究开始之前对调研问题有一定的认知，最好是对相关问题有过接触甚至是长期发生关联，这样在调研过程中能够抓住事情的特点和本质，遇到突发情况能够及时处理。调研人员一方面可以通过集中学习和培训，使得调研人员提前掌握情况；另一方面也可以选择工作或生活与调研问题关系密切的人，比如调研对象是在校大学生，可以选择高校老师充当调研员。

4. 组织开展调研

这是调查研究的实际操作环节，也是前期准备工作最终实行的阶段，是直接获得调研材料的工作。

首先，根据调研方案联系受访者。这部分工作可以通过官方机构、非政府组织或者私人关系来完成。提前联系受访者的好处是可以避免临时寻找受访对象造成的时间及人力物力财力的损失，同时可以针对受访者背景（生活、学习、工作经历等）提前做出预案，保障调研工作顺利开展。

其次，对受访者进行直接采访。这一环节尽量按照预案展开。如果在调研中发现新的情况和突发问题，可以及时向负责人汇总做出应对。

再次，收集、整理和分析材料。这是调查研究工作的后续阶段，主要是对调研过程中获得的资料和信息进行收集归类，为后续的分析做好准备。这一部分对专业性要求更高，需要专业人员和机构的介入。分析过程中，可采用描述性统计分析和推断性统计分析两种方法。前者直接表现为对频次和百分比的描述。毛泽东在《寻乌调查》中，对农村人口成分的描述采用的就是描述性统计分析。他列举出了农村各种阶级所占比重。"地主（收租五百石以上的），百分之零点零四五。中地主（收租五百石以下二百石以上的），百分之零点四。小地主（收租二百石以下的），百分之三。破落户，百分之一。新发户，百分之二。富农（有余钱剩米放债的），百分之四。中农（够食不欠债的），百分之一十八点二五五。贫农（不够食欠债的），百分之七十。手工工人（各种工匠，船夫，专门脚夫），百分之三。

游民(无业的),百分之一。雇农(长工及专门做零工的),百分之零点三。"[1]后者则是通过局部数据对总体情况做出估计,即通过有限的调查研究样本推测全局的整体情况。绝大部分调查研究都不是整体性质的普查,而是抽取样本的特征性研究,因此不能就局部说局部。要以小见大,以微观见宏观。

最后,撰写调查报告。这是调查研究的最后一个环节,也是调查研究成果系统的体现。如果说调查研究的过程是"十月怀胎",撰写调查报告就是"一朝分娩",调查报告是调查研究工作的继续,也是调查研究整体质量的重要保障。一份好的调查研究报告要主题明确,提纲清晰,数据翔实,分析科学。要具有针对性、时效性、真实性、创新性。要语言简洁,不拖泥带水;结构严谨,经得起认真推敲;逻辑通顺,充分展示调查研究全过程。

四、坚持正确价值取向

调查研究是由人进行的活动,不可避免地带有人的主观色彩。坚持正确价值导向是调查研究成果真正能服务社会,造福国家的保障。对于领导干部来说更是如此。

(一)人民立场

群众路线是党的生命线。习近平总书记指出:"江山就是人民,人民就是江山,人心向背关系党的生死存亡。"[2]中国共产党的根本宗旨就是全心全意为人民服务。人民对美好生活的向往就是中国共产党的奋斗目标。对于领导干部来说,调查研究是制定政策的现实基础,是以政策的制定为

---

[1] 《毛泽东农村调查文集》,105页。
[2] 习近平:在党史学习教育动员大会上的讲话,载《求是》,2021年第3期。

最终目的。进行调查研究工作，必须以人民利益为标准，以人民需要为导向，以为人民服务为根本价值取向。

人民群众在社会历史发展过程中起着决定性作用。人民群众是历史的主体，是历史的创造者。人民群众是社会财富的创造者，是社会变革的决定力量。中国共产党来源于人民，根植于人民；要一切为了群众，一切依靠群众；要从群众中来，到群众中去。人民群众是我们党的力量源泉和胜利之本。调查研究不但要服务人民，更要依靠人民。毛泽东曾经指出："马克思主义者从来就认为无产阶级的事业只能依靠人民群众。"[1]在调查研究中，要充分发挥群众的积极性、主动性、创造性，团结一切可以团结的力量，调动一切可以调动的积极因素。如果没有人民群众的支持，一切调查研究都是空中楼阁而不接地气。

（二）实践导向

调查研究要服务于实践，注重实际效果。在调查研究过程中要克服形式主义、官僚主义，要走出办公室，去田间，去地头，去社区，去老百姓的生活中了解实际情况，要吃透情况，把握实质，抓住主要矛盾和矛盾的主要方面，使调查研究符合实际，使以调查研究为基础制定的方针政策解决实际问题。

（三）时代价值

调查研究是党的优良传统，也是时代对领导干部提出的迫切要求，特别是在当前我国面临百年未有之大变局的情况下，调查研究是及时了解风云变幻、应对风险挑战、提高党的执政水平和执政能力的重要保障。调查研究要紧扣时代脉搏，回答时代之问，解决时代问题。领导干部既要增强

---

[1]《毛泽东文集（第七卷）》，211页。

忧患意识，未雨绸缪，高屋建瓴，又要着眼于当下，解决现实的突出矛盾；既要脚踏实地也要仰望星空；既要在调查研究中发现潜在矛盾，防患于未然，做好应对未来风险挑战的准备，也要认识新变化，顺应时代潮流，为即将到来的新事物创造良好条件。

第三章
"世事如棋局局新"——提高科学决策能力

科学决策是科学执政、合理行政的基础,是执政兴国的重要方式和方法,也是新时代对领导干部特别是年轻干部提出的基本要求。在当前百年未有之大变局下,国际国内形势错综复杂,党和政府面临的决策环境、决策内容、决策目标发生深刻变化,国家治理现代化面临的机遇和挑战更加复杂,对领导干部特别是年轻干部的决策素质和决策能力提出了更高要求。习近平总书记在2020年秋季学期中央党校(国家行政学院)中青年干部培训班开班式上指出:"提高解决实际问题能力是应对当前复杂形势、完成艰巨任务的迫切需要,也是年轻干部成长的必然要求。""年轻干部要提高科学决策能力。"[1] 党的二十大报告明确指出,要"坚持科学决策、民主决策、依法决策,全面落实重大决策程序制度"。[2] 面对国内艰巨任务和国际复杂形势,如何正确认识科学决策能力的重要意义、自觉提升科学决策能力,成为摆在领导干部、特别是年轻干部面前十分紧迫重要的课题。

---

[1] 习近平在中央党校(国家行政学院)中青年干部培训班开班式上发表重要讲话强调 年轻干部要提高解决实际问题能力 想干事能干事干成事,载《人民日报》,2020年10月11日,第1版。

[2] 习近平:《高举中国特色社会主义伟大旗帜 为全面建设社会主义现代化国家而奋斗——在中国共产党第二十次全国代表大会上的报告》,41页。

第一节　科学决策是实现党和国家发展战略的基石

奋斗百年路、扬帆再出发。2021 回顾中国共产党从创建到成长的奋斗历程，带领中国人民从"站起来""富起来"到"强起来"的丰功伟绩，无不闪烁着在权衡利弊中趋利避害、作出有利的科学决策的时代光芒，在党和国家发展史上留下了不可磨灭的精彩，科学决策始终是实现党和国家发展战略的基石。

一、科学决策关乎党的执政兴国

1978 年 12 月 18 日至 22 日，党的十一届三中全会在北京举行。这次大会是在党和国家面临何去何从的重大历史关头召开的。当时，世界经济快速发展，科技进步日新月异，而"文化大革命"十年内乱导致我国经济濒临崩溃的边缘，人民温饱都成问题，国家建设百废待兴。党内外强烈要求纠正"文化大革命"的错误，使党和国家从危难中重新奋起。面对当时的情况，邓小平同志指出："如果现在再不实行改革，我们的现代化事业和社会主义事业就会被葬送。"[1] 在邓小平同志领导下和老一辈革命家支持下，党的十一届三中全会突破了长期"左"的错误的严重束缚，否定了"两个凡是"的错误方针，充分肯定了必须完整、准确地掌握毛泽东思想的科学体系，高度评价关于真理标准问题的讨论，果断结束了"以阶级斗争为纲"，重新确立了马克思主义的思想路线、政治路线、组织路线。

党作出实行改革开放的历史性决策，是基于对党和国家前途命运的深刻把握，是基于对社会主义革命和建设实践的深刻总结，是基于对时代潮流的深刻洞察，是基于对人民群众期盼和需要的深刻体悟。邓小平同志提

---

[1]《邓小平文选（第二卷）》，150 页，北京，人民出版社，1994。

出:"贫穷不是社会主义,发展太慢也不是社会主义。"[1] "我们要赶上时代,这是改革要达到的目的[2]。"历史发展有其规律,把握住历史发展大势,抓住历史变革时机,做出科学正确的决策,并为之努力奋斗、锐意进取,人类社会就能更好前进。改革开放是我们党的一次伟大觉醒,正是这个伟大觉醒孕育了我们党从理论到实践的伟大创造。改革开放是中国人民和中华民族发展史上一次伟大革命,正是这个伟大革命推动了中国特色社会主义事业的伟大飞跃!

艰难困苦,玉汝于成。40多年来,党和人民解放思想、实事求是,大胆地试、勇敢地改,干出了一片新天地。从实行家庭联产承包、乡镇企业异军突起、取消农业税牧业税和特产税到农村承包地"三权"分置、打赢脱贫攻坚战、实施乡村振兴战略;从兴办深圳等经济特区、沿海沿边沿江沿线和内陆中心城市对外开放到加入世界贸易组织、共建"一带一路"、设立自由贸易试验区、谋划中国特色自由贸易港、成功举办首届中国国际进口博览会;从"引进来"到"走出去",从搞好国营大中小企业、发展个体私营经济到深化国资国企改革、发展混合所有制经济;从单一公有制到公有制为主体、多种所有制经济共同发展和坚持"两个毫不动摇";从传统的计划经济体制到前无古人的社会主义市场经济体制再到使市场在资源配置中起决定性作用和更好发挥政府作用;从以经济体制改革为主到全面深化经济、政治、文化、社会、生态文明体制和党的建设制度改革、党和国家机构改革、行政管理体制改革、依法治国体制改革、司法体制改革、外事体制改革、社会治理体制改革、生态环境督察体制改革、国家安全体制改革、国防和军队改革、党的领导和党的建设制度改革、纪检监察制度

---

[1] 《邓小平文选(第三卷)》,255页。
[2] 《邓小平文选(第三卷)》,242页。

改革等一系列重大改革，各项便民、惠民、利民举措持续实施，使改革开放成为当代中国最显著的特征、最壮丽的气象。

二、科学决策关乎国家前途命运

科学决策关于国家前途命运，1950年党中央关于抗美援朝的决策正是一次关乎国运的重大决策。1950年6月25日，朝鲜内战爆发，美国政府从其全球战略和冷战思维出发，作出武装干涉朝鲜内政的决定，并派遣第七舰队侵入台湾海峡。1950年10月初，美军不顾中国政府一再警告，悍然越过三八线，把战火烧到中朝边境。侵朝美军飞机多次轰炸中国东北边境地区，给人民生命财产造成严重损失，我国安全面临严重威胁。值此危急关头，应朝鲜党和政府请求，经过慎重分析局势、权衡利弊得失，中国党和政府以非凡气魄和胆略作出了抗美援朝、保家卫国的历史性决策，中国人民志愿军在司令员兼政治委员彭德怀的率领下进入朝鲜战场。在抗美援朝战争期间，党中央统揽全局，实施有力的战争动员和正确的战争指导，采取边打、边稳、边建的方针，开展了波澜壮阔的抗美援朝运动，全国各族人民举国同心支撑起这场事关国家和民族前途命运的伟大战争。在交战双方力量极其悬殊条件下，中国人民志愿军同朝鲜军民密切配合，首战两水洞、激战云山城、会战清川江、鏖战长津湖等，连续进行5次战役，此后又构筑起铜墙铁壁般的纵深防御阵地，实施多次进攻战役，粉碎"绞杀战"、抵御"细菌战"、血战上甘岭，创造了威武雄壮的战争伟业，打败了武装到牙齿的对手，打破了美军不可战胜的神话，迫使不可一世的侵略者于1953年7月27日在停战协定上签字。

打得一拳开，免得百拳来。伟大的抗美援朝战争，抵御了帝国主义侵略扩张，捍卫了新中国安全，保卫了中国人民和平生活，稳定了朝鲜半岛局势，维护了亚洲和世界和平。抗美援朝战争伟大胜利，是中国人民站起来后屹立于世界东方的宣言书，是中华民族走向伟大复兴的重要里程碑，对中国和世界都有着重大而深远的意义。抗美援朝战争的胜利，粉碎了侵略者陈兵国门、进而将新中国扼杀在摇篮之中的图谋，新中国真正站稳了脚跟；彻底扫除了近代以来任人宰割、仰人鼻息的百年耻辱，彻底扔掉了"东亚病夫"的帽子，中国人民真正扬眉吐气了；打败了侵略者，震动了全世界，奠定了新中国在亚洲和国际事务中的重要地位，彰显了新中国的大国地位；人民军队在战争中学习战争，取得了重要军事经验，实现了由单一军种向诸军兵种合成军队转变，极大促进了国防和军队现代化。新中国最终用伟大胜利向世界宣告："西方侵略者几百年来只要在东方一个海岸上架起几尊大炮就可霸占一个国家的时代是一去不复返了。"[1]

三、科学决策关乎百姓民生福祉

2020年春节前，新冠疫情蔓延，我国遭遇新中国成立以来传播速度最快、感染范围最广、防控难度最大的重大突发公共卫生事件。病毒突袭而至，疫情来势汹汹，人民生命安全和身体健康面临严重威胁。面对突如其来的严重疫情，党中央统揽全局、果断决策，以非常之举应对非常之事。坚持把人民生命安全和身体健康放在第一位，第一时间实施集中统一领导。中央政治局常委会、中央政治局召开21次会议研究决策，领导组织党政军民学、东西南北中大会战，提出坚定信心、同舟共济、科学防治、精准施策的总要求，明确坚决遏制疫情蔓延势头、坚决打赢疫情防控阻击战的总目标，周密部署武汉保卫战、湖北保卫战，因时因势制定重大战略策略。

---

[1] 彭德怀：关于中国人民志愿军抗美援朝工作的报告，载《人民日报》，1953年9月13日，第1版。

党中央成立应对疫情工作领导小组，建立国务院联防联控机制，明确早发现、早报告、早隔离、早治疗的防控要求，确定集中患者、集中专家、集中资源、集中救治的救治要求，把提高收治率和治愈率、降低感染率和病亡率作为突出任务来抓。全力以赴救治患者，坚持中西医结合，最大程度提高治愈率、降低病亡率。科学筹划，总体部署，采取科研攻关和临床救治、防控实践相协同，第一时间研发出核酸检测试剂盒，加快有效药物筛选和疫苗研发，发挥科技对疫情防控的支撑作用。建立全国疫情信息发布机制，实事求是、公开透明发布疫情信息。千方百计保障中国公民健康安全和工作生活，向海外留学生等群体发放"健康包"，协助确有困难的中国公民有序回国。根据疫情防控总体形势，及时将全国总体防控策略调整为"外防输入、内防反弹"，推动防控工作由应急性超常规防控向常态化防控转变，健全及时发现、快速处置、精准管控、有效救治的常态化防控机制。

在党中央的科学决策和坚强领导下，全国迅速形成统一指挥、全面部署、立体防控的战略布局，有效遏制了疫情大面积蔓延，有力改变了病毒传播的危险进程，最大限度保护了人民生命安全和身体健康。党中央统筹推进疫情防控和经济社会发展工作，抓紧恢复生产生活秩序。2020年末，在疫情防控取得重大战略成果的同时，中国在全球主要经济体中唯一实现经济正增长，脱贫攻坚战取得全面胜利，决胜全面建成小康社会取得决定性成就，交出一份人民满意、世界瞩目、可以载入史册的答卷。

四、科学决策关乎革命战争胜负

毛泽东同志在总结人民革命胜利实践时提出："只有党的政策和策略全部走上正轨，中国革命才有胜利的可能。政策和策略是党的生命，各级领导同志务必充分注意，万万不可粗心大意。"[1] 解放战争开始前，国共两党军队无论在人数上还是在装备上，差距都极为悬殊。然而仅仅 3 年时间，形势发生天翻地覆的变化。到底是什么在左右着战争结局？

1946 年 6 月 26 日凌晨，以宣化店为中心的地区炮声隆隆，国民党军队撕毁和平协议，兵分四路向我中原解放区发起大举进攻，全面内战正式爆发，人民解放战争也由此开始。当时，国民党军队总兵力约 430 万人，其中正规军约 200 万人。人民解放军总兵力只有 127 万人，其中野战军 61 万人。国民党军队拥有美国援助的大量新式武器，在军队数量、装备和战争资源等方面，明显占有优势。蒋介石声称，只需 3 个月到 6 个月就可取得胜利。国民党军参谋总长陈诚也宣称"也许 3 个月至多 5 个月便能解决"中共部队。这时候的蒋介石无论如何也不会想到，不到 3 年后的 1949 年 4 月 23 日，他在南京的总统府就被解放军占领。同年 12 月 10 日，他带着蒋经国等人，黯然离开成都逃往台北，国民党在大陆的统治彻底结束。在这样短的时间里发生如此重大的转变，政治、军事、人心等原因很多，其中包括一条：经过 20 多年的艰苦磨练，我党我军的军事战略战术几乎达到了炉火纯青的程度。从党中央的战略谋划，到各野战部队的战役指挥，再到许多战役战斗的进行，虽然非常艰苦，也有极危险的时刻，但整体上堪称科学决策、"神机妙算"。

从大局层面，党中央准确分析判断形势走向和国民党的意图，面对国民党的政治和军事攻势，根据敌我力量对比作出一系列战略决策。在国民党军队进犯陕甘宁边区时，巧妙应对，节节抗击。随后，毛泽东、周恩来、任弼时率党中央和解放军总部精干机关主动撤离延安，把一座空城留给了国民党军队。党中央转战陕北，运筹帷幄，指挥全国各战场的作战。在先

---

[1]《毛泽东选集（第四卷）》，1298 页。

后粉碎国民党军队的全面进攻、重点进攻后，党中央及时决定从战略防御转向战略进攻，制定了彻底打败蒋介石、夺取全国胜利的政治、军事、经济纲领及一系列方针政策。1947年7月，毛泽东提出计划用5年时间（从1946年7月算起）解决同蒋介石斗争的问题。1948年9月在西柏坡召开的中央政治局扩大会议，提出全党的战略任务是建设500万人民解放军，在上述所指5年时间内，歼敌正规军500个旅（师）左右，从整体上打垮国民党的反动统治。此后的战争进程，基本上就是按照我党我军的战略谋划来推进，实际完成的时间还提前了近两年。

科学决策还体现在我党我军很多战略决策和战役谋划上。一是进军东北。早在1945年9月，党中央和毛泽东就提出"向北发展，向南防御"的战略方针，先后派出2万名干部和11万部队挺进东北，部队日夜兼程，赶在了国民党军队的前面，占领了东北大部城市和地区，东北成为全国解放战争的战略后方。二是中原突围。中原解放区位于武汉、九江以北的鄂豫皖三省边界地区，日本投降前已扩展到60余县。由于国民党军不断包围和蚕食，将中原解放区压缩到不到原来1/10的地方，并企图一举"剿灭"。面对这一局势，党中央和中原我军制订了严密的中原突围战计划。在突围过程中，中原军区司令员李先念还主导了"声东击西"和"空城计"两场大戏。中原军区从实际出发，将突围方向选择在路途最远、国民党预计最不可能的西部。1946年6月26日晚，中原军区文工团专门组织了一场慰问演出，当美蒋代表前往礼堂观看演出之时，我中原军区机关和主力部队数万人神不知鬼不觉地撤离了宣化店及附近驻地。6月29日，中原军区机关和主力部队已经到达平汉铁路开始正式突围，我方代表在宣化店设宴招待军调部第32执行小组全体成员，并当场宣布：李先念将军已率中原军区部队突围。美蒋代表顿时目瞪口呆。三是千里跃进大别山。经过一年多的作战，战争形势发生了有利于我方的变化。党中央及时作出重大决策：打到外线，把战争引向国民党统治区域，迫使敌人转入战略防御。1947年6月30日夜，刘伯承、邓小平指挥晋冀鲁豫野战军12万余人强渡黄河，发起鲁西南战役。随后，甩开敌军，分三路向南疾进，开始了千里跃进大别山的壮举。与此同时，陈（赓）谢（富治）大军和陈（毅）粟（裕）大军在党中央指挥下，也分别进入豫陕鄂边地区和豫皖苏平原。三路大军都打到外线，形成"品"字形进攻阵势，直接威胁南京、武汉，使国民党的"全盘战略形势，乃从此陷于被动"。四是三大战役的"围棋"战。1948年9月至1949年1月，人民解放军在党中央和毛泽东统一指挥下，同国民党军队进行大规模的战略决战，连续组织了辽沈、淮海、平津三大战役。三大战役打得很艰苦，但也很漂亮。辽沈战役使东北全境获得解放，也为平津和华北解放创造了有利条件。辽沈战役刚结束，规模巨大的淮海战役旋即开始。淮海战役总共歼敌55.5万人，为解放军渡江作战，解放国民党统治的中心地带南京、上海创造了极为有利的条件。在淮海战役进行之际，解放军又发起平津战役。解放天津后，在我党耐心工作下，国民党守将傅作义率部接受和平改编，北平和平解放。三大战役是个连环套。谁先打谁后打，先打谁后打谁，连续打还是间隙打，都如同下围棋一般，精确计算，巧妙博弈，达到了在长江以北歼灭国民党主力部队的战略目的。

第二节　新时代提高科学决策能力的必要性和紧迫性

经过长期努力，中国特色社会主义进入新时代。这是党的十九大作出的重大政治论断。这一论断科学把握了当代中国发展新的历史方位，精辟概括了我国发展变革的阶段性特征，准确标定了中国特色社会主义航船前行的时代坐标，具有极其重大的现实意义和十分深远的历史意义。中国特色社会主义进入新时代，我国发展站到了新的历史起点上，社会矛盾发生了新的变化，国际环境发生了新的变化，对党和国家工作提出了许多新要求。每一个时代都有自己的目标，每一代人也都有自己的使命，广大党员干部以时不我待、只争朝夕、勇立潮头的历史担当，投入新时代中国特色社会主义伟大实践中去，必须提高科学决策能力，才能确保方向正确、事半功倍。

一、实现高质量发展的需要

2017年10月，习近平总书记在党的十九大报告中鲜明指出："我国经济已由高速增长阶段转向高质量发展阶段，正处在转变发展方式、优化经济结构、转换增长动力的攻关期，建设现代化经济体系是跨越关口的迫切要求和我国发展的战略目标。"[1]这是着眼"两个一百年"奋斗目标、胸怀中华民族伟大复兴战略全局和世界百年未有之大变局作出的重大判断。在当年的中央经济工作会议上，习近平总书记以"高质量发展，就是从'有没有'转向'好不好'"，高度凝练地阐释高质量发展的丰富内涵，充分展现了观大势、谋全局、育新机的战略思维和超凡智慧。2021年1月11日，习近平总书记在省部级主要领导干部学习贯彻党的十九届五中全会精神专题研讨班开班式上发表重要讲话，在这开年"第一课"，锚定推动"十四五"时期高质量发展、确保全面建设社会主义现代化国家开好局、起好步的目标，分析了进入新发展阶段的理论依据、历史依据、现实依据，阐述了深

---

[1] 习近平：《决胜全面建成小康社会 夺取新时代中国特色社会主义伟大胜利——在中国共产党第十九次全国代表大会上的报告》，30页。

入贯彻新发展理念的新要求，阐明了加快构建新发展格局的主攻方向，为我们开启新征程、实现新的更高目标指明了前进方向、提供了根本遵循。2021年3月7日，习近平总书记在参加十三届全国人大四次会议青海代表团审议时强调，高质量发展是"十四五"乃至更长时期我国经济社会发展的主题，关系我国社会主义现代化建设全局。高质量发展不只是一个经济要求，而是对经济社会发展方方面面的总要求；不是只对经济发达地区的要求，而是所有地区发展都必须贯彻的要求；不是一时一事的要求，而是必须长期坚持的要求。各地区要结合实际情况，因地制宜、扬长补短，走出适合本地区实际的高质量发展之路。要始终把最广大人民根本利益放在心上，坚定不移增进民生福祉，把高质量发展同满足人民美好生活需要紧密结合起来，推动坚持生态优先、推动高质量发展、创造高品质生活有机结合、相得益彰。习近平总书记的讲话，进一步明确了高质量发展的标准要求和发展路径。作为领导干部必须提升科学决策能力，把高质量发展的要求融入各项工作之中，努力解决与高质量发展标准不一致的问题。

（一）实现中华民族伟大复兴中国梦需要科学决策、务实举措

我国用几十年的时间走完了发达国家用上百年时间走过的路，中华民族迎来了从站起来、富起来到强起来的伟大飞跃，我们比历史上任何时期都更接近、更有信心和能力实现中华民族伟大复兴的目标。但我国经济发展的人均水平与发达国家仍然存在巨大差距，特别是"大而不强"特征明显，发展质量和效益不高，创新能力不强，生态环境保护任重道远。我国发展形势仍旧复杂，发展任务仍旧艰巨。我们必须科学决策，加倍努力，再接再厉，努力提高发展的质量、效益和竞争力，以高质量发展为实现中华民族伟大复兴的中国梦积累更加坚实的物质基础。

（二）满足人民日益增长美好生活的需要亟待科学决策、务实举措

中国特色社会主义进入新时代，我国社会主要矛盾已经转化为人民日益增长的美好生活需要和不平衡不充分的发展之间的矛盾。在中国共产党成立100周年大会上，习近平总书记庄严宣告，"经过全党全国各族人民持续奋斗，我们实现了第一个百年奋斗目标，在中华土地上全面建成了小康社会，历史性地解决了绝对贫困问题"。[1]在看到成绩的同时，我们也清醒地认识到我国民生领域还有不少短板，群众在就业、教育、医疗、居住、养老等方面面临不少难题，在民主、法治、公平、正义、安全、环境等方面的需求还没有完全得到满足。在新时代，解决发展不平衡不充分问题，不断满足人民日益增长的美好生活需要，关键是要科学决策，依靠高质量发展，大力提升发展质量和效益。

（三）实现科技自立自强需要科学决策、务实举措

近年来我国整体科技实力显著增强，但原始创新能力仍然不足，基础研究投入比例偏低，一些产业领域关键核心技术受制于人，特别是集成电路产业的光刻机、通信装备产业的高端芯片等部分产业链存在严重的"卡脖子"问题。个别国家为保持科技竞争优势、控制国际竞争的制高点，不惜成本和代价对我国进行围堵和打压，企图延缓我国现代化进程。关键核心技术受制于人和产业链的"命门"掌握在别人手里是我国经济安全的重大隐患，而核心关键技术是买不来、要不来、讨不来的。在这样不利的国际背景下，我国要如期实现现代化，就必须科学决策，加快推进产业基础高级化、产业链供应链现代化，形成现代产业体系，通过实施科教兴国战略、人才强国战略、创新驱动发展战略，完善国家创新体系，建设科技强国，进入创新型国家前列。

---

[1] 习近平：《在庆祝中国共产党成立100周年大会上的讲话》，2页，北京，人民出版社，2021。

二、防范化解风险挑战的需要

党的十八大以来，以习近平同志为核心的党中央反复强调增强忧患意识、防范重大风险，领导全党成功应对各种风险挑战，保证中华民族这艘巨轮乘风破浪、勇往直前。当前，世界百年未有之大变局加速演进，这为中华民族伟大复兴战略全局带来了新的发展机遇、生长空间、资源条件，同时也带来了新的外部环境风险。在前进的道路上，我们面临的风险考验只会越来越复杂，甚至会遇到难以想象的惊涛骇浪。彩虹和风雨共生，机遇和挑战并存，这是亘古不变的辩证法则。2018年，习近平总书记在省部级主要领导干部坚持底线思维着力防范化解重大风险专题研讨班开班式上，发表了重要讲话，指出要深刻认识我国改革发展稳定面临的新情况新问题新挑战，深刻阐明了需要着力防范化解的重大风险，作出了一系列工作部署，要求各级领导干部必须学会与风险共舞，增强防范化解风险的科学研判与决断运筹的能力，实施有针对性的风险防范化解措施，筑牢"防火墙"、切断"传导线"，打好化险为夷的战略主动战。

（一）顺利实现第二个百年奋斗目标需要科学决策

中国特色社会主义新时代，要推动实现全面建成小康社会、基本实现社会主义现代化和全面建成社会主义现代化强国的历史跨越。无论是从连续性还是从阶段性的角度看，完成这些跨越都不是轻轻松松、顺顺利利就能实现的，都要防范化解来自各方面的风险。一是时空条件不确定性的风险。从时间条件看，从2021年起在近30年的时间里完成第二个百年奋斗目标和不同阶段任务，通向未来的道路既具有确定性又具有不确定性，将会遇到的困难障碍和风险挑战既具有可预料性又具有难以预料性。从空间条件看，实现奋斗目标需要良好的国内环境和国际环境为保障，但重大战略机遇期和国家安全风险同时存在,并且国家安全领域不断拓展。二是攀登跃升能力不足的风险。从全面小康到全面现代化,不只是量的增长,而且是质的跃升;不只是平面推进,而且是立体上升。实现这一跨越,需要综合国力的大幅提升,特别是国家能力的与时俱进。国家能力包括执政党的领导能力、全社会的发展能力、全体人民的现代化能力等。如果能力水平不够,或某些方面能力欠缺,就可能出现徘徊、停滞、失误。三是制度较量颠覆性的风险。社会主义现代化建设是在两大制度体系较量的大背景下展开的,自始至终都要坚定"四个自信",坚持社会主义现代化道路,确保建成富强民主文明和谐美丽的社会主义现代化强国。无论是国际还是国内,都存在着企图让我们党和国家改旗易帜、改弦易辙的敌对势力,意识形态、社会制度的斗争始终是复杂的、激烈的。

(二)应对新时代社会主要矛盾需要科学决策

新时代社会的主要矛盾是人民日益增长的美好生活需要和不平衡不充分的发展之间的矛盾。新的社会主要矛盾化解或缓解了落后的社会生产状态下带来的经济社会风险,但随之也带来了新的风险。一是需要增长升级与满足程度不匹配带来社会矛盾风险。人民美好生活需要是全体人民的需要、内涵广泛的需要、日益增长的需要,满足人民美好生活需要的根本出路是解决发展不平衡不充分的问题。只要不平衡不充分发展的状况没有从根本上改变,就会存在不同社会群体满足美好生活需要的实现程度不同的矛盾,就潜藏着社会群体之间矛盾的风险。二是资源需求剧增带来的环境恶化风险。我国许多资源的人均水平在世界处于较低水平,生态环境脆弱,即使依靠国际贸易进口能源资源,资源紧缺的风险也是始终存在的。三是人民需要多元多层带来的价值冲突风险。温饱问题解决之后,人民美好生活需要的个性化趋势,强化了价值观的多样性。在民主、法治、公平、正义、安全等价值观领域，同一个事实、同一个话题，就会形成不同的甚至是对立的观点，舆论争端反映了现实社会的价值分歧，形成"撕裂的社群"。

（三）应对百年大党长期执政风险需要科学决策

中国共产党的发展同样处于关键时期，这就是百年大党如何通过推进新时代党的自我革命，引领新时代伟大社会革命，实现长期执政，跳出"历史周期率"。毛泽东与黄炎培1945年在延安窑洞讨论"历史周期率"问题，即中国共产党怎样防止重蹈历代封建王朝从兴到亡的覆辙的问题。毛泽东在党的七届二中全会上提出的"两个务必"要求，包含着深深的忧党意识，是防范执政风险的警世箴言。我们党即将走向第二个百年，是世界第一大党，已经连续执政70多年，在东欧剧变近30年后依然岿然屹立，显示出马克思主义政党坚持走中国特色社会主义道路的强大生命力。同时，我们党清醒地认识到面临的"四大考验"具有长期性和复杂性，面临的"四种危险"极具尖锐性和严峻性。2019年全党开展的"不忘初心、牢记使命"主题教育，从根本上说，就是要坚决清除一切弱化党的先进性、损害党的纯洁性的因素，要坚决割除一切滋生在党的肌体上的毒瘤，要坚决防范一切违背初心和使命、动摇党的根基的危险，是出于对保持党的性质、担当党的使命的高度忧患意识。2019年6月24日，习近平总书记在中央政治局以"牢记初心使命，推进自我革命"为题进行集体学习时的重要讲话中开宗明义："我们党作为百年大党，如何永葆先进性和纯洁性、永葆青春活力，如何永远得到人民拥护和支持，如何实现长期执政，是我们必须回答好、解决好的一个根本性问题。"[1] 这"三个如何"是百年大党

---

1 习近平在中央政治局第十五次集体学习时强调 全党必须始终不忘初心牢记使命 在新时代把党的自我革命推向深入，载《人民日报》，2019年6月26日，第1版。

不可回避、不可轻视的要害问题，蕴含着强烈的忧患意识。

三、应对世界百年未有之大变局的需要

认识世界发展大势，跟上时代潮流，是一个极为重要并且常做常新的课题。新中国成立后，通过对国内外形势深刻分析，毛泽东先后提出"一边倒""两个中间地带""三个世界"等重大理论观点和政策主张，奠定了新中国国际战略、外交政策的理论基础，开创了外交新局面。改革开放后，邓小平提出"和平和发展是当代世界的两大问题"的重大论断，强调独立自主不结盟的基本立场，改善和发展同各主要大国的关系。这些科学判断深刻剖析、准确揭示了不同历史时期的时代潮流和国际社会的主要矛盾，对当时中国的内外政策制定、对外关系处理以及战略处境、战略走向产生了重大影响。2017年12月28日，习近平总书记在驻外使节工作会议上明确提出："放眼世界，我们面对的是百年未有之大变局。"[1] 紧接着，习近平总书记在几个月后的中央外事工作会议上又进一步指出："当前，我国处于近代以来最好的发展时期，世界处于百年未有之大变局，两者同步交织、相互激荡。"[2] "百年未有之大变局"是习近平总书记坚持并运用历史唯物主义和辩证唯物主义的立场、观点、方法，深刻分析当前国内外发展大势所得出的重大科学论断。进入2020年后，突如其来的新冠疫情又对全球经济、国际政治的发展演变产生了十分重大的影响。对此，习近平总书记深刻指出，世界正经历百年未有之大变局，新冠疫情全球大流行使这个大变局加速演变，两者深刻交织，不稳定不确定因素明显增多，今后一个

---

[1] 习近平：在2017年度驻外使节工作会议上的讲话，载《人民日报》，2017年12月29日，第1版。
[2] 习近平在中央外事工作会议上强调 坚持以新时代中国特色社会主义外交思想为指导 努力开创中国特色大国外交新局面，载《人民日报》，2018年6月24日，第1版。

时期我们将面对更为复杂多变的外部环境。错综复杂国际环境带来的新矛盾新挑战，要求各级领导干部必须以清醒冷静的头脑、科学决策的能力、务实有效的举措应对各种风险挑战。

（一）必须提升科学决策能力，应对被遏制风险

世界百年未有之大变局，其中最大的变局，是中国与世界的关系发生了根本性的变化。从半殖民地半封建社会变为当今世界最大的社会主义国家，从处于世界格局边缘化地位变为今天日益走近世界舞台中央的负责任大国。中国的国际影响力、感召力、塑造力提高了，改变了世界格局，同时在世界上担起的责任、受到的关注、承受的压力也随之加重加大。美国近年来对中国的战略遏制打压逐步加剧升级，就连新冠疫情防控也成为美国污名化中国、遏制打压中国的理由。美国发起的中美经贸摩擦，从关税、贸易、技术扩展到媒体、舆论、外交等，斗争领域不断拓展，程度不断加深，都是服务于美国政府的战略企图。中国从富起来到强起来不可阻挡的伟大飞跃，中国特色社会主义在世界上的旗帜引领，中国文化软实力的国际传播，在西方敌对势力那里都是不可容忍的，都要千方百计、竭尽所能加以阻止压制。中国积极促进"一带一路"国际合作，打造国际合作新的平台，增添共同发展新的动力，却被一些别有用心的人扣上"中国国际地缘政治战略"的帽子而横加指责。在中国日益走近世界舞台中央的进程中，加之一些国家处心积虑对我国加以遏制的风险加剧，必须科学决策、有效应对。

（二）必须提升科学决策能力，应对全球化风险

从经济全球化到人类命运共同体，世界一体化的进程在加速。世界百年未有之大变局包括人类越来越成为你中有我、我中有你的命运共同体的

形成。习近平指出："今天，人类交往的世界性比过去任何时候都更深入、更广泛，各国相互联系和彼此依存比过去任何时候都更频繁、更紧密。"[1]信息全球化、全球网络化，技术变革将人类置于同一个"地球村"里。金融愈国际化，金融危机外溢性愈凸显，极易成为"蝴蝶效应"。病毒无边境，防不胜防，瞬间就可演化为全球性公共卫生危机，广泛深入影响人类正常活动。全球化在给世界各国带来新机遇的同时，也带来了风险的全球化，风险具有强烈的振荡和联动效应。"黑天鹅"既可以从本土飞往他国，也可能从他国飞来本国；"灰犀牛"既可以潜伏在一国，也可能潜伏在多国。风险全球化的趋势，使得忧患意识、风险意识的视野，不能仅仅局限于本国之内，还要高度关注防止国际风险演化为国内风险，防止他国风险传导为本国风险，防止本国风险扩散为全球风险。人类命运共同体同时也是人类风险共同体，面对人类共同灾难，必须树立人类命运共同体意识。当然，要清醒地看到，人类命运共同体并不能消弭国家间利益矛盾冲突，国家利益本位仍然是各国决策的基本准则，国家间以邻为壑、损人利己、转嫁危机、转移风险包括发动战争的行为不会消除。必须高度警惕此类风险，科学决策，有效维护国家安全。

（三）必须提升科学决策能力，应对制胜权风险

和平、发展、合作、共赢已成为时代潮流，依靠平等贸易、协商谈判、全球治理的方式维持国家间利益关系已成为主要途径。构建人类命运共同体作为世界百年未有之大变局的主导趋势，并没有排除战争作为解决国家间冲突的必要手段。中国作为独立自主的社会主义大国，决不会依附于某个大国，或屈从于某个集团。维护和平必须准备战争，捍卫主权必须打赢

---

[1] 习近平：在纪念马克思诞辰200周年大会上的讲话，载《人民日报》，2018年5月5日，第2版。

战争。当代战争形式多样化，传统战争形式向非传统战争形式转变，网络空间、金融系统、太空卫星、生物基因等，都可能成为攻击摧毁的对象。这就要求树立新的战争风险观，在多维战争空间、多样战争形式中防范战争风险。当代战争形态转向信息化战争，意味着制胜权的转变，制信息权成为战争制胜的主要因素。随着军事科技的发展，制胜权的内涵也在拓展和深化，这就使得即使是在和平发展时代，也不能安而忘危、和而忘战。牢牢掌握战争制胜权，才能有效遏制战争，防范战争风险。特别是随着我国全方位对外开放不断扩大，国家利益向全球不断拓展，形成了重大海外利益格局，国际市场、海外能源资源和战略通道安全以及海外机构、人员和资产安全问题凸显，必须提前筹划，科学应对，以实质性占优势的军事力量和军事手段作为安全保障。

第三节　领导干部提高科学决策能力的举措和途径

习近平总书记强调："年轻干部提高科学决策能力。做到科学决策，首先要有战略眼光，看得远、想得深。领导干部想问题、做决策，一定要对国之大者心中有数，多打大算盘、算大账，少打小算盘、算小账，善于把地区和部门的工作融入党和国家事业大棋局，做到既为一域争光、更为全局添彩。要深入研究、综合分析，看事情是否值得做、是否符合实际等，全面权衡，科学决断。作决策一定要开展可行性研究，多方听取意见，综合评判，科学取舍，使决策符合实际情况。"[1] 习近平总书记的重要论述为领导干部提升科学决策能力指明了方向，明确了路径。

---

[1] 习近平在中央党校（国家行政学院）中青年干部培训班开班式上发表重要讲话强调　年轻干部要提高解决实际问题能力　想干事能干事干成事，载《人民日报》，2020年10月11日，第1版。

一、注重理论学习,提升战略思维

思想是行动的先导,理论是实践的明灯。领导干部要提高科学决策能力,首先要发挥党的思想政治教育的强大优势和优良传统,不断提高其马克思主义理论水平,既坚持理想信念使命宗旨,坚持"两个维护",坚定执行党的理论路线方略,又要充分认识国情世情党情,增强大局意识、核心意识,坚持以人民为中心,做到"顶天立地"。因此,领导干部必须坚持不懈加强马克思主义理论学习,深入学习习近平新时代中国特色社会主义思想和党制定的路线、方针、政策,并及时把学到的理论和知识转化为基本的思想理论素质,转化为观察、处理问题的立场、观点、方法,转化为指导工作实践的实际能力。领导干部还要提升专业素养,了解各业职能,加强产业转型、金融风险防范、脱贫攻坚、乡村振兴等专业知识的学习,不断提升专业知识水平,用专业的知识为解决专业问题提供支撑。同时,领导干部也要加强法律知识学习,提升法律素养,做到学法、知法、懂法,把法律作为决策的依据,保证决策的正确性,使决策经得起时间的检验。

古语云:"不谋全局者,不足以谋一域;不谋万世者,不足以谋一时。"战略是大局中的战略,大局是战略中的大局。树立战略思维就是要树立大局意识。习近平总书记强调,"领导干部想问题、作决策,一定要对国之大者心中有数"。[1] 这实质上是要求领导干部在进行决策时应当具备四个基本维度的全局性把握:一是对党和国家的历史和现实有深入的全局性认知。只有基于这种全局性认识,才能真正对国家治理的实际基础、人民的现实诉求等"心中有数"。二是对国家治理过程中各种情势、问题变化发

---

[1] 习近平在中央党校(国家行政学院)中青年干部培训班开班式上发表重要讲话强调 年轻干部要提高解决实际问题能力 想干事能干事干成事,载《人民日报》,2020年10月11日,第1版。

展的趋势和规律有全局性研判。只有基于这种全局性研判，决策才能科学地抓大放小，取舍有度。三是对整体性和局部性工作有全局性协调。只有基于这种全局性协调，地区、部门工作同党和国家的整体事业才能相得益彰、全面推进。四是对国内国际两个大局有全局性统筹。只有基于这种全局性统筹，才能在不断推进中国改革开放发展的同时，积极有效地参与全球治理，为构建人类命运共同体贡献中国智慧和力量。

二、注重以人为本，树立正确政绩观

领导干部提高决策水平，要培育和提升以人为本的理念，始终把人民放在心中最高位置，要牢记我国是人民当家做主的社会主义国家，国家的一切权力属于人民。必须始终坚持人民立场，坚持人民主体地位，虚心向人民学习，倾听人民呼声，汲取人民智慧，把人民拥护不拥护、赞成不赞成、高兴不高兴、答应不答应作为衡量一切工作得失的根本标准。坚持把实现好、维护好、发展好最广大人民群众的根本利益作为决策的出发点和落脚点，时刻牢记为谁决策、站在谁的立场上决策，心中有民、务实为民、造福于民，将人民至上理念落实到每一项具体决策和工作中。要明确"人民是我们党执政的最大底气"，也是领导干部科学决策最有力的依托，必须积极推动人民参与公共决策。习近平总书记强调："人民是历史的创造者、人民是真正的英雄，必须相信人民、依靠人民。"[1] 领导干部在决策中只有积极听取人民群众意见，相信人民群众、依靠人民群众，才能获取科学决策最大的底气。

领导干部要树立正确的政绩观，不慕虚荣，不务虚功，不图虚名，切

---

[1] 习近平：在第十三届全国人民代表大会第一次会议上的讲话，载《人民日报》，2018年3月21日，第1版。

实做到为官一任、造福一方。要求真务实、真抓实干、担当作为，想问题、办事情、做决策，从实际出发，从长远出发，从人民利益出发，把为老百姓做了多少好事实事作为检验政绩的重要标准，树立"功成不必在我，功成必定有我"的思想，不计较个人功名，追求人民群众的好口碑、历史沉淀之后真正的评价，实事求是、脚踏实地地干事创业、为民造福。要善于换位思考，设身处地为群众着想、替百姓分忧，在涉及人民根本利益、切身利益和身边利益的实际问题上，敢于迎难而上，拿出真招实策，真正做到立身不忘做人之本、为民不移公仆之心、用权不谋一己之私。

三、注重调查研究，掌握真实情况

历史证明，掌握中国化的马克思主义，深刻分析需要解决的实际问题，作出切合实际的科学决策，坚定贯彻执行，是我们党带领中国人民不断攻坚克难，夺取革命、建设、改革开放事业不断胜利的一项成功经验。科学决策是决策者在正确的理论指导下，按照科学程序和方法作出的决策。做到科学决策，要注重决策的专业性、精准性，尊重科学、尊重规律，针对具体工作、具体决策下一番绣花功夫，深入研究、综合分析，看事情是否值得做、是否符合实际等，不能简单拍板、随意决策，更不能独断专行、一意孤行。

科学决策必须建立在充分、有效掌握真实情况和客观规律的基础上。调查研究是谋事之基、成事之道，没有调查，就没有发言权，更没有决策权，可以说调查研究就是领导干部作出科学决策的关键。因此，要广泛开展调研，从客观实际出发，在求真务实、分析研判上下足功夫，深入基层、深入群众、深入实际，既要像蜜蜂采蜜"广采博收"，更要沉在一线"解剖麻雀"了解实情，对发展状况和社情民意了然于心，坚持信息准全的原则，掌握准确而全面的信息，并对之进行系统的归纳整理、比较、选择。要精准分析研究，通过系统的细致分析、深入对比、反复完善、充分论证，形成符合实际、体现群众意愿的研究报告，确保做出的每项决策都科学可行，既能够得到群众支持拥护，又能对推动工作发挥积极的引领和实效作用。对此，习近平总书记深刻指出，"求真务实是共产党人的重要思想和工作方法"[1]，领导干部"要深入研究、综合分析，看事情是否值得做、是否符合实际等，全面权衡，科学决断"[2]。这就要求领导干部必须坚持求真务实的工作作风和调查研究的决策方法，在"求真"上下功夫，愿意听"真话"、鼓励讲"真话"，积极获取真实情况，并在实践中认识真理、把握规律，只有这样科学决策才有现实基础，才能把握实事求是的马克思主义精髓，并"用发展着的马克思主义指导新的实践，用新的实践丰富和发展马克思主义"，从而不断推进中国特色社会主义事业发展。

四、注重发扬民主，坚持问计于民

民主决策是提高科学决策能力的灵魂，提高科学决策能力，要有民主的决策胸襟。"群策为之则无不成，群力举之则无不胜"，领导干部个体甚至领导班子集体的能力总是有限的，如果不能从广大干部群众中凝聚智慧和力量，就无法破解发展中的各种难题。作为领导干部，作决策、定规划要有集中民智的胸襟和情怀，要坚持到群众中、到基层中、到实际中，把人民群众中蕴藏的无穷的智慧和力量发挥出来，想问题、做决策，一定要

---

[1] 习近平：在纪念刘华清同志诞辰100周年座谈会上的讲话，载《人民日报》，2016年9月29日，第2版。
[2] 习近平在中央党校（国家行政学院）中青年干部培训班开班式上发表重要讲话强调 年轻干部要提高解决实际问题能力 想干事能干事干成事，载《人民日报》，2020年10月11日，第1版。

贯彻解放思想、实事求是、与时俱进的思想路线，坚持战略思维、创新思维、辩证思维、法治思维、底线思维。决策前要通过召开座谈会、情况通报会、意见听取会、实地走访、问卷调查等多种形式，让群众充分发表意见，及时把群众提的宝贵意见建议汇聚起来，实行领导、专家和群众的结合，倾听各种意见，了解各方情况，设计多种方案。决策中要认真贯彻民主集中制，切实把集体作用发挥到最大。要做好可行性研究，深入研究、综合分析，比较长短优劣，权衡利弊得失，评估进退成败，集思广益，多谋善断，科学取舍，勇于创新，才能够作出符合实际、群众拥护的科学决策。决策后要严格按程序、按规则、按集体意志办事。只有这样，才能真正提高决策能力和决策水平，减少损失，降低错误决策率，才能使决策符合大局、符合规定、符合民意、符合实际。《中共中央关于制定国民经济和社会发展第十四个五年规划和二〇三五年远景目标的建议》在起草过程中的一个重要特点，就是坚持发扬民主、开门问策、集思广益，坚持加强顶层设计与坚持问计于民相统一，鼓励广大人民群众和社会各界以各种方式为"十四五"规划建言献策，推动"十四五"规划编制顺应人民意愿、符合人民所思所盼。

五、坚持法治思维，做到依法行政

法治是治国理政的基本方式，是科学决策的重要保障。只有当决策是依据法律以合法的形式作出，其科学性才有基本保障。依法进行的决策，稳定性、规范性等都会得以提升，从而走向科学化。作为领导干部，要自觉树立权由法定，权依法使的观念，只有对法律心存敬畏，才能"思"而出乎理智，"做"而有所顾忌，"行"而不忘法度，依法科学进行决策。这就要求领导干部，必须带头学法用法，坚决克服"说起来重要，做起来次要，忙起来不要"的问题，通过学习掌握各种法律法规，自觉树立法治意识，提升运用法治思维和法治方式的能力，形成对法治理念、法治价值的认知、认同，充分运用法律方式作出科学决策，处理公共事务、化解社会矛盾、维护公民的合法权益。

领导干部要注重建立健全法治化、科学化的决策程序和决策制度，建立健全权力体系内部监督和社会、公民监督相结合的监督体系，落实"履行决策法定程序，增强公众参与实效，提高专家论证质量，坚持合法性审查，防控决策风险"等各个环节，加强对决策活动的法治化监督。

六、坚持系统观念，做到整体谋划

坚持系统观念，客观而不是主观地、发展地而不是静止地、全面地而不是片面地、系统地而不是零散地、普遍联系地而不是孤立地观察事物，是马克思主义唯物辩证法的内在要求，也是看问题、做决策必须遵循的基本要求。加强前瞻性思考、全局性谋划、战略性布局、整体性推进，是党的十九届五中全会提出的坚持系统观念的重要内涵，揭示了处理好当下与未来、全局与局部、战略与战术、重点与非重点等重大关系，对全面建设社会主义现代化国家的重大意义，为我们在实施决策中坚持系统观念指明了方向和路径。

作为领导干部，要注重提升全局思维，在决策中要以系统、全局、整体视角通盘考虑工作，胸怀大局、把握大势、着眼大事，多算全局账、长远账；决策中要坚守发展思维，善于用发展的眼光看问题，从点到线，从线到面，从平面到立体，将问题分析透、分析全，从事物发展的"当前"考虑到事物发展的"长远"，增强全局统筹和排兵布阵的战略能力；决策中要坚守联系思维，用联系的思维去思考问题、处理问题，以重点突破带动整体推进，把工作抓实抓细，要坚持一切从实际出发、理论联系实际，客观准确分析和看待工作中存在的问题和矛盾，区分真相与假象，把问题找准找实；切实通过加强前瞻性思考，用全面、辩证、长远的眼光看问题，把历史、现实、未来贯通起来审视，把近期、中期、远期的目标统筹起来谋划，提升科学决策能力。

第四章
"勇气百倍无与偶"——提高改革攻坚能力

习近平总书记强调,"改革开放是决定当代中国命运的关键一招,也是决定实现'两个一百年'奋斗目标、实现中华民族伟大复兴的关键一招。"[1] 党的二十大报告在总结过去五年的工作和新时代十年的伟大变革中特别指出:"我们以巨大的政治勇气全面深化改革,打响改革攻坚战,""中国特色社会主义制度更加成熟定型,国家治理体系和治理能力现代化水平明显提高"。[2] 我国在"十四五"时期,在开启全面建设社会主义现代化国家新征程中,将面临越来越多、越来越复杂的矛盾问题,年轻干部只有不断提高改革攻坚能力,才能适应时代发展要求,将党和国家事业推向新高度。

第一节 改革攻坚是巩固党的执政地位的强大武器

党的执政地位来自人民群众的拥护和支持。只有实现好、维护好中国最广大人民的根本利益,党才能长期执政。邓小平指出:"不坚持社会主义,

---

[1] 习近平:关于《中共中央关于全面深化改革若干重大问题的决定》的说明,载《人民日报》,2013年11月16日,第1版。
[2] 习近平:《高举中国特色社会主义伟大旗帜 为全面建设社会主义现代化国家而奋斗——在中国共产党第二十次全国代表大会上的报告》,9页。

不改革开放，不发展经济，不改善人民生活，只能是死路一条。基本路线要管一百年，动摇不得。只有坚持这条路线，人民才会相信你，拥护你。"[1]

知史以明鉴，查古以知今。改革开放前，我国按照苏联高度集中的计划经济模式进行社会主义建设，出现了水土不服的现象。以阶级斗争为纲的政治路线严重束缚了人们的思想观念，人们生产生活水平难以有效提高。发展是党执政兴国的第一要务。如果不进行改革，我国当时生产关系同生产力、上层建筑同经济基础之间存在的矛盾就无法得到有效解决，广大人民群众的根本利益就无法得到有效保障和实现，党的执政地位必然也将受到冲击。

思想是行动的先导。面对不得不改革的局面，首先要破除思想上的束缚，弄清经济文化相对落后的国家能否建成社会主义、怎样建成社会主义这一问题。

一、资本主义制度的"卡夫丁峡谷"

经济文化相对落后的国家能否建成社会主义、怎样建成社会主义？这既是马克思主义理论中的重点问题，也是无产阶级运动实践中的现实问题。我国社会主义并不是建立在高度发达的资本主义生产基础之上的社会主义，而是建立在经济文化相对落后、幅员辽阔、人口众多、发展又极不平衡基础上的社会主义。按照邓小平的说法，我国"只有到了下世纪中叶，达到了中等发达国家的水平，才能说真的搞了社会主义，才能理直气壮地说社会主义优于资本主义"。[2] 因此，在生产力发展水平方面，我们当时的社会主义还不是够格的社会主义。

---

1 《邓小平文选（第三卷）》，370–371 页。
2 《邓小平文选（第三卷）》，225 页。

由于中国学习苏联采用单一的计划经济体制来建设社会主义，所以当时大部分人将计划经济体制与社会主义画了等号，将实现经济的通用手段当成了两种社会制度的本质区别。针对单一计划经济体制给人民生活带来的负面影响，一些人对是否要坚持走社会主义道路产生了怀疑，认为苏联和中国的社会主义制度是人为搞出来的，不符合社会发展规律，进行社会主义建设的条件不成熟。在生产力不够发达的基础上，新建立的社会主义国家难以跨越资本主义制度的"卡夫丁峡谷"，最终还是要重回资本主义发展道路上来。这一认识涉及道路的选择问题，关系党和人民的前途命运，必须从理论源头上加以澄清。

（一）资本主义制度的"卡夫丁峡谷"的由来

卡夫丁峡谷位于古罗马卡夫丁城附近。公元前321年，萨姆尼特人击败罗马军队，为了羞辱对方，他们用长矛架起了形似城门的"牛轭"，迫使罗马战俘从里面钻过去。因此，"卡夫丁峡谷"就成了"耻辱之谷"的代名词，被用来比喻灾难性的历史经历，后来又被引申为人们在谋求发展时所遇到的极大的困难和挑战。

资本主义制度的"卡夫丁峡谷"这一说法首见于马克思给俄国革命民主主义者维·伊·查苏利奇的回信草稿里。1881年2月16日，查苏利奇写信请教马克思关于俄国"农村公社可能的命运的看法和对世界各国由于历史的必然性都应经过资本主义生产各阶段的理论的看法"[1]。1881年2月至3月，马克思为了回答这一问题进行了深入思考，总共拟了四个草稿。在第一稿和第三稿里，他提出了俄国农村公社可以不通过资本主义制度的"卡夫丁峡谷"，但是在第二稿和最终的回信当中却没有提出"卡夫丁峡

---

1 《马克思恩格斯全集（第19卷）》，637页，北京，人民出版社，1964。

谷"的问题。

这四封书信稿件表明了马克思对此问题的慎重思考，既反映了马克思实事求是的精神，也说明了人类社会发展的多样性。探索人类社会发展规律，必须从不断变化发展的实际出发，因为条件变化了，规律就会发生相应的变化。按照人类社会发展的一般规律，资本主义和社会主义是前后相继的两种社会形态。马克思最初也是这么设想的，但是俄国的特殊情况使马克思对东方社会发展情况进行了深入思考，并对其最初设想进行了限制和说明。

在最后给查苏利奇的正式回信也就是第四稿中，马克思对历史必然性的发生条件作了严格的地域限制，即这一论述仅限于西欧各国，并不适用于俄国。因为俄国的情况跟西欧的情况明显不同。俄国农村公社具有私有制和公有制并存的内在二重性，至于公社是消亡，还是能够继续存在，必须看当时条件是如何变化的，其中最关键的因素就是看俄国革命能否爆发。如果俄国社会主义革命在适当的时机爆发，集中所有力量来保护农村公社的自由发展，公社就会保存下来，成为俄国社会复兴的新起点。但是如果这一条件不具备，资本主义因素就会取得支配地位。

（二）"跨越"还是"可以不通过"

有人将马克思在回信里的这种思想总结为跨越资本主义制度的"卡夫丁峡谷"，但是严格来说，这种"跨越论"是不准确的，不符合马克思的原意。事实上，马克思在四封稿件里没有一次提到"跨越"这个词，而只是在第一稿和第三稿中说到"可以不通过"资本主义制度的"卡夫丁峡谷"。而且在第四稿也就是正式回信中，马克思甚至没有再提资本主义制度的"卡夫丁峡谷"这个问题。对于马克思的正式意见，我们应该以第四稿，也就是其正式回信为准。

"跨越"和"可以不通过"是完全不同的两种观点。"跨越"是指在方向一致的情况下直接超越,在这里即指超越整个资本主义生产阶段,从而避免资本主义制度带来的经济危机及其灾难。"跨越论"在超越资本主义生产关系的同时,实际上也意欲直接超越生产力发展的自然过程,否定整个资本主义生产方式。

"跨越论"违背了生产力发展的客观规律,在实践中必定是行不通的。生产力的发展是一个自然历史过程,并不以人的意志为转移。人们认识和掌握生产力发展规律之后,只能通过改变其发生发展的条件来加速或延缓其发展,而难以直接跨越生产力发展的某个阶段,直接地、人为地产生更高的新的生产关系。生产关系只能加速或者延缓生产力的发展,而不能使其产生跨越。因为"无论哪一个社会形态,在它所能容纳的全部生产力发挥出来以前,是决不会灭亡的;而新的更高的生产关系,在它的物质存在条件在旧社会的胎胞里成熟以前,是决不会出现的。所以人类始终只提出自己能够解决的任务,因为只要仔细考察就可以发现,任务本身,只有在解决它的物质条件已经存在或者至少是在生成过程中的时候,才会产生"。[1]

"跨越论"背离了辩证唯物主义与历史唯物主义的基本观点,在否定资本主义所带来的经济危机、两极分化等恶果的同时将资本主义所带来的生产力极大发展等积极因素也抛弃掉了,实际上对其进行了全盘否定,是背离辩证唯物主义根本方法的。资本是资本主义的核心概念,否定资本主义对生产力发展的促进作用,实质上就是完全否定了资本的作用。在全球化进程不断深入的当今世界,在资本主义和社会主义并存的今天,无论是出于国际经济交往的需要,还是国内资源配置的需要,任何国家都离不开资本这一资源配置的手段。

---

[1]《马克思恩格斯文集(第2卷)》,592页,北京,人民出版社,2009。

"可以不通过资本主义制度的'卡夫丁峡谷'"则是指在现有发展条件的基础上，不走资本主义发展道路，从而开辟一条社会主义发展新路。这是立足现有条件的一条发展道路，没有违背生产力发展的客观规律，只是发展的方式不同。而且，人类社会发展模式并不是简单的制度更替，两种不同的社会制度是可以在同一时期并存的。社会主义代替资本主义的发展过程也必将存在于两种社会制度并存的时期。

（三）避免资本主义制度的"卡夫丁峡谷"的条件

马克思在第一稿和第三稿中指出了俄国公社可以不通过资本主义制度"卡夫丁峡谷"的条件：一方面，通过俄国社会主义革命，将俄国农村公社土地中的公有制因素充分发挥出来；另一方面，利用同时代资本主义发展的一切肯定成果。这两种条件同时具备，就有可能在发展生产力的同时避免资本主义生产方式带来的经济危机和两极分化等恶果。两者的结合是完全有可能走出一条不同于西欧资本主义国家的发展道路的。

这条道路之所以可行，其关键就在于生产关系与生产力相适应的程度，实现了生产关系和生产力的同时升级改造：一方面，公有制的改造能够实现生产关系的升级；另一方面，吸收同时代资本主义制度所取得的一切肯定成果，可以对生产力进行升级。这条设想的道路遵循了生产关系一定要适应生产力发展的规律，在理论上是可行的。只要这两个条件具备，这一设想就能实现。因为土地公有制能够解决生产资料的资本主义私人占有问题，而同时代的资本主义生产可以解决社会化大生产问题，它可以提供进行社会化大生产的机器设备，而且俄国土地的自然条件适合进行机器的大规模耕种。所以一旦这一设想实现，就能在生产力和生产关系两方面实现同时跃升，从而促进俄国社会的发展。

从马克思给查苏利奇回信的四封手稿来看，俄国农村公社可以不通过资本主义制度的"卡夫丁峡谷"问题，只是马克思在思考过程中提出的一种设想。马克思在正式回信，也就是他本人的正式意见中放弃了这样一种设想，不再提资本主义制度的"卡夫丁峡谷"这一说法，而是一方面肯定了俄国农村公社对新社会的意义，说"这种农村公社是俄国社会新生的支点"，[1]一方面又重点强调了俄国农村公社这种作用的发挥"首先必须肃清从各方面向它袭来的破坏性影响，然后保证它具备自由发展所必需的正常条件"。[2]

马克思最终放弃了资本主义制度的"卡夫丁峡谷"这一提法，恰恰是经过充分思考后的一种回归，反映出马克思对俄国公社问题谨慎的乐观态度。因为他意识到了这些条件的实现过程是比较艰难的，面临的反抗力量也必然是强大的，以至于马克思在对其意义进行肯定的基础上，又重点强调了这些作用发挥所需要的条件。如果这些条件不具备，俄国农村公社就很有可能"从公有制变为私有制"[3]，更不用说成为社会新生的支点了。

二、中国对资本主义制度的"卡夫丁峡谷"的超越

新中国是人民民主专政的社会主义国家，在历史上第一次实现了人民当家做主，实行了多数人对少数人的统治。社会主义政权成立之初，面临着尽快发展社会生产的任务。如果走依靠资本积累发展生产的资本主义道路，只会使中国革命的成果毁于一旦，重新回到少数人对多数人的统治状态。为了避免重新经历资本主义制度的"卡夫丁峡谷"，中国实行了计划经济体制，探索推动生产力发展的社会主义发展道路。

---

1 《马克思恩格斯全集（第19卷）》，269页。
2 同上。
3 同上。

在一定条件下，经济落后国家进行社会主义建设可以不通过资本主义制度的"卡夫丁峡谷"。这些条件归结起来就是在改革内部生产关系的同时借鉴外部先进生产力，以实现生产力和生产关系的协调发展。如果这两个条件不能协调推进，就会受到社会发展规律的惩罚。中国在试图超越资本主义制度的"卡夫丁峡谷"、实现快速发展的探索中，由于未能完全处理好两者的关系，不可避免地遇到了一系列挫折。

（一）借鉴先进生产力实现快速起步

生产力和生产关系、经济基础和上层建筑的矛盾，是每一个社会的基本矛盾。在资本主义社会，这对基本矛盾表现为生产的社会化与生产资料资本主义私人占有之间的矛盾。在原有制度框架下，资本的逻辑运动无法解决资本主义的基本矛盾，而只会加剧这种矛盾。只有夺取资本主义政权，建立社会主义政权，才能打破资本主义私有制，建立社会主义公有制，最终解决资本主义的基本矛盾。

新中国成立后，在党的领导下，我国通过社会主义改造，在经济领域建立了单一的公有制经济，实行了计划经济体制。社会主义改造是依靠行政力量自上而下的改革，形成了先进的生产关系。生产资料公有制的建立使新中国在生产关系上克服了资本主义的基本矛盾，为社会化大生产开辟了更为广阔的空间，生产关系的发展已经站到一个新起点上。但是与这种先进生产关系对应的是相对落后的生产力发展水平，生产力发展水平不高便成为制约社会主义优越性发挥的主要因素，而要解决这一矛盾，就要迅速提高生产力发展水平。

发展生产力有两条路径，一条是内生发展，一条是外部借鉴。从内生发展路径来看，鉴于当时中国生产力发展的实际水平，如果仅依靠自己的力量，很难在短时间内快速建立机器大工业，通过社会主义改造建立的社会主义公有制也会因为没有机器大工业而逐渐瓦解。这样的话，私有制因素就会占据上风，中国就有可能进入资本主义制度的"卡夫丁峡谷"。要避免走这条道路，就要像马克思所设想的那样，走现成的借鉴之路。通过借鉴当时世界上其他国家发展的先进成果，可以在很多领域跨越漫长的摸索阶段，实现生产力的快速发展。这就是落后国家的后发优势。

当时的中国处于资本主义和社会主义两大阵营对峙的两极世界政治经济格局当中，两极分别以美国和苏联为首，二者在生产力的发展程度上都高于中国，我们需要直接利用其先进的生产力成果。由于意识形态的分歧，资本主义阵营对我国进行封锁，我们无法直接汲取资本主义所取得的生产力发展经验。我们只能争取苏联的援助。

在中苏关系的友好期，我们从苏联那里借鉴了很多生产力的先进因素，极大地促进了生产力的发展。从1953年到1957年，即在我国施行第一个五年计划期间，我国通过苏联援建的156个工业项目，奠定了实现工业化的基础。

（二）单一计划经济体制的形成

在借鉴苏联先进生产力的基础上，中国也学习了苏联的发展模式，形成了计划经济体制。计划经济体制是通过计划调节生产、分配、交换以及消费的经济体制，是一种由政府主导的经济发展模式，实际上是政府用权力对资源进行配置。政府决定生产什么、怎样生产以及生产的产品如何分配，通过指令性计划来推动整个经济体系的运转。

计划经济体制符合我国生产资料公有制占据统治地位的实际情况。新中国成立之初，资源有限，经济发展水平不高，经济结构也比较简单，在"一穷二白"的图纸上绘就蓝图，进行国家总体的规划和设计，相对来说比较容易。随着1956年"一化三改"的完成，公有制成分取得了统治地位，我国建立了社会主义的基本经济制度。当时，社会主义性质的国有经济、合作社经济和公私合营经济等经济成分占到了92.9%，成为国民收入的绝大多数，个体经济占7.1%，资本主义经济接近于零，这就为实行计划经济提供了可行性。

事实证明，新中国成立初期建立在生产资料公有制基础上的计划经济体制，集聚了当时有限的资源，在国家范围内统一调配资源，进行社会化大生产以及将生产的产品在全社会范围内进行计划分配，在短时间内建立了关系国家长远建设的工业体系，是适应了当时中国经济状况，并发挥了重要作用的。

正是由于实行了计划经济体制，我国社会主义建设取得了巨大成就。从1953年实行第一个五年计划到1976年的20多年间，虽然经历了"大跃进"和"文化大革命"的严重挫折，但仍建立了独立的工业体系以及国民经济体系，摆脱了主要工业产品全部依赖进口的历史，为现代化建设打下了坚实基础。经济上的独立为中国以后的发展奠定了牢靠的物质基础，同时也为中国在国际上的经济往来创造了前提。

在进行以工业化为主体的经济建设同时，我国文化、医疗以及科技事业也取得了重大进展，人民生活逐年改善。新中国坚持独立自主的和平外交政策，通过长期不懈的外交努力，于1971年10月恢复了在联合国的合法席位，同世界上绝大多数国家建立外交关系，为国内和平建设创造了良好环境。我国国际地位日益提高，成为维护世界和平、反对霸权主义的中坚力量。

（三）特殊背景下过快发展的生产关系

20世纪50年代末60年代初由于各种原因，中苏关系破裂，苏联停止了对我国的援助，撤走了在华专家，我国快速发展生产力的外部条件消失。如果要实现快速发展，必须寻找新的可以提高生产力的途径。1957年第一个五年计划的提前完成，一方面极大地激发了中国共产党人和全国人民经济建设的信心和斗志，另一方面也使不少领导干部滋长了骄傲自满情绪，过于重视主观能动性的作用，对经济建设的长期性、复杂性估计不足，忽视了经济发展的客观规律。在不能直接借鉴其他国家先进生产力发展成果的情况下，我国生产力无法短时间内提高到世界发达国家水平，也就无法与先进的社会主义公有制相匹配。在此情况下，我们又加速了生产关系领域的变革，从而使生产力和生产关系之间的"剪刀差"越来越大，两者的匹配程度越来越低。

1958年1月到3月，毛泽东在南宁和成都主持召开中央工作会议，但偏离了实事求是路线和民主集中制原则，改变了党的八大制定在综合平衡中稳步前进的方针，将批判反冒进与发动"大跃进"联系在一起。"大跃进"反映了党和人民改变中国落后面貌的迫切心情，但忽视了经济发展的客观规律，尤其忽视了在没有外部先进生产力辅助的前提下，自身经济建设的长期性和复杂性。

与"大跃进"同时进行的是人民公社化运动。当时以为规模越大、公有化程度越高，就越能促进农业生产力的发展。人民公社形成的以"一大二公"为特点的"政社合一"体制过早、过快地形成了更高级的生产组织形式，违背了生产关系一定要适应生产力发展的规律。在生产力发展水平不高，尤其是生产工具没有达到机器大生产的条件下，过早采用更高级的生产组织形式，只能是揠苗助长，过犹不及。

马克思关于俄国公社可能命运的分析是具有前瞻性和科学性的，必须全面准确地理解和把握，才能避免在实践中犯错误。中国要想超越资本主义制度的"卡夫丁峡谷"，实现快速发展，需要在建立先进生产关系的同时迅速提高生产力。而在当时各项基础建设都比较薄弱的情况下，要迅速提高生产力，必须向包括资本主义国家在内的世界先进国家学习。国家只有开放，融入整个国际社会，才能有学习交流的机会。只有继续进行改革，才能更好地融入国际社会，解放和发展生产力。这一规律发展的要求，成为后来实行改革开放的一个重要原因。

三、计划困境与市场回归

一个国家发展生产需要对资源进行合理配置，以求在现有条件下实现最大产出。计划和市场是进行资源配置的两种手段，而权力和资本则是这两种手段所依靠的两种动力。从整个世界发展方式来看，资本主义国家主要通过资本自身的逻辑运动推动资源配置，以此来推动经济和社会发展；而社会主义国家由于实行了生产资料公有制，主要以政府为主导来推动经济和社会发展。单纯依靠计划或市场都是不可行的，会导致权力和资本的失控，从而对整个经济社会造成负面影响。

（一）单一计划经济逐渐走向困境

计划经济是政府主导的经济，由政府统筹规划资源配置。在计划经济体制下，国家拥有绝大多数资源的控制权力，政府成为这些资源的支配者和管理者，企业变成实现政府指令的附属物。一方面计划经济适应社会化大生产的需求，有利于集中力量组织大规模的社会生产，从而直接促进生产力的发展；另一方面计划经济体制的运行需要一系列条件作保障，如果条件不具备，计划经济就会对经济社会发展带来反作用。

计划经济体制的运行首先需要信息条件，即政府要准确掌握供给和需求等各种信息；其次是监督激励条件，即政府要建立有效的监督和激励机制，促使经济发展；最后是偏好条件，即政府要反映不同成员的总体偏好和个体偏好。而每个人的个体需求都是多样化与个性化的统一，政府难以及时对这些需求进行统计和反馈。因此，计划经济对于政企人员素质、信息采集和整理的有效性等有很高的要求。

在新中国成立之初，我国国民经济发展水平相对较低，经济结构比较简单，适合实施计划经济。计划经济使我国在起步阶段实现了快速发展，但是随着生产的发展，计划经济体制的弊端日益凸显。

首先，计划经济面临着两难困境。计划经济要求相对的稳定性，因为计划的制订和落实需要一定的时间和空间条件。随着生产的发展，经济数据越来越多，受科技发展水平的制约，信息采集整理的手段难以及时应对。要及时反映供需关系，就必须随时调整计划，而朝令夕改的计划是难以落实的；如果不能及时反映供需关系，又会导致瞎指挥，计划指令的落实只会造成资源配置的错位。

其次，单一政府指令性的、简单粗放的计划经济难以满足日益多样化的人民需求。在一定的生产条件和科技发展水平下，计划经济可以对相对清晰的宏观经济结构进行调整，却难以满足多样化的个体需求。这就造成了多样化的个体需求与统一的政府计划之间的矛盾。

最后，计划经济消除了竞争，政府成了整个国家经济运行的主体，企业只是执行政府指令的工具，生产什么、怎么生产都受政府指令性计划的调控，从而也就丧失了改进技术、提高劳动生产力的动力。层层的指令性计划以及分配制度也使大多数人失去了创新的动力。

（二）单一计划经济导致权力集中

计划经济体制是一种国家权力主导型的发展模式，与权力高度集中相伴相生：集中统一的政权为计划经济体制发挥作用提供了重要动力和保障，单一的计划经济体制反过来也导致权力更加集中。

计划经济体制是一种基本上只有权力、没有市场的经济体制，政府这一权力主体承担了市场主体和社会主体的功能与作用。这一方面导致政府承担了大量工作，不断扩大机构以及增加人员；另一方面也导致政府权力高度集中，出现了权力一家独大的局面。权力过于集中是一把双刃剑，一方面可以利用国家权力将有限的资源进行统筹规划，在短时间内快速地、最大限度地发挥国家的整体力量；但另一方面也由于权力过于集中，一旦决策失误会造成很大危害。从划分权力范围角度来看，公权代替了私权和共权，侵占了私权和共权的领域。这种权力的不平衡必然会影响经济和社会的发展。

权力高度集中为后来的"大跃进"和"文化大革命"埋下了隐患。"大跃进"和"文化大革命"都是在计划经济体制下进行的自上而下的变革运动。从主观目的上讲，"大跃进"是为了加快生产力的发展，"文化大革命"是为了抵御帝国主义的"和平演变"，消除官僚主义和特权思想，防止资本主义在国内复辟。虽然主观愿望是好的，但却背离了实事求是的思想路线。在"大跃进"过程中，"浮夸风"造成了数据失真，计划部门在这些错误数据的基础上做出的决策严重背离实际，并形成"错误数据—错误决策—更多错误数据—错误决策"的恶性循环，最终造成国民经济发展失调失序。"文化大革命"表明毛泽东错误估计了国内阶级斗争形势以及党和国家的政治状况，脱离了实事求是的思想路线，并被林彪和"四人帮"反党集团利用。1981年，党的十一届六中全会通过的《关于建国以来党的若干历史问题的决议》明确指出："'文化大革命'是一场由领导者错误发动，被反革命集团利用，给党、国家和各族人民带来严重灾难的内乱。"[1] 历史和实践已经表明，高度集中的计划经济体制使权力集中于政府，

---

[1]《关于建国以来党的若干历史问题的决议》，82页，北京，中共党史出版社，2013。

加之封建遗毒影响，官本位、官僚主义的成长就有了制度环境。虽然毛泽东一直以来都在反对特权，主张走群众路线，但是依靠这种体制发动群众运动来反对体制弊病的方法，本身就是一对矛盾，这一内生矛盾难以在高度集权的经济政治体制下得到解决。根本的解决办法就是在坚持党的集中统一领导的同时，让市场、社会主体的权力从政府手中剥离出来，各归其位，各负其责，改变政府包揽一切的权力分配格局，保证各权力主体在各自领域地位平等，形成各种权力动态平衡局面，保证分配上的公平和正义。

（三）资本推动生产力发展的逻辑

市场经济是资源配置的一种重要手段，其作用的发挥实质上是资本自身运动的逻辑展开。资本家是资本的人格化，在他们看来，生产的目的首先是获取产品的交换价值，产品的使用价值居于次要地位。相比于为了获取使用价值而生产的自然经济，这种为了交换而生产的资本主义商品经济促使生产具有一种无限扩大的趋势。因此，资本家对资本的无限追求促进了整个资本主义社会生产力的发展和进步。正如马克思和恩格斯在《共产党宣言》里所描述的那样："资产阶级在它的不到一百年的阶级统治中所创造的生产力，比过去一切世代创造的全部生产力还要多，还要大。自然力的征服，机器的采用，化学在工业和农业中的应用，轮船的行驶，铁路的通行，电报的使用，整个大陆的开垦，河川的通航，仿佛用法术从地下呼唤出来的大量人口——过去哪一个世纪料想到在社会劳动里蕴藏有这样的生产力呢？"[1]

在促使生产力水平或者说生产效率极大提高的同时，资本又使广大工人阶级陷入贫困状态，社会分配不公的现象严重。在资本主义制度下，由

---

1 《马克思恩格斯文集（第 2 卷）》，36 页。

于生产资料归资本家私人占有,资本家可以凭借所有权上的统治地位来无偿占有工人的剩余价值,从而导致产品分配上的不公:一方面占人口少数的资本家占有越来越多的资本,但是其消费需求总量却是有限的;另一方面占人口绝大多数的无产阶级虽然消费需求总量大,但是由于没有获得与付出劳动所对等的报酬,其有限的支付能力导致有效需求不足。这就造成了占人口少数的有钱人和占人口大多数的劳动者之间消费水平呈现巨大的"剪刀差",形成了产能相对过剩与有效需求不足之间的矛盾,当这种矛盾集聚到一定程度时就会导致爆发经济危机。

资本虽然极大地促进了生产力的发展,但是在资本促进生产发展的道路上却充斥着残暴掠夺和血腥杀戮:"资本来到世间,从头到脚,每个毛孔都滴着血和肮脏的东西。"[1] 这条道路和历史上奴隶主阶级、封建地主阶级等剥削阶级所走的道路一样,实质上还是一条少数人对多数人统治的道路。这些由于资本自身的逻辑运动所导致的经济危机以及血腥积累,就是马克思所提到的资本主义制度的"卡夫丁峡谷"。

为了避免重蹈覆辙,改革开放之前,中国在抛弃资本主义制度的同时,也抛弃了市场这一资源配置的重要手段。这虽然反映了我们迫切改变落后现状的决心,却违背了历史和实践的辩证法。

面对计划经济因为各种条件不成熟而日益暴露出来的短板,我们进行了认真的反思。在1978年5月进行的关于真理标准问题的大讨论之后,"实践是检验真理的唯一标准"成为党和人民的重要共识。这场大讨论重新确立了我们党实事求是的思想路线,也成为拨乱反正和改革开放的思想先导。

---

1 《马克思恩格斯文集(第5卷)》,871页,北京,人民出版社,2009。

第二节　新时代提高改革攻坚能力的必要性和紧迫性

改革开放之初，我们采取的是渐进式增量改革，极大解放和发展了生产力。如今，改革进入攻坚期和深水区，阻力更多来自利益固化的藩篱，只靠摸着石头过河已经不能再顺利地往前走了。

针对改革进程以及形势的变化，十八届三中全会提出了全面深化改革的总目标，并对经济、政治、文化、社会、生态、党建、财税、国防、科技、行政、司法、执法、教育、医药、卫生、编制、人事等 17 个方面的改革作了具体部署和要求。改革已经从单一领域、单一方面走向各领域、全方位协同并进，改革的广度、深度和难度全面提高、前所未有。

知史以明志，继往以开来。回顾改革开放的历史进程，剖析其内在发展逻辑及阶段性特征，有助于我们深刻理解为什么今天更加迫切需要提高领导干部的改革攻坚能力。

一、先易后难的渐进式改革

在单一的计划经济体制逐渐向社会主义市场经济体制转变过程中，中国形成了具有自己特色的渐进式改革模式。最初的改革是以国家权力为主导，以市场为导向的渐进式改革。

（一）国家权力主导的改革

改革之初，我们在社会主义框架下，在经济领域进行了市场化改革，走出了一条由中国共产党领导的、在国家权力主导下进行的渐进式改革道路。国家权力对改革的方向、进度、力度、领域、手段等进行全方位把控，有效防止了改革过程中由于不可控因素造成的社会动荡局面，避免了颠覆性错误的出现，使改革在发展和稳定的平衡中不断前进。同时，中国共产党的坚强领导保证了国家权力的社会主义性质，保证了改革始终沿着社会主义的正确方向前进，既防止改革退回封闭僵化的老路，又避免改革走向改旗易帜的邪路。

国家权力主导的改革是一种自上而下的改革。由于计划经济体制阻碍了生产力的发展，相对落后的、低水平重复的生产力难以自发地、从下至上地推动计划经济体制改革。更为重要的是，计划经济体制所形成的高度集中的权力格局，以及人们长期形成的思想禁区成为经济体制改革的高压线，如果不先对其进行改革，难以推动经济领域改革。所以改革只能先从上层建筑入手，自上而下进行改革。在政治和思想两个领域，思想领域由于其务虚的特点，成为相对容易改革的领域。因此，思想领域成为上层建筑改革的突破口。通过解放思想，中国共产党统一了思想认识，基本消除了来自国家权力内部的阻力，从而使改革顺利进行。

（二）市场导向的渐进式改革

渐进式改革是以市场为导向的改革，其目标是建立社会主义市场经济体制，一切改革举措都是围绕这一点展开的。

计划经济是产品经济，市场经济是商品经济，两者的生产目的不同。计划经济的生产目的是满足消费者的需要，是为产品的使用价值而进行的生产；市场经济的生产目的是使生产出来的商品能够在市场上进行交换，主要是为商品的价值而进行的生产。因此，在计划经济体制下企业不需要关注市场的实际需求，不需要关注生产什么以及生产的产品如何销售等问题，只需要按照行政指令完成计划任务即可。这就使政府承担了大量企业的功能，不可避免地导致经济权力集中、政府机构膨胀等问题。市场经济体制下的企业成为自负盈亏的主体，必须密切关注商品的市场价格，关注商品的供求关系，关注竞争对手的变化，关注生产效率的提高等等。

在两种经济体制下，企业的作用是不同的。计划经济体制下的企业只是政府计划调控下的一种工具，而市场经济体制下的企业变成了市场的主体，企业经营的好坏直接关系企业主（管理者）和工人（生产者）的切身利益，激烈的市场竞争会充分激发其主动性和创造性。在社会各种关系日益复杂的情况下，就资源配置效率角度来看，市场经济显然更占优势。社会主义市场经济体制改革就是以市场为导向的改革。这种改革可以充分发挥市场各个主体、各种要素的活力，让市场在资源配置中起决定作用。同时，政府可以从微观经济领域中抽身出来，通过宏观调控弥补市场不足，并为市场在资源配置中起决定作用提供保障，进而解决权力过于集中、政府机构膨胀的问题。

渐进式改革是一种采取积极稳妥政策，本着先易后难原则进行的改革。改革是对利益关系的调整，利益调整的广度和深度决定了改革的难度。在实行改革开放以前，我们形成了"一大二公"的计划经济体制、权力高度集中的政治格局以及与之相适应的意识形态。如果在短时间内同时对这3个领域进行改革，势必会面临非常大的阻力，还有可能会引起社会动荡、造成改革失败。苏联的"休克疗法"就是前车之鉴。

以什么样的进度、力度和方式来实现社会主义市场经济体制改革目标，考验着中国共产党的执政理念和执政能力。中国共产党充分吸取了以往"大跃进"和"文革"的经验教训，从中国既有实际出发，先从经济领域开始改革；通过先试点再推广、先局部再整体的渐进式改革方式，把改革中可能出现的问题控制在了可控范围之内。

（三）先增量改革后存量改革

改革分为增量改革和存量改革，两者侧重点各有不同。增量改革主要侧重于生产力方面，是解决如何增加整个社会财富的问题；存量改革主要侧重于生产关系方面，主要解决如何分配社会财富的问题。同样是进行经济体制改革，苏联采取的"休克疗法"属于先存量改革后增量改革，中国的渐进式改革则属于先增量改革后存量改革。

中国的增量改革解决的是社会财富怎样增加的问题，符合生产力发展的规律，也符合当时生产力相对落后的现实。改革之前的平均分配制度虽然保障了公平，但由于生产力发展水平不高，可分配的物资并不是很多，因此是一种贫穷的平均分配主义。在生产力不够发达的基础上，这种平均分配并不足以彰显社会主义制度的优越性。社会主义的首要任务在于解放和发展生产力。通过解放思想，原有的一些禁区被打破，权力对经济管控的内容逐渐减少、方式更加灵活，原本被闲置和压抑的市场活力被激发，整个社会的财富不断增加。例如，家庭联产承包责任制解决了原有计划经济体制下劳动者积极性、主动性不高的问题，提高了粮食等农产品产量，解决了几亿人民的吃饭问题，使敌对势力"共产党领导的社会主义中国解决不了几亿人口的吃饭问题，中国不久就会因为粮食问题而引发安全问题"的预言不攻自破。

改革开放后，党从社会主义初级阶段这个最大实际出发，尊重人民群众的首创精神，及时总结一些地方产生的新的生产组织形式，对农业、农村生产机制和分配机制进行了改革，有效促进了生产力的发展。随着家庭联产承包责任制在农村展开，"交足国家的，留够集体的，剩下的全是自己的"的分配方式得以实行，极大提高了农民的生产积极性，农产品产量迅速增加，几亿人民的吃饭问题得到了解决，国家、集体和个人三方都在增量改革中得到了实惠。这种增量改革及其成果，为以后的存量改革提供了稳定的发展环境和丰富的物质保障。

二、渐进式改革成功的原因

中国渐进式改革发展模式之所以成功，就是因为遵循了人类社会的发展规律以及人的认识规律，更加符合中国实际。其中，中国共产党所坚持的人民立场以及对权力的科学态度起了至关重要的作用，成为这次改革成功的关键。

（一）遵循了人类社会发展规律及人的认识规律

社会发展是一个由量变到质变的过程，没有量的积累，质变就难以完成。只有量积累到一定程度，各方面条件比较成熟的时候，质变才可以顺其自然地完成。生产关系一定要适应生产力发展的规律告诉我们，只有当生产力发展到一定程度，现有的生产关系已经不能适应生产力的发展并成为生产力发展阻碍的时候，新的生产关系才可能产生。当然，先进的生产关系反过来也能促进生产力的发展。当生产力发展有了新的要求，而新的生产关系能够自觉产生的时候，就能够促进生产力的发展。总之，无论生产关系落后还是过于超前于生产力的发展水平，都会阻碍生产力的发展。而人们的认识也是在"实践—认识—实践"的循环往复过程中不断得到提高的。渐进式改革就是在坚持人民立场和群众路线的中国共产党的领导下，在一边摸索前进、一边总结经验教训的实践中进行的。这种渐进式改革发展模式既坚持了量变与质变的发展规律，又遵循了生产关系一定要适应生产力发展的规律；既保持了稳定，又实现了发展，还能防止颠覆性错误的发生。在改革开放的伟大实践中，中国共产党取得的最伟大成就，就是形成了中国特色社会主义道路、理论、制度和文化，为人民的美好生活不断丰富和完善各方面的保障，为社会主义发展贡献了中国力量和中国智慧。这些都和渐进式改革而非休克式疗法有着直接密切的关系。

（二）符合当时中国实际，更加稳妥可靠

在经济、社会等方面相对落后的情况下，没有多少产品可供分配，分配公平只能是一种共同贫穷的公平。而贫穷不是社会主义，社会主义的优越性首先体现在物质产品的丰富方面，改革首先要解决的就是如何解放和发展生产力的问题。解放和发展生产力，要从生产关系方面入手，破除束缚生产力发展的各种旧的体制和机制，建立更加适合生产力发展的新的体制和机制。这种增量改革在不完全改变原有经济、政治格局的基础上，逐步放开对民间自发产生的经济活动的管制，通过局部改革、先试点后推广等稳妥方式逐步放开市场。相对于激进式改革，这种渐进式改革把重点放在增加新的利益上，兼顾了既得利益和新增利益，减少了阻力，新增了动力，妥善处理好了改革、发展、稳定的关系，从而使整个改革得以迅速推进。例如在保持国有经济存量不改的情况下，对于私营企业和个体工商户实行了逐渐放开的政策，非公有制经济成分迅速增加，整个国家的经济总量也得以增加。由于非公有制经济主要集中在轻工业和第三产业领域，不仅弥补了国有经济在这些方面的不足，而且其效率和灵活性方面的优势使国有经济产生了危机感，又反过来刺激了国有经济的发展。随着改革的逐步推进，整个中国的经济活力得以迅速释放，社会总财富有了很大增长。

（三）国家权力自觉的解构和重构

在计划经济体制内，国家公权的力量非常强大，私权和共权的空间与公权高度重叠，资源配置主要是以行政审批、指令性计划甚至长官意志为主，商品经济几乎没有存在的空间。在这种背景下，市场经济的各种要素和条件难以自发产生，即便可以，其产生过程也十分艰难。因为在当时单一的计划经济体制下，任何计划外的生产、交换活动都是非法的。要想建立社会主义市场经济体制，国家必须将直接配置资源的权力进行解构和重

构，主动创造市场经济体制所需要的各种要素和条件。这对掌握资源配置公权力的中国共产党来说，是一个极大的考验，也是对党是否能保持其性质宗旨的一个检验。

任何权力都具有自我扩张和自我强化的特点，在没有强大外部因素的压力下，一般来说，权力是不会自我削减的。正是因为中国共产党是中国工人阶级的先锋队，是中华民族的先锋队，以全心全意为人民服务为根本宗旨，并清醒地认识到手中的权力来自人民，必须为民所用，所以才能在意识到权力存在结构性问题之后，自觉地对高度集中的权力进行解构与重构。通过重新调整中央和地方政府的权力分配，过于集中的权力不断得到释放；通过将配置资源的权力逐渐由政府向市场让渡，理顺了政府和市场关系，释放了市场活力，提高了劳动生产力和人民生活水平。这种对权力的自觉解构与重构充分说明了中国共产党的性质和宗旨，展示了党的先进性和中国特色社会主义制度的优越性，彰显了党在中国特色社会主义建设过程中的中流砥柱作用，验证了党一再强调的"办好中国的事情，关键在党"这句至理名言。

三、渐进式改革的结果

在渐进式改革过程中，随着权力的不断解构与重构以及资本的逐渐形成和发展，社会关系发生了很多新的变化。社会主义市场经济体制的各种要素不断形成，共权和私权的力量得以培育，公权、共权和私权比例结构进一步优化，国家和社会的权力结构不断趋于平衡。

首先，权力的范围和对象发生了变化。在经济改革过程中，政府不断对自身的权力进行解构和重构，逐渐让渡出直接配置资源的权力，开始朝着保障市场机制的公平有效、实现共同富裕目标、弥补市场失灵的方向转变。可以说，社会主义市场经济体制的建立，就是党领导政府不断转变权力内容和职能，主动创造市场的结果。

其次，资本逐渐形成并不断发展。社会主义市场经济体制的逐步建立，使原本被消灭的资本重新回到经济领域，形成了国有资本、集体资本、私人资本共同在市场上发挥作用的局面。随着政府权力的解构与重构，资本在资源配置中发挥着越来越重要的权力。从本质上说，资本也是一种权力，是一种可以调动市场经济中各种要素的经济权力。政府与市场的关系集中体现为权力（公权力）与资本（经济权力）的关系，单一计划经济体制向社会主义市场经济体制的转轨过程，也就集中体现为权力的解构、资本的建构以及权力和资本相互作用的过程。

最后，衍生出了几种新关系。随着权力的不断解构与重构，社会主义市场经济得以形成，经济、政治和社会领域产生了新的关系。一是劳资关系。计划经济体制实行的是单一的公有制经济，没有私有制，更没有资本这个要素，劳动者作为国家的主人，是为整个社会服务的。市场经济产生之后，大量私有制企业出现，在这些企业工作的人都是在企业主的组织下进行劳动的，劳资矛盾难免出现。二是权力与资本关系。资本产生之后，在经济、政治、社会、文化等领域中不断发生作用。其中，起主导作用的是权力与资本的关系。作为政治与经济领域中的两种核心权力，两者关系处理得好坏，直接影响和制约着其他领域中的关系，必须防止权力资本化和资本权力化的产生。三是权力与劳动的关系发生变化。无论在计划经济还是市场经济体制下，社会主义国家的权力始终应该是为劳动服务的。但是在改革过程中，一些政府官员利用手中的权力和两种体制并存的真空地带勾结资本，与民争利，侵占国有资产和公共利益，对党和人民的事业及政府的威信造成了损害。

四、全面深化改革与既得利益群体

任何制度都会产生既得利益群体，制度变迁会对既得利益群体的利益进行调整。在不同的制度变迁中，不同的既得利益群体被调整的利益是不同的，因而对待制度变迁的态度也不同。全面深化改革就是一种对制度变迁中既得利益群体的利益的重新调整，从而实现共同富裕目标。

（一）改革进入攻坚期和深水区

如今，全面深化改革进入攻坚期和深水区，具体表现在：

一是经过40多年的改革，容易改的问题都已经改了，留下来的都是比较难啃的硬骨头，改革触及的问题由浅层次逐渐转向深层次，成本加大，难度提高，改革进入深水区，必须对此保持强烈的忧患意识和紧迫感。

二是深化改革必然涉及重大利益关系的调整。改革开放以来，一部分人先富了起来，贫富差距拉大，在一定程度上造成两极分化现象。社会主义的本质要求共同富裕，要使先富带动后富，这就要求分配公平，要取缔非法收入、整顿不合理收入、调节过高收入、保障低收入者基本生活，要进行退休养老金双轨制等方面的改革。这些改革无疑要触动不少人的利益，必将面临更多阻力。

三是深化改革必然要涉及牵动全局的敏感问题和重大问题，如所有制改革特别是深化国有企业改革、财政体制改革、金融体制改革、收入分配体制改革、干部人事制度改革等，诸如此类的改革牵一发而动全身，任何一项改革都会涉及其他多项改革，涉及千千万万人的直接利益。

四是改革涉及面越来越广，不仅要深化经济体制改革，还需要深化政治体制、文化体制、社会体制、生态体制、国防和军队体制以及加强和改善党的领导等诸多方面改革，可以说全面深化改革是中国历史也是人类发展史上涉及面最广、受众最多、程度最深、难度最大、持续时间最长的一场轰轰烈烈的革命。

（二）既得利益群体

既得利益群体是在制度变迁过程中产生的一个概念，相比于即将在新制度中受益的群体，旧制度的受益群体在制度变迁中会损失一部分利益，这部分旧制度的受益群体就变成了既得利益群体。根据范围不同，既得利益群体可以分为阶级之间的既得利益群体和阶级内部的既得利益群体。从阶级统治角度来看，统治阶级是最大的既得利益群体，他们与被统治阶级的利益根本上是对立的。在阶级革命这种激烈的制度变迁过程中，居于统治地位的既得利益群体将失去绝大部分利益，因此他们这一利益群体反抗的激烈程度最大。从阶级内部角度来看，不同阶层之间的根本利益是一致的，在体制改革这种温和的制度变迁过程中，既得利益群体损失的只是一部分眼前利益，但是从长远来看，可以获得更大的利益，因此对制度变迁的反抗程度要小一些。当然，这些反抗的激烈程度都是相对意义上的。一般来说，既得利益群体都是反对制度变迁的，旧制度所形成的既得利益群体往往会成为制度变迁的阻力，因为从利益调整角度来看，他们是制度变迁过程中的利益受损方。比如资产阶级既反对资本主义制度回到封建主义制度，又反对资本主义制度进步到社会主义制度。

"双轨制"改革为既得利益群体的形成创造了条件。改革是制度变迁的一种形式。相比于激进式改革，渐进式改革采取的是先易后难、先增量改革后存量的改革发展路径。这条路径符合中国实际，但是转轨造成的两种体制并存状况为权力资本化提供了制度条件：权力对资源的支配和市场提供的变现途径。因此，在这个较长过渡期内，比较容易产生既得利益群体。不同利益群体由于自身利益不同自然会形成对待改革的不同态度。对于既得利益者来说，市场经济不够彻底以及公权范围过大的"双轨制"并存状况就是最好的状态，他们不希望继续深化改革，并且会想方设法阻挠改革。这部分既得利益群体就变成了继续深化改革的阻力。

（三）从增量改革到存量改革

在一定意义上说，改革就是不断改变阻碍社会发展进步的体制机制、创建新的更加合适的体制机制的过程。体制机制的改革必然使既存的利益格局发生变化，使各方利益进行重新调整分配。所以从根本上说，改革是对利益的调整。利益是指可以满足人们自身生存和发展需要包括物质的和精神的需要在内的一切事物，例如对工作条件、医疗卫生条件、教育条件、生活条件、文化娱乐、政治生活等的需要。对利益的追求构成了人们行为的动力和条件。利益的产生是人的需要与利益之间相互作用的结果。

利益可以划分为不同的类型。按照内容划分，可以分为经济利益和政治利益；按照层次划分，可以分为生存利益和发展利益。一般来说，人民对美好生活的向往是无止境的。当人们的衣食住行等基本生存利益满足之后，就会产生更高层次的发展利益需要，会产生更多的政治、文化、生态等方面的需求。利益的调整分为数量上的增减和分配结构上的调整。量上的增减是生产力方面的调整，分配结构上的调整是指生产关系方面的调整。

在增量改革过程中，由于基本上各方都受益，绝对利益的增加掩盖了各利益群体之间收益不平衡、不平等的矛盾，改革的阻力相对就小。但是随着社会主义市场经济体制的逐步完善和民主法治进程的加快，"双轨制"带来的分配不公现象造成了贫富差距的拉大。民众对分配公平的需求越来越高，而且很容易将对分配不公的不满转移到对改革成效的怀疑甚至是否定上来，容易动摇改革信心。这种改革预期与现实之间的矛盾会削减改革的信心，阻滞改革进程。而这种情况恰恰是既得利益群体希望看到的。

人民群众的呼声就是改革前进的方向。相对于广大人民群众来说，既得利益群体是少数派，当其依靠体制机制占有了本应惠及人民大众的发展成果之时，人民群众就会产生改革这种体制机制的要求。既得利益群体虽然从人数上处于少数，但在体制转轨过程中，这部分群体拥有权力和资本上的优势，势必造成继续深化改革的难度加大。因此，随着改革的深入，原有的存量成为制约经济增量的因素，成为经济社会继续前进的体制性障碍和结构性矛盾，并随之出现了一些违背社会主义本质要求的新问题，如国有资产流失、贫富差距拉大、腐败问题频出、社会价值观混乱、生态环境污染等。这些问题的出现都可以归因于"双轨制"过程中权力和资本的越位和缺位。只有全面深化改革，完成"双轨制"的"并轨"，权力受到约束，资本得到控制，权力资本化问题才能最终得到解决。

所以增量改革改到一定程度，就必须进行存量改革。只有将阶段性的存量改革做好，才能继续实现增量改革。经济体制改革必须获得政治体制改革的保障，两者的改革进程不能相差太远。这是改革进程中必经的阶段，是增量改革发展的必然结果和继续发展的前提条件。这一阶段的改革虽然从表面上看类似于激进式改革，但总体上还是属于渐进式改革的一个阶段。存量改革不是在停滞状态下进行的改革，而是在增量改革提供的基础上，在继续发展的前提下，解决发展中的体制性障碍和结构性矛盾，以解决发展的动力不足和失衡等问题。存量改革是全面深化改革的关键阶段，这个阶段的改革难以使利益各方皆大欢喜，必然要触动既得利益群体的"奶酪"，改革的难度要比增量改革更大。触动利益比触动灵魂还要难，但这是改革的必经阶段。经过增量改革，"容易的、皆大欢喜的改革已经完成了，好吃的肉都吃掉了，剩下的都是难啃的硬骨头。"[1] 换

---

1 习近平：《习近平谈治国理政（第一卷）》，101 页。

句话说，就是改革遇到了瓶颈，依靠体制外的创新难以继续发展。只有对现有体制进行重新调整，改变不合时宜的体制机制，才能突破发展瓶颈，使经济更加发展，分配更加公平，才能使国家更加富强，人民更加幸福。

第三节　领导干部提高改革攻坚能力的举措和途径

习近平总书记指出，年轻干部要提高改革攻坚能力。在未来，我们要全面推进党和国家各项工作，尤其是贯彻新发展理念、推动高质量发展、构建新发展格局，要继续走在时代前列，仍然要以全面深化改革添动力、求突破。

一、要有越是艰险越向前的勇气和决心

志不求易者成，事不避难者进。改革必须有勇气和决心，而且改革越到深处，越要担当作为、蹄疾步稳、奋勇前进。改革已经进入攻坚期和深水区，容易改的问题都已经改了，留下来的都是来自经济、政治、文化、社会、生态、军队以及党的建设等各个方面比较难啃的硬骨头，必然要涉及一些重大利益关系的调整，涉及收入分配体制改革、干部人事制度改革等牵动全局的敏感问题和重大问题，改革涉及面之宽、受众之多、程度之深、难度之大、持续时间之长前所未有。全面深化改革的难度和敏感度，一点也不亚于作出改革开放决定的历史时刻。面对更加艰难险阻的情形，唯有坚定决心和信心，凝聚共识、团结力量、攻坚克难，确保各项改革举措落地生根，才能巩固先前改革成果、取得更大改革胜利。

（一）要勇于坚定方向

习近平总书记在庆祝中国共产党成立95周年大会上的讲话中指出："改革开放是当代中国最鲜明的特色，是我们党在新的历史时期最鲜明的旗帜。改革开放是决定当代中国命运的关键抉择，是党和人民事业大踏步赶上时代的重要法宝。

改革必须坚持正确方向，既不走封闭僵化的老路、也不走改旗易帜的邪路。"[1]

改革开放最大的成果就是中国特色社会主义，是社会主义制度的自我完善和发展。随着全面深化改革的不断深入，必将遇到更多的矛盾问题，势必会有人将这些问题归结于改革造成的，并因此否定改革的方向。

面对否定改革方向、否定改革成绩、夸大改革发展中产生的问题等错误思想，领导干部不能事不关己高高挂起，要勇于同这些错误思想作斗争，坚持改革正确方向，既不走老路，也不走邪路。

（二）要勇于攻坚克难

习近平总书记指出："实践发展永无止境，解放思想永无止境，改革开放也永无止境，停顿和倒退没有出路，改革开放只有进行时、没有完成时。"[2]

开弓没有回头箭。改革再难也要向前推进，如果不继续深化改革，我们先前的改革成果很有可能就前功尽弃、毁于一旦。发展是硬道理，是解决所有问题的根本手段。唯有敢于担当，敢于啃硬骨头，敢于涉险滩，敢于向顽瘴痼疾开刀，勇于突破利益固化藩篱，不断将改革推向前进、进行到底，才能在实践中不断开创新局面，将党和人民的事业推向新高度。

---

[1] 习近平：《习近平谈治国理政（第二卷）》，39页。
[2] 《关于〈中共中央关于全面深化改革若干重大问题的决定〉的说明》，《〈中共中央关于全面深化改革若干重大问题的决定〉辅导读本》，63页，北京，人民出版社，2013。

（三）要勇于自我革命

勇于自我革命、自我革新是我们党最鲜明的品格，也是我们党保持先进性的最大优势。在长期执政考验、改革开放考验、市场经济考验、外部环境的考验面前，我们只有继续传承和发扬将革命进行到底精神，一刻不放松地解决自身存在的问题，才能防止精神懈怠的危险、能力不足的危险、脱离群众的危险、消极腐败的危险，才能始终跟上时代、实践、人民的要求。

改革势必要重新调整利益格局，触动既得利益者的"奶酪"。在触及别人的利益的时候，改革很难；当触及自己利益的时候，改革有可能更难，而且原先的"改革派"有可能变成了"保守派"。作为党员领导干部，要时刻反思自身存在的局限性，解放思想、实事求是，不要因循守旧、墨守成规，要以大局为重，勇于刀口向内，打破利益固化的藩篱，去除固有的顽瘴痼疾，以自身的实际行动做好表率。

二、把干事热情和科学精神结合起来

认识规律、把握规律，是做好各项工作的前提，也是提高领导水平和工作能力的必然要求。改革不仅需要有工作热情，更需要有科学精神。领导干部要善于将干事热情和科学精神结合起来，运用科学的思维方式深刻认识、把握和运用客观规律，使出台的各项改革举措符合客观规律、符合工作需要、符合群众利益。

（一）改革要符合客观规律

规律就是事物运动过程中固有的、本质的、必然的联系。规律是客观的，其存在和发生作用不以人的意志为转移，但人们能够认识并利用规律。这就要求我们制定各项改革举措时，要从实际出发，解放思想、实事求是，根据时与势的变化不断完善，在解决实际问题中不断深化，使改革举措更加符合现实发展的客观规律。

我们从改革实践中总结出五大关系，即解放思想和实事求是的关系，整体推进和重点突破的关系，顶层设计和"摸着石头过河"的关系，胆子要大和步子要稳的关系，改革发展稳定的关系。这五大关系反映了全面深化改革的内在规律，只有科学领会、牢牢把握以及正确处理好这些关系，才能保障改革从胜利走向胜利。

（二）改革要符合工作需要

改革不是目的，解决问题才是目的。改革因问题倒逼而来，我们的改革是解决工作矛盾、满足工作需要的改革，不能仅凭一腔热情，为了改革而改革，更不能因为不切实际的改革制造新的矛盾。

全面推进改革，必须实事求是，坚持一切从实际出发来研究和解决问题，不能搞花架子。哪些方面需要立刻改革，哪些方面需要暂时不动；哪些方面需要修修补补，哪些方面需要伤筋动骨；哪些方面可改可不改，哪些方面不得不改，哪些方面坚决不能改。这些都不能仅靠一腔热情、拍脑袋决定，而是需要从实际工作需要出发，通过深入的调查研究，具体问题具体分析，真正把准问题脉搏，看清改革方向，因地因时因人制宜地全面深化和推进改革。

（三）改革要符合群众利益

人民群众是历史的创造者，是社会发展的决定力量。改革就是为了实现好、维护好最广大人民的根本利益，实现人民群众对美好生活的向往。为了尽快改变新中国贫穷落后的状况，我们党顺应民意，在40多年前作出了改革开放的历史性决定，极大解放了生产力，释放了人民群众创新创造的活力。经过 40 多年改革开放，人民群众生活水平得以快速提高，愈加衷心拥护改革。

随着改革发展进程的不断深入，出现了贫富差距拉大等新的问题，人民群众更加关注公平正义、教育、医疗、就业等问题。为了满足人民对美好生活的更多期盼，党及时作出了全面深化改革重大决定，并在十八届三中全会上专门进行了部署，把促进社会公平正义、增进人民福祉作为出发点和落脚点。经过多年发展，我国成为世界第二大经济体，社会主义核心价值观深入人心。尤其是在面对新冠疫情的重大挑战和考验时，我们坚持人民至上、生命至上的原则，将人民的生命健康安全放在头等地位，充分表明改革为了人民、改革成果由人民共享的初衷，充分展示了我国社会主义制度的优越性。实践证明，坚持以人民为中心的发展思想、始终代表最广大人民群众根本利益，既是推进全面深化改革的目标和方向，又是全面深化改革的动力。

三、要有正确方法，坚持创新思维

（一）改革要有问题意识

问题是时代的声音，问题是改革实践的起点。全面深化改革要有强烈的问题意识，以我国发展面临的一系列突出矛盾和问题为导向，抓住重大问题、关键问题进一步研究思考，找出答案，着力推动解决一系列突出矛盾和问题。

首先，要善于发现问题。当代中国在经济、政治、文化、社会、生态和党的建设等领域面临着一系列理论和现实问题，如经济新常态、提升国家治理能力、党执政水平、政治体制改革、社会公平正义与民生问题等。对涉及改革路线、方针、政策等重大理论问题要做到头脑清醒，对重大现实问题要做到心中有数。其次，要善于分析问题。全面深化改革过程中，很多问题都是牵一发动全身。要从大局中分析问题，用马克思主义的望远镜和显微镜研究问题，善于把握不同问题之间以及同一问题内部各要素之间的联系。最后，要善于解决问题。发现问题、分析问题的目的都在于解决问题。改革就是在解决问题当中不断向前推进的。

（二）改革要有创新思维

创新思维是指以新颖独创的方法解决问题的思维过程，它能突破常规思维的界限，以超常规甚至反常规的方法、视角去思考问题，提出与众不同的解决方案，从而产生新颖独到的、有社会意义的思维成果。

全面深化改革涉及更多领域，必将出现更多的新问题和新挑战，仅仅依靠老经验、老传统往往就不太有效了。这就要求领导干部必须解放思想，准确识变、科学应变、主动求变，大胆运用创新思维，才能找到新的解决办法。

实践发展永无止境，改革创新永无止境。变革创新是推动人类社会向前发展的根本动力。早在2000多年前中国的先人们就认识到："苟利于民，不必法古；苟周于事，不必循俗。"[1] 当今世界，变革创新的潮流滚滚向前。谁排斥变革，谁拒绝创新，谁就会落后于时代，谁就会被历史淘汰。

四、把加强顶层设计和坚持问计于民统一起来

社会主义的本质就是解放和发展生产力，消灭剥削，消除两极分化，最终实现共同富裕。改革是实现人民群众对美好生活向往的必由之路。经过40多年的改革，我国的生产力有了很大提升，人民群众生活水平有了

---

[1] 汉·刘安·淮南子·汜论训。

很大提高，现阶段人民群众更加关注共同富裕的问题。在继续发展的基础上进行全面深化改革，更加需要尊重群众首创精神，把加强顶层设计和坚持问计于民统一起来，从生动鲜活的基层实践中汲取智慧，使改革更有保障、更可持续。

（一）改革要加强顶层设计

"顶层设计"一词原本是一个工程学术语，运用于政治学领域便被赋予了新的内涵。我们党顺应全面深化改革领域增多、程度加深、难度加大的现实需要，在最初"摸着石头过河"的改革指导理论基础上，提出了加强顶层设计改革指导思想。

加强顶层设计，就是要全面设计改革，统筹规划改革，树立全国一盘棋的思想。将社会主义市场经济、民主政治、先进文化、社会建设、生态文明建设等方面统筹起来考虑和设计，打破各自为政、碎片化的改革，形成改革合力。只有加强顶层设计，在国家层面统筹推进改革，才能真正完成转变经济发展方式、推进收入分配制度改革、推进城乡一体化进程等改革任务。

在"十四五"时期，我国将开启全面建设社会主义现代化国家新征程，进而为2035年远景规划目标的完成打下坚实基础。面对新冠疫情给全球局势带来的影响，面对全面深化改革攻坚的艰巨任务，各级干部特别是年轻干部要胸怀"两个大局"，把握好改革发展稳定的内在联系，加强顶层设计，聚焦重点难点问题，扎扎实实把全面深化改革推向深入。

（二）改革要依靠群众，问计于民

"一切为了群众，一切依靠群众；从群众中来、到群众中去"是我们党的根本工作路线，也是党的生命线。走好群众路线直接关系全面深化改革的成败，必须毫不动摇地坚持"改革为了人民、改革依靠人民、改革成果由人民公平共享"这一改革的初衷、动力和原则。

人民群众是历史的创造者，我国改革开放之所以能够取得如此巨大的成就，其中一条重要的经验和方法就是尊重基层群众的首创精神。人民群众对社会生活中存在的突出问题，看得最清楚，感受最深，改革意愿也最强烈。安徽凤阳小岗村的"大包干"、福建企业要求松绑、集贸市场和个体私营经济的出现，都是由人民群众最先发起的，这些事件直接推动了农村、企业以及市场等方面的改革。可以说，人民群众的首创精神是推动改革的原动力。

五、更加注重改革的系统性、整体性、协同性

新时代全面深化改革面对更多深层次的体制机制问题，呈现出很多新的内涵和特点，必须系统推进社会主义市场经济、民主政治、先进文化、和谐社会、生态文明，协同增强推进劳动、知识、技术、管理、资本的活力，让一切创造社会财富的源泉充分涌流，让发展成果更多更公平惠及全体人民。

（一）聚焦全面深化改革总目标

全面深化改革的总目标是完善和发展中国特色社会主义制度，推进国家治理体系和治理能力现代化。全面深化改革的各个领域都要聚焦这一目标，朝着这一方向去努力。各级领导干部在定改革方案、抓改革落实、增改革成效上更加注重系统性、整体性、协同性，这既是全面深化改革的内在要求，也是推进全面深化改革的重要方法。要保证各项改革举措在政策取向上相互配合、在实施过程中相互促进、在改革成效上相得益彰，朝着全面深化改革总目标聚焦发力。

（二）把握好整体推进和重点突破的关系

改革任务的复杂性、艰巨性和敏感性，对改革的系统性、整体性和协同性提出了更高的要求。领导干部要处理好顶层设计和分层对接的关系，更加注重改革措施的相互促进、良性互动、协同配合，在政策制度体系框架下推进各项改革，搞好各方面的有序衔接，确保改革整体联动，发挥"集成效应"。同时，领导干部还要把握主次关系，区分轻重缓急，对关系全局、涉及体系运行关键、有利于提升人民获得感的改革，要放在突出位置，优先抓好落实。要着力把准"牵一发而动全身"的重点领域以及"一子落而满盘活"的关键环节，精准发力，重点突破，整体性推动全面深化改革。

（三）把握好全局和局部的关系

"不谋全局者，不足谋一域。"全面深化改革不再是以往某个领域单个方面的改革，而是关系我国党和人民事业发展全局的重大战略部署。这要触动既得利益者的"奶酪"，还要涉及利益调整等敏感和复杂问题。面对这种形势，处理好全局与局部的关系尤其重要，能否从大局出发，勇于刀刃向内，对涉及自身不合时宜的既得利益进行改革，以实现整体利益的最大化和最优化，是对领导干部党性原则、担当勇气、执政能力等方面的严峻考验。领导干部要树立全局观念、大局意识，把握改革全局，把解决体制性障碍、结构性矛盾、政策性问题统一起来，确保各项改革相互配合、相互促进、相得益彰，自觉抵制以局部利益损害整体利益的分散主义和个体主义。同时也要把全局整体利益和局部利益结合起来，立足整体，统筹兼顾，使全面深化改革不断取得胜利。

第五章
"但得东风先手在"——提高应急处突能力

应急处突能力也是领导干部必备的一项能力。突发事件是指突然发生，造成或者可能造成严重社会危害，需要采取应急处置措施予以应对的自然灾害、事故灾难、公共卫生事件和社会安全事件。[1] 党的二十大报告指出，要增强干部推动高质量发展本领、防范化解风险本领，提高各级领导干部统筹发展和安全能力。应急处突能力是领导干部必须具备的能力之一，领导干部要自觉提高应急处突能力。

第一节 应急处突是党和国家行稳致远的重要支撑

一、突发事件易发多发是我国基本国情

自然灾害频发是我国时常出现突发事件之一，也是一个基本国情。"我国是世界上自然灾害最为严重的国家之一，灾害种类多，分布地域广，发生频率高，造成损失重，这是一个基本国情。"[2] 我国灾荒之多，世界罕有，

---

[1] 中华人民共和国突发事件应对法，http://www.gov.cn/flfg/2007-08/30/content_732593.htm.
[2] 习近平在中央政治局第十九次集体学习时强调 充分发挥我国应急管理体系特色和优势 积极推进我国应急管理体系和能力现代化，载《人民日报》，2019年12月1日，第1版.

西欧学者甚至称我国为"饥荒的国度"（The Land of Famine）。[1] 自公元前 1766 年（商汤十八年）至纪元后 1937 年的 3703 年间，我国共发生水、旱、蝗、雹、风、疫、地震、霜、雪等灾害 5258 次，[2] 平均每 8.5 个月发生一次。

我国的自然灾害具有五个特点。一是灾害种类多。除了现代火山活动外，地球上几乎所有的自然灾害类型在我国都发生过。二是分布地域广。我国 34 个省区市均不同程度受到自然灾害的影响，70% 以上的城市、50% 以上的人口分布在气象、地震、地质、海洋等灾害的高风险区。三是发生频率高。区域性洪涝、干旱每年都会发生，东南沿海地区平均每年有 7 个左右的台风登陆。同时我国大陆地震占全球陆地破坏性地震的 1/3，是世界上大陆地震最多的国家之一。四是灾害损失重。21 世纪以来，我国平均每年因自然灾害造成的直接经济损失超过 3000 亿元。因自然灾害每年大约有 3 亿人次受灾。五是灾害风险高。近年来，随着全球气候变暖，导致我国极端天气气候事件多发频发，高温、洪涝、干旱的风险进一步加剧，地质灾害风险也越来越高。这些高灾害风险区又都集中在东部人口密集和经济发达地区。[3]

除自然灾害外，"我国各类事故隐患和安全风险交织叠加、易发多发，影响公共安全的因素日益增多。"[4] 安全生产事故、公共卫生事件、社会安全事件等突发事件时有发生。

---

[1] 邓拓:《中国救荒史》，7 页，武汉，武汉大学出版社，2012。

[2] 邓拓:《中国救荒史》，39 页。

[3] 中国政府网：新闻办就新时代应急管理事业改革发展情况举行发布会，http://www.gov.cn/xinwen/2019-09/18/content_5430891.htm，2020-12-06。

[4] 习近平在中央政治局第十九次集体学习时强调　充分发挥我国应急管理体系特色和优势　积极推进我国应急管理体系和能力现代化，载《人民日报》，2019 年 12 月 1 日，第 1 版。

二、应急处突为党和国家发展保驾护航

（一）我党我军的战争经验为应急处突提供了借鉴

我党我军浴血奋战的历史，给我们留下了弥足珍贵的历史经验。战争中经常发生紧急情况，老一辈无产阶级革命家领导战争的历史经验为应急处突提供了借鉴。

1940年8月，陈毅、粟裕领导新四军以黄桥为中心创建了抗日民主根据地。当时，我军在根据地的人员较少，全部人员只有7000余人，能参加战斗的只有5000余人。此时，韩德勤亲自指挥3万兵力，进攻根据地，妄图消灭我军。大敌压境，敌众我寡，兵力相差6倍。而且在装备上，我军也处于明显的劣势。危机时刻，我军如何应对？如果集中全部兵力坚守黄桥，最多只能守住阵地，但不能消灭敌人。陈毅、粟裕沉着冷静研判形势后，决定采用诱敌深入、各个击破的方针消灭敌人。而在作战顺序上，我军出奇兵，首战选择了敌人战斗力最强的翁达独立第6旅。该旅3000多人，装备精良，训练有素。我军只留四分之一兵力守卫黄桥，主力部队在翁旅行进过程中，找准时机，将其分成几段，全部歼灭，中将旅长翁达自杀。之后，我军士气大振，取得了黄桥决战的重大胜利，"完成了中央挺进苏北，夺取苏北抗战领导权的历史任务"[1]。

粟裕将军正确决策是我军转危为安、转危为"机"的关键。粟裕将军的决策过程，对于领导干部应急决策很有借鉴意义。"那段时间，33岁的粟裕总是站在地图前，一看就是半天，参谋们知道，他沉默不语，就是要打大仗了。"[2] 粟裕将军临阵不乱，反复研究敌我形势，打破常规，制定出

---

[1] 《中国抗日战争军事史料丛书编审委员会.新四军·回忆史料2》，206页，北京，解放军出版社，2015。

[2] 中华人民共和国国防部：先辈战斗故事：粟裕黄桥决战7000人吃掉3万人，http://www.mod.gov.cn/education/2015–03/24/content_4598588.htm。

大胆而缜密的作战方案，为我们树立了紧急情况下决策的典范。

黄桥决战的胜利是与我军有效的战争动员和战斗准备分不开的。我军战前动员了数千民兵和群众，和部队一起修筑工事，组建了救护站和担架队。"家家磨面、烧水、烙饼，仅黄桥镇上就动员了60多个烧饼炉为前线烘烧饼。由此诞生了以后广为流传的《黄桥烧饼》歌。"[1] 充分的战前准备，是战斗胜利的重要支撑。这也启示我们，应急准备是应急处突的重要一环。

（二）新中国应急处突逐渐展现自己的特色和优势

"新中国成立后，党和国家始终高度重视应急管理工作，我国应急管理体系不断调整和完善，应对自然灾害和生产事故灾害能力不断提高，成功应对了一次又一次重大突发事件，有效化解了一个又一个重大安全风险，创造了许多抢险救灾、应急管理的奇迹，我国应急管理体制机制在实践中充分展现出自己的特色和优势。"[2]

1. 应对自然灾害能力逐渐增强

新中国成立70多年来，在党和政府的领导下，我国积极开展防灾减灾工作，对以前多灾的大江大河进行了系统治理，兴修水利工程，大力开展植树造林活动，抵御自然灾害的能力逐渐增强。每当自然灾害发生后，党和政府都领导人民众志成城抢险救灾，取得了同自然灾害做斗争的伟大胜利。我们成功应对了1976年的唐山大地震、1998年的特大洪水、2008年的南方雨雪冰冻灾害和汶川特大地震、2010年的青海玉树地震等自然灾害，防灾、减灾、救灾成就有目共睹。特别是党的十八大以来，我国自然灾害管理体系不断优化，自然灾害防治能力明显增强，救灾救助能力显

---

[1] 《中国抗日战争军事史料丛书编审委员会.新四军·回忆史料2》，201–202页，北京，解放军出版社，2015。

[2] 习近平在中央政治局第十九次集体学习时强调　充分发挥我国应急管理体系特色和优势　积极推进我国应急管理体系和能力现代化，载《人民日报》，2019年12月1日，第1版。

著提升，我国防灾减灾救灾体系经受了严峻考验，成功应对了九寨沟地震、"利奇马"超强台风、2020年南方洪涝灾害等重特大自然灾害，最大程度减少了人民群众生命财产损失，为经济社会发展提供了安全稳定环境。

在防灾减灾、抢险救灾过程中，党和政府领导人民创造了很多奇迹。例如，2008年，汶川特大地震发生后，紧邻震中的绵阳市安县桑枣中学就创造了无一伤亡的抗震奇迹。该校有一栋80年代修建的教学楼，叶志平校长想方设法不断加固。加固费用远远超出了当年的建设费用。加固后的教学楼在地震初期没有倒塌，为师生撤离留出了宝贵的时间。

与此同时，学校还制订了应急撤离方案规定了每个班的应急疏散路线。要求学生先撤离，老师后撤离；坐在前4排的学生从教室前门撤离，坐在后4排的学生从教室后门撤离；离开教室后，每班一列，两个班同时通过楼梯；撤离时，每个楼梯拐弯处，安排老师值守，避免发生踩踏；要求2楼和3楼的学生快速撤离，4楼和5楼的学生撤离速度稍慢，避免楼道拥挤；到达操场后，各班在指定位置集合。此外，学校还定期组织应急演练。演练当周提前通知学生，但不通知具体日期。演练时，通过高音喇叭突然通知"全校紧急疏散"。全体学生和老师立即按照应急方案有序撤离。演习结束后，讲评存在的问题和需要改进的地方。

由于桑枣中学教学楼没有倒塌，应急预案制定科学、细致，应急演练到位，汶川特大地震发生后，全校2300多名师生只用1分36秒即完成撤离[1]，无一伤亡，创造了8级大地震无伤亡的奇迹。2008年5月29日，桑枣中学被教育部首批授予"抗震救灾先进集体"称号。[2]

---

[1] 央视网：一位校长创造抗震奇迹：安县桑枣中学师生无一伤亡，http://news.cctv.com/society/20080524/102644_2.shtml.
[2] 中华人民共和国教育部：教育部关于表彰首批中小学抗震救灾优秀学生和先进集体的决定，http://www.moe.gov.cn/srcsite/A06/s3325/200805/t20080529_81902.html.

桑枣中学的抗震奇迹得益于该校有强烈的防范意识、完备的应急预案和严格的应急演练。这一奇迹也充分说明，"防范胜于救灾"，防范措施到位，可以避免突发事件爆发时的重大损失；科学有效的应急预案和应急演练，是应对突发事件的有效措施。

2. 事故灾难预防控制卓有成效

新中国成立以来，党和国家高度重视安全生产工作，安全生产监督管理体制逐渐完善。新中国成立后一直由工业经济部门负责行业监管，劳动部门履行综合监管和行政监察职责；1998 年改由国家综合经济部门及其附属机构对安全生产实施监管监察；2003 年，国务院设立专门机构履行安全生产综合监管职能。[1] 在安全管理实践基础上，逐渐确立了"安全第一、预防为主、综合治理"的方针、"以人为本、生命至上"的理念、安全生产红线意识和"党政同责、一岗双责、齐抓共管、失职追责"的原则。

国家对安全的认识不断深化，重视程度不断提高。新中国成立后，提出"安全为了生产、生产必须安全"；改革开放后，倡导"安全第一、预防为主"；2005 年提出"安全发展、生命至上"；党的十八大以来，把安全与发展并称为两件大事，不断推进安全治理体系和治理能力现代化；党的二十大报告提出，建立大安全大应急框架，推动公共安全治理模式向事前预防转型。

党和政府高度重视安全工作，党的十四大以来的，中国共产党历次全国代表大会报告均提到"安全"，且提到的次数逐渐增多，详见图 1。党的二十大报告共提到 91 次，远远超过了以前，这也说明国家对安全的重视程度不断提高。

特别是 2002 年《安全生产法》颁布以来，生产安全事故死亡人数逐

---

[1] 朱义长：《中国安全生产史（1949—2015）》，62 页，北京，煤炭工业出版社，2017。

年下降。生产事故死亡人数已由2005年的12.70万人下降到2022年的2.10万人,降幅达到83.49%,详见图2。

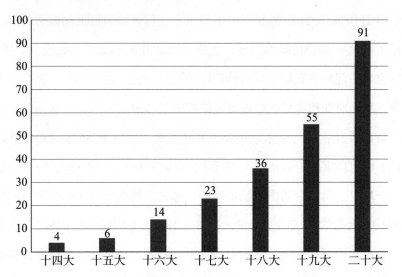

图1　历次全国党代会报告提到"安全"的次数

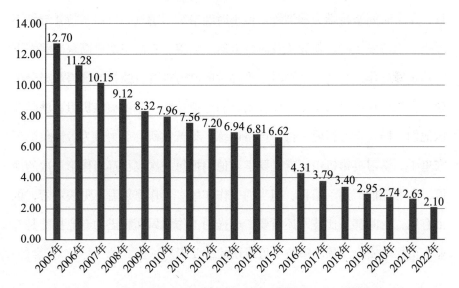

图2　2005—2022年全国各类生产安全事故死亡人数趋势图

(数据来源:国家统计局历年国民经济和社会发展统计公报)

在预防安全生产事故方面也创造了很多奇迹，川航3U8633航班空中遇险后的成功处置就是其中一例。电影《中国机长》生动再现了2018年5月14日川航3U8633航班在万米高空发生驾驶舱风挡玻璃爆裂脱落、座舱释压险情后成功备降的过程。英雄机组的壮举感动了无数观众。同时，影片也是一部航空运输遇到险情后成功应急处突、转危为安、化险为夷的生动教案，对如何做好应急处突工作带来了启示。

高素质专业人员是保障安全的关键因素。川航3U8633成功备降的关键在于机组精湛的专业素质。习近平总书记赞扬机组"所做的每一个判断、每一个决定、每一个动作都是正确的，都是严格按照程序操作的"，[1]对机组的专业素质给予了高度肯定。责任机长刘传健说："飞行员这个职业就是与非正常情况打交道，谁也不知道下一刻发生什么；当你认为没有错误的时候，错误就一定会来找你。"[2]正是有了这样的认识，他才能27年如一日，业余时间坚持学习和训练。他平时经常练习憋气，可以坚持4分钟不呼吸。险情发生时，他无法及时戴上氧气面罩，在高空缺氧高寒的状态下能够正确操作，得益于他平时异乎寻常的刻苦训练。险情处置得当充分体现了责任机长严谨的工作作风和精湛的专业技能。学习英雄机组，就是要像他们一样，干一行爱一行，严格训练，刻苦钻研，努力成为各岗位的行家里手。学习英雄机组，就是要学习他们把每一次飞行都当作第一次的谨慎，学习他们严谨、慎独、担当的工作作风。工作作风看不见摸不着，但很有用，有时甚至比技术还重要。严谨的工作作风和精湛的专业技能是专业人员保障安全、预防事故不可或缺的重要素质。

---

[1] 人民网：习近平：学习英雄事迹 弘扬英雄精神 将非凡英雄精神体现在平凡工作岗位上，http://cpc.people.com.cn/n1/2018/1001/c64094-30324072.html.

[2] 成都高招专访川航备降机长刘传健副驾身体飞出一半，https://www.163.com/dy/article/DHPKCMJK051492T3.html.

设施设备是保障安全的重要因素。川航 3U8633 航班险情起于驾驶舱风挡玻璃爆裂脱落,足见设施设备对于安全生产的重要性。我们要加大科技投入,增强创新能力,重视关键设备、关键部件研发生产,不断提高装备的安全性和可靠性,为安全生产提供坚强保障;也要加强设施设备的维护管理,及时发现和消除设备故障,始终把设施设备保持在安全可用状态;还要做好设备使用前的检查和运行中的监控,确保设备运行期间安全正常。

应急保障能力是减少事故伤亡的关键因素。川航 3U8633 险情发生后,民航行政管理部门先后启动了三级和二级应急预案。民航各单位及军队有关部门通力合作,让出空域,调整航班,腾出跑道,为事故飞机安全备降创造了条件。机组的反应也体现出超强的应急反应能力。机组成员分工协作,责任机长操控飞机;副机长调整应答机编码;第二机长向空管传递信息,协助责任机长工作;乘务组启动客舱释压应急程序,安抚旅客。近乎完美的应急处置是飞机成功备降的决定因素。"凡事预则立,不预则废。"健全应急管理组织体系,建设专业的应急队伍,编制有效的应急预案,开展足够的应急演练,是应急管理的必要内容。

隐患排查治理是预防事故的重要手段。德国飞机涡轮机的发明者帕布斯·海恩研究发现,每一起严重事故背后,必然有 29 次轻微事故、300 个事故征候和 1000 个安全隐患,这就是著名的"海恩法则"。"海恩法则"说明,只要我们及时发现隐患,并妥善控制或消除隐患,事故就是可防可控的。因此,隐患排查治理是预防事故的重要手段。只要我们建立隐患排查机制,完善风险防控体系,以对安全隐患零容忍的态度加大隐患排查和整治力度,安全管理水平是可以不断提高的。

危险随时都有可能发生,如何保障人民生命财产安全?川航 3U8633 成功备降告诉我们:既要培养大家的安全意识、安全理念,更要有实实在在的准备和预防措施。要加强"三基"建设，培养造就大批各岗位的高素质专业人员；重视设施设备管理，保证设备安全运行；提高应急保障能力，险情面前减少伤亡；做好隐患排查治理，做到防患于未然。

"在这次重大突发事件中，机组临危不乱、果断应对、正确处置，避免了一场灾难的发生，反映出高超的技术水平和职业素养，弘扬了忠诚担当的政治品格、严谨科学的专业精神、团结协作的工作作风、敬业奉献的职业操守这一当代民航精神，是对民航局近年来抓基层、打基础、苦练基本功和提升应急能力建设成效的一次重大检验"。[1]

3. 把防疫当作重大政治任务

新中国成立以来，党和国家高度重视人民群众健康问题，始终把防疫工作看作一项重大政治任务。[2] 70多年来，我国大力发展医疗卫生事业，开展爱国卫生运动，实施国家免疫规划，消灭天花、脊髓灰质炎等传染病，多数疫苗可预防的传染病发病率降至历史最低水平，主要传染病发病率显著下降，成功处置SARS、H7N9禽流感等重大突发疫情，卫生应急救援能力达到世界先进水平。[3]

新中国成立初期，毛泽东同志亲自领导消灭了血吸虫病。血吸虫病流行广、传染强、致死率高，在我国流行2000多年。在国民党统治时期，也开展了血吸虫病防治工作，但因领导不力，效果不明显。1953年9月，沈钧儒注意到血吸虫病的危害，给毛泽东同志写信，建议加强血吸虫病防治工作。毛泽东同志很快回信，并强调："血吸虫病危害甚大，必须着重防治。"[4]

---

[1] 中国民用航空局：民航局通报川航3U8633航班风挡玻璃空中爆裂事件，http://www.caac.gov.cn/XWZX/MHYW/201805/t20180516_187977.html.

[2] 20世纪50年代党领导消灭血吸虫病的历史经验，载《光明日报》，2020年4月15日，第11版。

[3] 卫生健康事业发展变化翻天覆地，http://health.people.com.cn/n1/2019/0927/c14739-31375744.html.

[4] 20世纪50年代党领导消灭血吸虫病的历史经验，载《光明日报》，2020年4月15日，第11版。

为了加强对血吸虫病防治工作的领导，党中央成立了中央防治血吸虫病领导小组，血吸虫病流行地区也建立了相应的领导机构。毛泽东同志要求"要把消灭血吸虫病作为当前的政治任务"，大大提高了党员干部防治血吸虫病的意识。为了做到科学防治，党中央成立了中央防治血吸虫病研究委员会，领导防治研究工作。加强宣传教育和思想动员，通过报纸、广播、墙报等宣传防治知识。防治过程注重中西结合，发挥了中医药的作用。血吸虫病防治涉及消灭钉螺、治疗病人、管理粪便、安全用水、个人防护等多个环节，通过结合农业生产实际，广泛发动群众，因地制宜，综合施策，最终消灭了血吸虫病。[1]

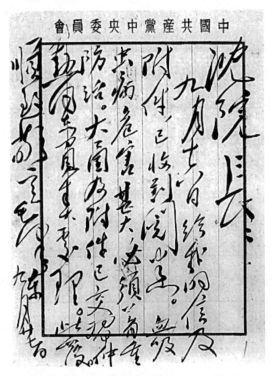

图 3　毛泽东就防治血吸虫病致沈钧儒的信（1953 年 9 月 27 日）

---

[1] 20 世纪 50 年代党领导消灭血吸虫病的历史经验，载《光明日报》，2020 年 4 月 15 日，第 11 版。

2020年初，武汉暴发新冠疫情。党中央统揽全局、果断决策，领导全国人民，"用1个多月的时间初步遏制疫情蔓延势头，用两个月左右的时间将本土每日新增病例控制在个位数以内，用3个月左右的时间取得武汉保卫战、湖北保卫战的决定性成果，进而又接连打了几场局部地区聚集性疫情歼灭战，夺取了全国抗疫斗争重大战略成果。"[1]

4.规范政府行为，防范社会安全事件

2008年6月，贵州省瓮安县发生的"6·28"事件。其起因是家属对贵州省瓮安三中初二年级女学生李树芬死因鉴定结果不满，死者家属聚集到瓮安县政府和县公安局上访。在有关负责人接待过程中，一些人煽动不明真相的群众冲击县公安局、县政府和县委大楼，最终酿成严重打砸抢烧突发事件。瓮安之乱，根本是公权力运行出了问题。

三年后，瓮安县经历了从大乱到大治，从民心离散到民心重聚，从矛盾综错到浴火重生的巨大变化。瓮安的经验表明，作为一个执政党，特别是唯一的执政党，高度重视对手中权力的规范和约束，是防止陷入"人亡政息"历史周期率的根本途径；要管住权力，规范权力的运行，必须在建立一套环环相扣、首尾连接、闭合的制度体系上下功夫。[2]

战争年代积累的战争经验为应急处突提供了借鉴。新中国成立以来，我国应急管理体制机制逐渐完善，应急处突经验逐渐丰富，有效保障了国家的改革、发展和稳定大局。实践证明，应急处突是党和国家行稳致远的重要支撑。

---

[1] 习近平：《在全国抗击新冠疫情表彰大会上的讲话》，4页，北京，人民出版社，2020。
[2] 中共中央党校党建教研部课题组，蔡志强，谢峰，王长江：执政科学化：瓮安由乱到治的经验与启示，载《中国党政干部论坛》，2012年第5期，第28–31页。

第二节　新时代提高应急处突能力的必要性和紧迫性

习近平总书记强调:"应急管理是国家治理体系和治理能力的重要组成部分,承担防范化解重大安全风险、及时应对处置各类灾害事故的重要职责,担负保护人民群众生命财产安全和维护社会稳定的重要使命。要发挥我国应急管理体系的特色和优势,借鉴国外应急管理有益做法,积极推进我国应急管理体系和能力现代化。"[1] 习近平总书记的关于应急管理的重要指示是做好应急工作的根本遵循。落实习近平总书记关于应急管理的重要指示,就必须提高各级领导干部的应急处突能力。特别是在当今国际国内环境下,提高领导干部应急处突能力显得越来越迫切。

一、新时代提高应急处突能力的必要性

(一)提高应急处突能力是践行党的初心使命的必然要求

民本思想在我国源远流长,古圣先贤有很多精辟论述。《尚书》就有"民惟邦本,本固邦宁"[2] "天视自我民视,天听自我民听"[3] 的论述。孔子说"君子务本,本立而道生。"[4] 贾谊认为:"闻之于政也,民无不为本也。国以为本,君以为本,吏以为本。故国以民为安危,君以民为威侮,吏以民为贵贱,此之谓民无不为本也。"[5] 治国理政中的民本思想已成为中华民族的普遍共识。

中国共产党人的初心和使命,就是为中国人民谋幸福,为中华民族谋

---

[1] 习近平在中央政治局第十九次集体学习时强调　充分发挥我国应急管理体系特色和优势　积极推进我国应急管理体系和能力现代化,载《人民日报》,2019年12月1日,第1版。
[2] 尚书·夏书·五子之歌。
[3] 尚书·周书·秦誓中。
[4] 论语·学而。
[5] 贾谊.新书·大政上。

复兴。这是对中国古代民本思想的继承和发扬。2019年6月24日在十九届中央政治局第十五次集体学习时习近平总书记强调："回顾党的历史，为什么我们党在那么弱小的情况下能够逐步发展壮大起来，在腥风血雨中能够一次次绝境重生，在攻坚克难中能够不断从胜利走向胜利，根本原因就在于不管是处于顺境还是逆境，我们党始终坚守为中国人民谋幸福、为中华民族谋复兴这个初心和使命，义无反顾向着这个目标前进，从而赢得了人民衷心拥护和坚定支持。"[1]

为人民谋幸福，为民族谋复兴，满足人民日益增长的美好生活需要，就必须保护好人民的生命，确保人民安居乐业，保持社会安定有序，维护国家长治久安。人的生命是最可宝贵的，也是幸福和发展的前提。突发事件往往威胁人的生命，打破正常生产生活秩序，严重影响人民群众的获得感、幸福感、安全感。减少突发事件，降低意外伤亡，是人民的呼声。提高应急处突能力，做好应急处突工作，是新时代践行党的初心使命的必然要求。

（二）提高应急处突能力是保障国家安全发展的必然要求

我国自古就把应急处突作为保障国家安全发展的重大举措。如早在先秦时期管仲就阐述了应急处突对保障国家安全发展的重大意义。他写道："故善为国者，必先除其五害""水，一害也；旱，一害也；风雾雹霜，一害也；厉，一害也；虫，一害也。此谓五害。……五害已除，人乃可治"。[2] 管仲认为，水灾、旱灾、风雾雹霜、瘟疫、虫灾关系国家安全发展，防治自然灾害和瘟疫是治国理政的重要内容。

---

[1] 求是网：习近平：牢记初心使命，推进自我革命，http://www.qstheory.cn/dukan/qs/2019-07/31/c_1124819127.htm。

[2] 管子·度地。

历史经验表明，应急处突能力与国家安全密切相关。历史上，因处理自然灾害不当而引发社会动荡甚至政权更迭的例子不胜枚举。"从周幽王到溥仪皇帝，共有 19 个帝王在地震当年、次年或者连续几年地震后发生更替。"[1] 清王朝从乾隆中叶起，因贵族官僚大肆贪污腐败，土地兼并，加剧贫富分化，统治危机不断加深，应急处突能力大为削弱，灾荒日益频繁，灾害破坏社会经济，加深政治危机，政治危机深化又造成更多更大的人祸，人祸天灾恶性循环，成为清朝灭亡的重要原因。[2]

中国共产党要领导全国各族人民实现第二个百年奋斗目标、实现中华民族伟大复兴的中国梦，就必须统筹好发展和安全。安全是发展的基础和前提，提高应急处突能力是保障国家安全发展的必然要求。

（三）提高应急处突能力是彰显国家制度优势的必然要求

新中国成立以来，我国应急处突的伟大成就体现了中国特色社会主义制度的优越性，特别是 2020 年以来的抗疫斗争，使全世界认识到中国制度的优越性。

2020 年，习近平总书记在全国抗击新冠疫情表彰大会上指出："我国社会主义制度具有非凡的组织动员能力、统筹协调能力、贯彻执行能力，能够充分发挥集中力量办大事、办难事、办急事的独特优势，这次抗疫斗争有力彰显了我国国家制度和国家治理体系的优越性。"[3] 为支援武汉抗疫，国家调派了 330 多支医疗队、41600 多名医护人员驰援。通过复工复产、扩能增产，防护服日产量从疫情初期的不足 2 万件，迅速达到 50 万件，N95 口罩从 20 万只达到了 160 万只。"我们举全国之力实施规模空前的生

1　洪向华：《领导干部治理能力十讲》，115 页，北京，人民出版社，2020。
2　胡克刚：试论晚清时期灾荒及其政治后果，载《湘潭师范学院学报（社会科学版）》，1992 年第 5 期，第 19-24 页。
3　习近平：《在全国抗击新冠疫情表彰大会上的讲话》，19 页。

命大救援,用10多天时间先后建成火神山医院和雷神山医院、大规模改建16座方舱医院、迅速开辟600多个集中隔离点,19个省区市对口帮扶除武汉以外的16个市州,最优秀的人员、最急需的资源、最先进的设备千里驰援,在最短时间内实现了医疗资源和物资供应从紧缺向动态平衡的跨越式提升。"[1]

新冠的治疗费用全部由国家承担。确诊患者的医疗费用,在基本医保、大病保险、医疗救助等按规定支付后,个人负担部分由国家承担。[2] 解决了患者就医的后顾之忧,避免了更大范围的传染。"中国特色社会主义财富(商品)价值分配方式的人民性彰显了中国特色社会主义基本经济制度的优越性。"[3]

中国在抗疫过程中所采取的系列应急措施,是十分有效的。武汉封城、湖北封省、其他地区严格管制,有效控制了疫情传播。中国的应急措施,涉及物资调运、人员增援、跨省合作、行业协调、社会治安、后勤保障等,是一套复杂的系统工程,充分发挥了我国独特的制度优势,得到了世界卫生组织官员的高度评价。"世界上少有国家可以如此进行有效操作,中国特色的举国体制在抗击疫情中发挥了重要作用。"[4]

但是,我们也要清醒地看到,当前的国内外形势给应急处突提出了更高的要求,我国在应急处突方面仍然存在一些短板和不足。要把中国的制度优势转化为治理效能,实现我国应急处突水平的全面提高,满足国家发展需要,仍然需要进一步提高领导干部的应急处突能力。

---

[1] 习近平:《在全国抗击新冠疫情表彰大会上的讲话》,6—7页。
[2] 中国政府网:财政部国家卫生健康委关于新型冠状病毒感染肺炎疫情防控有关经费保障政策的通知,https://www.gov.cn/zhengce/zhengceku/2020–01/30/content_5473079.htm。
[3] 钱智勇,刘思远:疫情下中国特色社会主义基本经济制度的优越性透析,载《当代经济管理》,2020年第42卷第6期,第1—5页。
[4] 陈柏峰:风险社会的技术治理与应急决策——以新冠疫情的早期处置为中心,载《中国法律评论》,2020年第2期,第2—17页。

二、新时代提高应急处突能力的紧迫性

（一）自然灾害依然易发多发

如前文所述，我国自古以来就是自然灾害易发频发的国家。全球气候变暖背景下，我国极端天气气候事件多发频发，高温、暴雨、洪涝、干旱等自然灾害易发高发。随着城镇化、工业化持续推进，基础设施、高层建筑、城市综合体、水电油气管网等加快建设，产业链、供应链日趋复杂，各类承灾体暴露度、集中度、脆弱性不断增加，多灾种集聚和灾害链特征日益突出，灾害风险的系统性、复杂性持续加剧。[1]

2022年，受极端灾害天气影响，发生珠江流域性洪水、辽河支流绕阳河决口、青海大通及四川平武和北川山洪灾害、长江流域夏秋冬连旱以及南方地区森林火灾等重大灾害，四川泸定6.8级地震造成重大人员伤亡。全年各种自然灾害共造成1.12亿人次受灾，因灾死亡失踪554人，紧急转移安置242.8万人次；倒塌房屋4.7万间，不同程度损坏79.6万间；农作物受灾面积12071.6千公顷；直接经济损失2386.5亿元。[2] 防灾、减灾、救灾依然是我们面临的重要任务。

（二）安全生产形势依然严峻

目前，安全生产仍处于爬坡过坎期，各类安全风险隐患交织叠加，生产安全事故仍然易发多发。我国安全生产基础薄弱的现状短期内难以根本改变，危险化学品、矿山、交通运输、建筑施工等传统高危行业和消防领域安全风险隐患仍然突出，各种公共服务设施、超大规模城市综合体、人

---

[1] 中国政府网：国家减灾委员会关于印发《"十四五"国家综合防灾减灾规划》的通知，https://www.gov.cn/zhengce/zhengceku/2022-07/22/content_5702154.htm。
[2] 中华人民共和国应急管理部：应急管理部发布2022年全国自然灾害基本情况，https://www.mem.gov.cn/xw/yjglbgzdt/202301/t20230113_440478.shtml。

员密集场所、高层建筑、地下空间、地下管网等大量建设，导致城市内涝、火灾、燃气泄漏爆炸、拥挤踩踏等安全风险隐患日益凸显，重特大事故在地区和行业间呈现波动反弹态势。

全国生产安全事故起数和死亡人数虽然20多年来持续大幅度下降，但2022年的死亡人数仍有2.10万人。我国仍处于安全生产事故易发阶段，重特大事故仍然时有发生。

2022年以来，已发生3起特别重大事故：2022年4月29日，湖南省长沙市望城区金山桥街道金坪社区盘树湾组发生一起特别重大居民自建房倒塌事故，造成54人死亡；2022年11月21日，河南省安阳市文峰区安阳市凯信达商贸有限公司发生特别重大火灾事故，造成42人死亡；2023年2月22日，内蒙古自治区阿拉善盟李井滩生态移民示范区内蒙古新井煤业有限公司露天煤矿发生特别重大坍塌事故，造成53人死亡。

2023年1—9月，已发生多起重大事故，包括1月8日江西省南昌市大货车冲撞人群重大道路交通事故、1月15日辽宁省盘锦浩业化工有限公司重大爆炸着火事故、4月17日浙江省金华市武义县凤凰山工业区厂房重大火灾事故、5月1日山东省鲁西双氧水新材料科技有限公司重大爆炸着火事故、7月23日黑龙江省齐齐哈尔市第三十四中学体育馆重大事故、8月21日陕西省延安市延川县新泰煤矿重大瓦斯爆炸事故、9月7日内蒙古自治区鄂尔多斯市亿鼎生态农业开发有限公司重大高压气体泄漏事故等。

从安全生产来看，我国仅用几十年时间就走完发达国家几百年走过的工业化历程，但工业化、城镇化、农业现代化、信息化并联发展，带来的事故隐患多与本质安全水平低叠加、历史风险累积和新业态新风险叠加的问题也很突出，尤其我们是一个十四亿多人口的大国，城乡间、地区间、行业间生产力发展水平不平衡，这决定了我国安全生产比任何国家都要艰难复杂。[1]因此，安全生产形势依然严峻复杂。

（三）公共卫生事件危害增大

随着全球化的发展，公共卫生事件的影响越来越大。以新冠疫情为例，疫情暴发以来，已给全球公共卫生和经济发展带来巨大冲击。据世卫组织估算，2020年1月1日至2021年12月31日，与新冠疫情直接或间接相关的全部死亡人数约为1491万人，实际范围在1330万至1660万之间。[2]新冠疫情对全球带来了史无前例的负面影响，这一影响直到目前仍未完全消除。新冠疫情的暴发警醒我们要高度关注公共卫生事件风险的防范。

（四）社会安全事件风险增多

从国内看，中国已从一个对风险没有概念的社会，变成一个让很多人感觉危机四伏的风险社会。在个人层面，工作、生活、学习、交友、婚姻、财富、健康面临越来越多的不确定性；在社会层面，环境污染、粮食安全、食品安全、恐怖主义、公共安全等各种风险，都成为社会稳定和国家治理的重要议题。[3]习近平总书记强调："我国改革进入攻坚期和深水区，社会稳定进入风险期，各种一般矛盾和深层次矛盾交织叠加，一些重大问题敏感程度明显增大，处理不慎极易影响社会稳定。"[4]控制社会安全风险、保持社会稳定的任务比较艰巨。

---

1 王祥喜：坚定走好新时代中国特色应急管理之路，载《党委中心组学习》，2023年第4期。
2 新华社：世卫组织：两年间新冠疫情直接或间接造成近1500万人死亡，https://baijiahao.baidu.com/s?id=1732041598047466142&wfr=spider&for=pc. 2022–05–06.
3 陈柏峰，风险社会的技术治理与应急决策——以新冠疫情的早期处置为中心，载《中国法律评论》，2020年第2期，第2–17页。
4 中共中央党史和文献研究院：《习近平关于防范风险挑战、应对突发事件论述摘编》，230页，北京，中央文献出版社，2020。

从国际上看，近年来，全球恐怖主义、极端主义出现蔓延趋势，对人类社会造成了重大威胁。2001年9月11日，美国发生震惊世界的恐怖袭击事件，共造成2996人死亡。2002—2017年，印度尼西亚、西班牙、俄罗斯、英国、印度、挪威、肯尼亚、法国、比利时、德国、土耳其、埃及等国接连发生恐怖袭击事件，造成大量人员伤亡。根据澳大利亚智库经济与和平研究所（IEP）发布的《2023年全球恐怖主义指数报告》统计显示，2022年全球共发生恐怖袭击事件3955起，全球因恐怖主义造成的死亡人数为6701人。[1] 虽然恐怖袭击事件及其造成的死亡人数较之前有所下降，但防范恐怖主义仍值得关注。

提高应急处突能力是践行党的初心使命、保障国家安全发展和体现我国制度优越性的必然要求。"当前，改革发展稳定任务之重、矛盾风险挑战之多、治国理政考验之大都是前所未有的。"[2] 自然灾害依然易发多发，安全生产形势依然严峻，公共卫生事件的负面影响增大，引发社会安全事件的风险增多。在全球化背景下，突发事件的影响不再仅仅局限在首发地。局部突发事件很可能会产生全球性破坏，甚至引发全球性灾难。因此，提高领导干部应急处突能力既非常必要，又十分迫切。

第三节　领导干部提高应急处突能力的举措和途径

2020年10月10日，习近平总书记在中央党校（国家行政学院）中青年干部培训班开班式上强调："年轻干部要提高应急处突能力。预判风险是防范风险的前提，把握风险走向是谋求战略主动的关键。要增强风险

---

[1]《2023年全球恐怖主义指数报告》内容摘要，https://roll.sohu.com/a/69663045-121123920.
[2]《习近平谈治国理政（第三卷）》，74页。

意识,下好先手棋、打好主动仗,做好随时应对各种风险挑战的准备。要努力成为所在工作领域的行家里手,不断提高应急处突的见识和胆识,对可能发生的各种风险挑战,要做到心中有数、分类施策、精准拆弹,有效掌控局势、化解危机。要紧密结合应对风险实践,查找工作和体制机制上的漏洞,及时予以完善。"[1] 习近平总书记的重要指示为领导干部提高应急处突能力指明了方向。

一、摒弃错误思想干扰,提高应急处突的责任担当

(一)重视救灾抢险,更重预先防范

《汉书·霍光传》记载了"曲突徙薪"的故事。"客有过主人者,见其灶直突,傍有积薪。客谓主人:'更为曲突,远徙其薪;不者,且有火患。'主人嘿然不应。俄而,家果失火,邻里共救之,幸而得息。于是杀牛置酒,谢其邻人,灼烂者在于上行,余各以功次坐,而不录言曲突者。人谓主人曰:'乡使听客之言,不费牛酒,终亡火患。今论功而请宾,曲突徙薪亡恩泽,焦头烂额为上客耶?'主人乃寤而请之。"可见,重视救灾抢险,忽视预先防范自古有之。

诚然,救灾抢险要求急,刻不容缓,而且做在"明处",普遍受到关注,做出成绩易受肯定;但预先防范的紧迫性没有救灾抢险突出,而且做在"暗处",很少受到关注,做出成绩很少被人注意。而且,很多时候预先防范的工作做得多,自己任内不一定能见到效果,很可能是"前人栽树后人乘凉"。所以,个别领导干部不愿意做预先防范的工作。

然而,当突发事件发生时,预先防范措施做得如何,就会一目了然。

---

[1] 习近平在中央党校(国家行政学院)中青年干部培训班开班式上发表重要讲话强调 年轻干部要提高解决实际问题能力 想干事能干事干成事,载《人民日报》,2020年10月10日,第1版。

汶川特大地震发生后，桑枣中学的零伤亡，凸显了叶志平校长坚持应急疏散演练的先见之明。川航3U8633航班空中遇险，风挡玻璃脱落后，英雄机长刘传健手动驾驶飞机成功备降，凸显了刘传健机长几十年如一日"用百分之百的努力对付万分之一的隐患""再坚持一下，再完美一点"的价值所在和使命担当。

当记者问刘传健"现在回过头去看，'5·14'事件对你意味着什么呢？"刘传健说："创造奇迹的不是一个人、一瞬间，而是一群人和一辈子。我只是履行了自己的职责。"[1] 预先做好防范，防范重大风险隐患，做好应急准备，这是我们每一名领导干部的神圣职责。对此，习近平总书记深刻地指出："各种矛盾风险挑战源、各类矛盾风险挑战点是相互交织、相互作用的。如果防范不及、应对不力，就会传导、叠加、演变、升级，使小的矛盾风险挑战发展成大的矛盾风险挑战，局部的矛盾风险挑战发展成系统的矛盾风险挑战，国际上的矛盾风险挑战演变为国内的矛盾风险挑战，经济、社会、文化、生态领域的矛盾风险挑战转化为政治矛盾风险挑战，最终危及党的执政地位、危及国家安全。"[2] 所以，我们要摒弃重视救灾抢险、忽视预先防范的错误思想，认真做好风险防范，始终做到防患于未然。

（二）克服麻痹思想，做到居安思危

习近平总书记一再强调："增强忧患意识，做到居安思危，是我们治党治国必须坚持的一个重大原则。"[3] 然而，个别领导干部对自己分管的业务，不是居安思危，主动查找隐患，消除隐患；而是过分乐观，相信自己

---

1 刘韶滨：以生命的名义捍卫最高职责——记四川航空"中国民航英雄机长"刘传健，载《中国民航报》，2018年10月29日，第1版。
2 《习近平谈治国理政（第二卷）》，222页，北京，外文出版社，2017。
3 《习近平谈治国理政（第一卷）》，200页，北京，外文出版社，2014。

的运气好,不肯扎实做好防范。对于应急处突来说,过于乐观并不可取。唐代诗人杜荀鹤写过一首题为《泾溪》的七言古诗:

泾溪

泾溪石险人兢慎,终岁不闻倾覆人。

却是平流无石处,时时闻说有沉沦。

这首诗的意思是,湍流险急、杂石林立的河流,由于过河人思想集中、小心谨慎,总会有惊无险,一年到头没听说有人出事;相反,看似风平浪静时,人们往往会放松警惕,麻痹大意,结果导致事故频发。诗人揭示的深刻哲理对我们做好应急处突工作有很好的警示和指导作用。

"泾溪石险"与"平流无石"是社会的两个普遍现象。在本来容易发生事故和不容易发生事故的两种客观条件下,由于人们对待和处理的态度不同,导致了相反的结果。从人的心理和思维习惯上讲,安全条件差,形势严峻时,受环境的影响,人们一般比较谨慎细心;相反安全条件好时,则容易麻痹懈怠,盲目乐观,只看到成绩,看不到问题,即使有问题显现,往往也不以为然,最终由量变到质变,酿出事故。这样的教训当深刻吸取!

那怎样才能做到"平流无石"处也能小心谨慎呢?就要增强忧患意识,做到居安思危。严格按照中央的要求,认真做好应急处突的各项工作,而不能被动应付,领导有要求时才组织一下,做表面文章;也不能"一曝十寒",平时工作不认真,应付检查时,兴师动众,临时突击,把需要天天做的工作几天内就完成了,上级检查完,工作也就告一段落了;更不能热衷于"堵漏式"工作,不出问题时麻痹懈怠,出了问题时"救火堵漏",雨过天晴后,又万事大吉。因此,我们要以对党和国家高度负责的态度,高度重视应急处突工作,严防"平流无石"处"沉沦"问题的发生。

我们常说：有备无患、未雨绸缪。应急处突工作之所以重要，是因为无论概率大小，一旦发生突发事件，它所造成的损失大多是不可逆转、不可挽回的。"增强忧患意识，做到居安思危"正是我们在"平流无石"阶段最应该牢记的工作准则。

（三）重视发展显绩，更重安全潜绩

2015年12月20日，广东省深圳市光明新区红坳渣土受纳场发生特别重大滑坡事故。事故共造成73人死亡，4人下落不明，17人受伤。调查组认定，该事故是一起特别重大生产安全责任事故。地方政府未依法行政，安全发展理念不牢固，是事故的主要教训之一。

深圳作为一座快速发展起来的特大型城市，人财物大量聚集、高速流动，城市公共安全和安全生产矛盾突出，社会管理工作与经济发展不相适应，尤其是在城市管理、安全生产管理中没有建立完善的风险辨识和防控机制，对城市建设中出现的安全风险认识不足。深圳市政府在推进城市建设过程中，未能正确处理安全与发展、改革与法治的关系，注重规模效率，忽视法治安全，在前期深圳市规划和国土资源委员会光明管理局提出不同意见的情况下，仍在市长办公会议纪要中强调特事特办，违法违规推动余泥渣土受纳场建设，教训深刻。[1]

习近平总书记强调："安全和发展是一体之两翼、驱动之双轮。安全是发展的保障，发展是安全的目的。"[2] 安全和发展同等重要，领导干部不能只重视发展，不重视安全，而要一手抓发展，一手抓安全，做到一岗双责。

---

[1] 本刊编辑部：广东深圳光明新区渣土受纳场"12·20"特别重大滑坡事故调查报告，《中国应急管理》，2016年第7期，第77—85页。

[2]《习近平论坚持全面深化改革》，182页，北京，中央文献出版社，2018。

（四）克服等靠思想，勇于担当作为

实践证明，危难时刻，党中央的权威是全党各国各族人民团结一致、迎难而上，取得应急处突胜利的根本依靠。但在突发事件爆发初期，领导干部除了按要求汇报外，更要敢于担当，勇于负责，应在调查研究的基础上，果断采取措施。"既牢记授权有限，该请示的必须请示，该报告的必须报告；又牢记守土有责，该负责的必须负责，该担当的必须担当。"[1]

向上级汇报，既要汇报突发事件情况，又要汇报已采取的紧急措施，还要汇报下一步的思路建议。领导干部要摒弃一味等待上级指示的错误倾向，否则可能会贻误战机、扩大事态。

二、加强政治理论学习，筑牢应急处突的思想基础

（一）强化理论武装

习近平总书记指出："领导干部要加强理论修养，深入学习马克思主义基本理论，学懂弄通做实新时代中国特色社会主义思想，掌握贯穿其中的辩证唯物主义的世界观和方法论，提高战略思维、历史思维、辩证思维、创新思维、法治思维、底线思维能力，善于从纷繁复杂的矛盾中把握规律，不断积累经验、增长才干。"[2] "站在'两个一百年'奋斗目标的历史交汇点上，我们必须全面贯彻党的基本理论、基本路线、基本方略，坚持稳中求进工作总基调，坚定不移贯彻新发展理念，着力构建新发展格局，统筹国内国际两个大局，办好发展安全两件大事，推进国家治理体系和治理能力现代化，不断开创党和国家事业发展新局面。"[3]

---

[1] 中国政府网：中共中央印发《中国共产党重大事项请示报告条例》，http://www.gov.cn/zhengce/2019-02/28/content_5369363.htm。
[2] 《习近平谈治国理政（第三卷）》，223 页。
[3] 习近平：《在全国抗击新冠疫情表彰大会上的讲话》，22 页。

党的领导是中国特色社会主义最本质的特征，也是中国特色社会主义制度的最大优势。党的领导核心作用，是我们战胜风险挑战、不断夺取胜利的关键所在。当前，应急处突形势仍然十分严峻。领导干部要认真学习习近平新时代中国特色社会主义思想，自觉增强"四个意识"、坚定"四个自信"、做到"两个维护"，深刻认识做好应急处突工作的重要性和紧迫性，坚定不移把党中央关于应急处突的各项决策部署落到实处。

（二）增强忧患意识

中华民族自古就有强烈的忧患意识，忧患意识已成为中华民族的文化基因。这在很多古语中都有体现，如"生于忧患，死于安乐"[1]"忧劳可以兴国，逸豫可以亡身"[2]"安而不忘危，存而不忘亡，治而不忘乱"[3]"祸兮福之所倚，福兮祸之所伏"[4]等。

增强忧患意识是我们党治国理政的一个重大原则。我们党由小变大、由弱到强的百年奋斗史，体现了强烈的忧患意识。毛泽东同志提出"两个务必"，强调"进京赶考"问题，就是告诫全党增强忧患意识。邓小平同志指出，我国仍处于社会主义初级阶段，"巩固和发展社会主义制度，还需要一个很长的历史阶段，需要我们几代人、十几代人，甚至几十代人坚持不懈地努力奋斗，决不能掉以轻心"，[5]也是在提醒我们增强忧患意识。习近平总书记强调："我们共产党人的忧患意识，就是忧党、忧国、忧民意识，这是一种责任，更是一种担当。"[6]"增强忧患意识、防范风险挑战要一

---

1 孟子·告子下。
2 宋·欧阳修. 新五代史·伶官传序。
3 易传·系辞传下·第五章。
4 吕氏春秋·纪·季夏纪。
5 《邓小平文选（第三卷）》，379–380 页。
6 新华网：习近平在中共中央政治局第十六次集体学习时强调　坚持从严治党落实管党治党责任　把作风建设要求融入党的制度建设，http://www.xinhuanet.com//politics/2014–06/30/c_1111389288.htm。

以贯之。"[1] 实践证明，一以贯之增强忧患意识、防范风险挑战，已成为我们党的重要思想方法和工作方法。

提高应急处突能力，需要增强忧患意识。领导干部只有增强忧患意识，才能不断提高应急处突能力。是否具有忧患意识，也是评价领导干部应急处突能力的重要内容。

（三）坚持底线思维

党的十八大以来，习近平总书记反复强调领导干部要坚持底线思维，运用底线思维分析研究工作中面临的风险和挑战。关于底线思维，习近平总书记有着深远的战略考量，他强调各种风险我们都要防控，但重点要防控那些可能迟滞或中断中华民族伟大复兴进程的全局性风险，这是底线思维的根本含义。[2]

习近平总书记强调："我们必须审时度势，全面把握和准确判断国内国际经济形势变化，坚持底线思维，做好应对各种新挑战的准备。"[3] "要增强底线思维，定期对风险因素进行全面排查。"[4] "当前和今后一个时期是我国各类矛盾和风险易发期，各种可以预见和难以预见的风险因素明显增多。我们必须坚持统筹发展和安全，增强机遇意识和风险意识，树立底线思维，把困难估计得更充分一些，把风险思考得更深入一些，注重堵漏洞、强弱项，下好先手棋、打好主动仗，有效防范化解各类风险挑战，确保社会主

---

[1] 中国政府网：习近平在学习贯彻党的十九大精神研讨班开班式上发表重要讲话，https://www.gov.cn/zhuanti/2018–01/05/content_5253681.htm。

[2] 中共中央宣传部、中央国家安全委员会办公室：《总体国家安全观学习纲要》，130–131页，北京，学习出版社、人民出版社，2022。

[3] 中国共产党新闻网：中共中央召开党外人士座谈会习近平主持并发表重要讲话，http://cpc.people.com.cn/n/2014/0730/c64094–25366469.html。

[4] 中国政府网：习近平在中央党校（国家行政学院）中青年干部培训班开班式上发表重要讲话，https://www.gov.cn/xinwen/2021–03/01/content_5589536.htm。

义现代化事业顺利推进。"[1]

提高应急处突能力必须坚持底线思维，研究面临的风险，排查风险隐患，有效防范化解各类风险挑战。

（四）发扬斗争精神

人类社会发展史既是一部灾难史，也是一部人类与灾难作斗争的历史。"中国共产党和中国人民是在斗争中成长和壮大起来的，斗争精神贯穿于中国革命、建设、改革各个时期。我国正处于实现中华民族伟大复兴关键时期，改革发展正处在攻坚克难的重要阶段，在前进道路上，我们面临的重大斗争不会少。我们必须以越是艰险越向前的精神奋勇搏击、迎难而上。凡是危害中国共产党领导和我国社会主义制度的各种风险挑战，凡是危害我国主权、安全、发展利益的各种风险挑战，凡是危害我国核心利益和重大原则的各种风险挑战，凡是危害我国人民根本利益的各种风险挑战，凡是危害我国实现'两个一百年'奋斗目标、实现中华民族伟大复兴的各种风险挑战，只要来了，我们就必须进行坚决斗争，毫不动摇，毫不退缩，直至取得胜利。"[2]这些"必须斗争"的风险挑战都事关国家安全。突发公共事件一旦应对失当，就可能放大升级，甚至危及制度安全、政权安全，转变为国家安全危机。所以，应急管理工作必须着眼重大斗争，培育发扬斗争精神。[3]

提高应急处突能力，必须注意发扬斗争精神。习近平总书记指出："防范化解重大风险，需要有充沛顽强的斗争精神。领导干部要敢于担当、敢

---

[1] 关于《中共中央关于制定国民经济和社会发展第十四个五年规划和二〇三五年远景目标的建议》的说明，载《人民日报》，2020年11月4日，第2版。
[2] 习近平：在纪念中国人民抗日战争暨世界反法西斯战争胜利75周年座谈会上的讲话，载《人民日报》，2020年9月4日，第2版。
[3] 王宏伟：《中国式现代化视角下的应急管理》，35页，北京，应急管理出版社，2023。

于斗争,保持斗争精神、增强斗争本领,年轻干部要到重大斗争中去真刀真枪干。各级领导班子和领导干部要加强斗争历练,增强斗争本领,永葆斗争精神,以'踏平坎坷成大道,斗罢艰险又出发'的顽强意志,应对好每一场重大风险挑战,切实把改革发展稳定各项工作做实做好。"[1]

领导干部要在应急处突实践中,发扬斗争精神,敢于斗争、善于斗争,在与风险挑战的英勇斗争中,不断提高应急处突能力,保障人民群众平安健康,保障国家长治久安。

三、做到学思践悟贯通,提高应急处突的实战绩效

(一)事前预防

事前预防是减少突发事件的关键,也是在日常工作中检验领导干部应急处突能力的关键环节。突发事件的显著特征是造成或者可能造成严重社会危害,重视事前预防,减少突发事件发生,事半功倍。事前预防的前提是识别风险,控制风险,这也是事前预防的难点。

"明者防祸于未萌,智者图患于将来。"领导干部要有功成不必在我,功成必定有我的心态,甘做应急处突的风险检查员,发挥想象力、以对党和人民负责的态度,查找自己分管领域内存在的、可能会引发突发事件的各类风险隐患,多提"曲突""徙薪"建议,多做"曲突""徙薪"实事。在防范风险、预防突发事件方面,习近平总书记作出了很多重要指示。

在防范政治风险方面,习近平总书记强调:"要教育引导各级领导干部增强政治敏锐性和政治鉴别力,对容易诱发政治问题特别是重大突发事件的敏感因素、苗头性倾向性问题,做到眼睛亮、见事早、行动快,及时

---

[1] 《习近平著作选读(第二卷)》,248—249 页,北京,人民出版社,2023。

消除各种政治隐患。要高度重视并及时阻断不同领域风险的转化通道，避免各领域风险产生交叉感染，防止非公共性风险扩大为公共性风险、非政治性风险蔓延为政治风险。要增强斗争精神，敢于亮剑、敢于斗争，坚决防止和克服嗅不出敌情、分不清是非、辨不明方向的政治麻痹症。"[1]

在防范公共安全事故方面，习近平总书记强调："公共安全事故，一头连着经济社会发展，一头连着千家万户，要警钟长鸣、常抓不懈，要预防和减少事故发生，坚决遏制重特大公共安全事故。"[2] 要深入开展安全隐患排查整治，从源头治起、从细处抓起、从短板补起，筑牢防线，守住底线，不放过任何一个漏洞，不丢掉任何一个盲点，不留下任何一个隐患。[3]

在防范化解重大风险方面，习近平总书记强调："防范化解重大风险，是各级党委、政府和领导干部的政治职责，大家要坚持守土有责、守土尽责，把防范化解重大风险工作做实做细做好。要强化风险意识，常观大势、常思大局，科学预见形势发展走势和隐藏其中的风险挑战，做到未雨绸缪。要提高风险化解能力，透过复杂现象把握本质，抓住要害、找准原因，果断决策，善于引导群众、组织群众，善于整合各方力量、科学排兵布阵，有效予以处理。"[4]

在完善风险防控机制方面，习近平总书记强调："要完善风险防控机制，建立健全风险研判机制、决策风险评估机制、风险防控协同机制、风险防控责任机制，主动加强协调配合，坚持一级抓一级、层层抓落实。"[5] "要

---

[1]《习近平谈治国理政（第三卷）》，96—97页。
[2] 中共中央党史和文献研究院，中央学习贯彻习近平新时代中国特色社会主义思想主题教育领导小组办公室：《习近平新时代中国特色社会主义思想专题摘编》，422页，北京，党建读物出版社、中央文献出版社，2023。
[3] 中共中央宣传部，中央国家安全委员会办公室：《总体国家安全观学习纲要》，44页，北京，学习出版社、人民出版社，2022。
[4]《习近平谈治国理政（第三卷）》，223页。
[5]《习近平谈治国理政（第三卷）》，223页。

健全风险防范化解机制,坚持从源头上防范化解重大安全风险,真正把问题解决在萌芽之时、成灾之前。要加强风险评估和监测预警,加强对危化品、矿山、道路交通、消防等重点行业领域的安全风险排查,提升多灾种和灾害链综合监测、风险早期识别和预报预警能力。要加强应急预案管理,健全应急预案体系,落实各环节责任和措施。要实施精准治理,预警发布要精准,抢险救援要精准,恢复重建要精准,监管执法要精准。要坚持依法管理,运用法治思维和法治方式提高应急管理的法治化、规范化水平,系统梳理和修订应急管理相关法律法规,抓紧研究制定应急管理、自然灾害防治、应急救援组织、国家消防救援人员、危险化学品安全等方面的法律法规,加强安全生产监管执法工作。要坚持群众观点和群众路线,坚持社会共治,完善公民安全教育体系,推动安全宣传进企业、进农村、进社区、进学校、进家庭,加强公益宣传,普及安全知识,培育安全文化,开展常态化应急疏散演练,支持引导社区居民开展风险隐患排查和治理,积极推进安全风险网格化管理,筑牢防灾减灾救灾的人民防线。"[1]

在风险防控实施方面,习近平总书记强调:"需要注意的是,各种风险往往不是孤立出现的,很可能是相互交织并形成一个风险综合体。对可能发生的各种风险,各级党委和政府要增强责任感和自觉性,把自己职责范围内的风险防控好,不能把防风险的责任都推给上面,也不能把防风险的责任都留给后面,更不能在工作中不负责任地制造风险。要加强对各种风险源的调查研判,提高动态监测、实时预警能力,推进风险防控工作科学化、精细化,对各种可能的风险及其原因都要心中有数、对症下药、综合施策,出手及时有力,力争把风险化解在源头,不让小风险演化为大风

---

[1] 习近平在中央政治局第十九次集体学习时强调充分发挥我国应急管理体系特色和优势积极推进我国应急管理体系和能力现代化,载《人民日报》,2019年12月1日,第1版。

险，不让个别风险演化为综合风险，不让局部风险演化为区域性或系统性风险，不让经济风险演化为社会政治风险，不让国际风险演化为国内风险。"[1] "面对波谲云诡的国际形势、复杂敏感的周边环境、艰巨繁重的改革发展稳定任务，我们必须始终保持高度警惕，既要高度警惕'黑天鹅'事件，也要防范'灰犀牛'事件；既要有防范风险的先手，也要有应对和化解风险挑战的高招；既要打好防范和抵御风险的有准备之战，也要打好化险为夷、转危为机的战略主动战。"[2]

党的二十大部署推动公共安全治理模式向事前预防转型，这是贯彻落实习近平总书记关于"两个坚持、三个转变"（坚持以防为主、防抗救相结合，坚持常态减灾和非常态救灾相统一，努力实现从注重灾后救助向注重灾前预防转变，从应对单一灾种向综合减灾转变，从减少灾害损失向减轻灾害风险转变）重要论述的制度性安排，是对公共安全治理模式的整体性重构。[3]

我们要认真学习习近平总书记的重要指示，认真做好事前预防工作，不断提高对风险隐患的敏感性，以隐患排查治理的实绩减少突发事件的发生。

（二）事中掌控

事中掌控是突发事件发生后检验领导干部应急处突能力的关键环节。特别是突发事件爆发初期，对领导干部的应急处突能力要求很高。突发事件爆发初期，领导干部决策的及时性、有效性直接决定着突发事件的伤亡程度和影响程度。如何在突发事件爆发初期迅速做出恰当的应急决策，要注意以下几个方面：

---

[1]《习近平谈治国理政（第二卷）》，82页。
[2]《习近平谈治国理政（第三卷）》，219–220页。
[3] 王祥喜：坚定走好新时代中国特色应急管理之路，载《党委中心组学习》，2023年第4期。

1. 控制情绪，迅速处置。

突发事件发生时，由于事发突然，可能还有人员伤亡，再加上自媒体时代的快速传播，负面影响可能不断扩大，领导干部难免会出现恐惧、悲伤、懊悔、紧张等负面情绪，可能手足无措、无所适从。

然而，突发事件爆发初期，正是应急处置的关键时刻，处置得当可以减少损失，控制负面影响；处置不当则会增加损失，扩大负面影响。领导干部此时应该接受突发事件已经发生的现实，不要再去纠结为什么发生了这种事，也不要后悔之前如果怎么做就好了，而要迅速从负面情绪中解脱出来，积极开展工作，采取有效应对措施。

2. 亲临一线，调查研究

党和政府历来重视调查研究。毛泽东同志高度重视调查研究工作，更身体力行地认真开展调查研究。他形象地说："调查就像'十月怀胎'，解决问题就像'一朝分娩'。"[1]在《反对本本主义》一文中，他深刻地指出，调查研究时，领导干部"要亲身出马""不能单靠书面报告，因为二者是两回事""没有调查没有发言权""调查就是解决问题"。[2]党的十八大以来，习近平总书记高度重视调查研究工作，多次作出重要论述和指示批示，深刻阐释了什么是调查研究、怎样做好调查研究等根本问题，使我们党对调查研究的认识达到了新高度，为全党大兴调查研究之风提供了科学指南。[3]

突发事件爆发后，科学决策是正确处置突发事件的关键，领导干部亲临一线开展调查研究十分重要。习近平总书记深刻地指出："调查研究是

---

[1]《毛泽东选集（第一卷）》，110页。
[2]《毛泽东选集（第一卷）》，109–117页。
[3] 陈嘉康，刘新兴，刘光明：大兴调查研究之风的根本遵循——深刻学习领会习近平总书记关于调查研究的重要论述，载《党建》，2023年第6期，第23–25页。

谋事之基、成事之道。没有调查，就没有发言权，更没有决策权。"[1] 突发事件爆发后，领导干部应在第一时间到达现场。特别重大的事故，国家领导人也会到现场指挥抢险救灾。例如，2008 年 5 月 12 日 14 时 28 分，四川省阿坝藏族羌族自治州汶川县境内发生里氏 8.0 级地震。当日 19 点 10 分，以国务院总理温家宝为总指挥的抗震救灾总指挥部即乘专机抵达四川。[2] 2013 年 11 月 22 日，山东青岛黄岛经济开发区中石化黄潍输油管线泄漏引发重大爆燃事故发生后，习近平总书记得知消息后，立即作出批示，要求国务院立即派出领导前往指导抢险搜救工作，并于 24 日亲自到现场，考察抢险工作，看望慰问伤员、医护人员和遇难者家属，听取汇报，发表重要讲话。[3]

领导干部亲临一线，一方面利于调动各方的积极性，推动应急处突工作顺利开展；另一方面，更重要的是，领导干部只有亲临一线调查研究，才能全面掌握现场的真实情况，及时做出正确的应急处突决策，妥善处置突发事件。

3. 重视专家，集思广益

专家具备某一领域的专业技能，能够为突发事件应急决策提供专业建议，为应急处置提供技术支持。新冠疫情暴发后，湖北省和武汉市的 54 万名医务人员和 346 支国家医疗队的 4 万多名医务人员"用血肉之躯筑起阻击病毒的钢铁长城，挽救了一个又一个垂危生命，诠释了医者仁心和大爱无疆"！

领导干部要擅于听取多领域、多层级专家的意见，关注不同部门、企

---

[1] 中国政府网：习近平在湖北武汉主持召开部分省市负责人座谈会，https://www.gov.cn/ldhd/2013-07/24/content_2454544.htm.

[2] 央视网：温家宝抵达四川成都在专机上发表重要讲话，http://news.cctv.com/china/20080512/107201.shtml.

[3] 认真吸取教训注重举一反三全面加强安全生产工作，载《人民日报》，2013 年 11 月 25 日，第 1 版。

事业单位、新闻媒体、社会各界的意见建议。全面掌握各种信息，参考各方意见，准确研判形势，集思广益，努力作出正确的决策。

4. 勇于担当，迅速决策

领导干部应该执行重大事项请示汇报制度，但在应急处突过程中，由于事发紧急，不能一味等上级指示，需要在调查研究的基础上，迅速采取措施，这是领导干部应有的责任担当，否则就可能错过控制事态的最佳窗口期，贻误"战机"。

邓小平同志就曾经这样批评本本主义："书上没有的，文件上没有的，领导人没有讲过的，就不敢多说一句话，多做一件事，一切照抄照搬照转。把对上级负责和对人民负责对立起来。"[1] 习近平总书记也强调："能否敢于负责、勇于担当，最能看出一个干部的党性和作风。"[2]

领导干部是否具有担当精神，突发事件发生时，能否果断决策，对应急处突的效果影响巨大。例如，2020年01月31日，时任武汉市市委书记马国强坦承，新冠疫情初期没有"当机立断""如果早采取严厉的管控措施，结果会比现在好，对全国各地的影响要小"。[3] 而湖北省潜江市在第一时间作出封城、终止所有娱乐活动和出台严格的禁足命令，使该市在全省疫情统计中排名倒数第二。[4]

领导干部进行应急决策时，往往时间紧迫、压力巨大，需要权衡考虑的问题很多，如经济发展、社会稳定、群众满意等，作出任何决策可能都是两难，都会有正反两方面的影响。但是如果不采取任何措施，可能伤亡

---

[1]《邓小平文选（第二卷）》，142–143页。
[2]《习近平谈治国理政（第三卷）》，522页。
[3] 央视网：新闻1+1｜马国强：我现在是一种内疚愧疚自责的心态，http://m.news.cctv.com/2020/01/31/ARTIZhPMVdyWKvCOuz42E8aq200131.shtml，2020–11–28。
[4] 新华网：半月谈评论：面对"不确定信息"，领导干部要敢于担责！，http://www.xinhuanet.com/politics/2020–02/13/c_1125568089.htm，2020–11–28。

会继续增加，事态会进一步扩大。

毛泽东同志指出："任何过程如果有多数矛盾存在的话，其中必定有一种是主要的，起着领导的、决定的作用，其他则处于次要和服从的地位。""不能把过程中所有的矛盾平均看待，必须把它们区别为主要的和次要的两类，着重于捉住主要的矛盾。"[1] 突发事件爆发初期，信息量大，很多信息并不准确，各种矛盾交织在一起，领导干部要能区分主要矛盾和次要矛盾，针对主要矛盾，采取相应的应对措施。

现在回过头来看，新冠疫情防控过程中，武汉封城、控制人员流动就是抓住了主要矛盾，疫情很快得到控制，中国的疫情防控效果得到了国内外的普遍认可。

领导干部提高应急处突能力，就要提高突发事件爆发时抓住主要矛盾的能力，针对主要矛盾，本着减少伤亡、避免事态进一步扩大的原则，第一时间采取有针对性的应对措施。

5. 公布信息，引导舆论

突发事件发生后，领导干部一方面要及时应对，另一方面也要通过媒体及时发布相关信息，回应人民群众的关切，做好舆论引导。

2016年2月17日，李克强在国务院常务会议上强调："实践证明，凡在重大事件中主动及时公开信息，积极回应社会关切，就会赢得民众的理解；但如果遮遮掩掩，不及时发布权威信息，就会引发舆论批评，甚至谣言满天飞。""'现代政府'，一个很重要的标志，就是要及时回应人民群众的期盼和关切。"[2] 习近平总书记于2016年2月19日，在党的新闻舆论工作座谈会上指出："历史和现实都告诉我们，舆论的力量绝不能小觑。舆

---

[1] 《毛泽东选集（第一卷）》，322页。
[2] 中国政府网：李克强：现代政府要及时回应人民群众的期盼关切，http://www.gov.cn/xinwen/2016-02/17/content_5042673.htm。

论导向正确是党和人民之福，舆论导向错误是党和人民之祸。好的舆论可以成为发展的'推进器'、民意的'晴雨表'、社会的'黏合剂'、道德的'风向标'，不好的舆论可以成为民众的'迷魂汤'、社会的'分离器'、杀人的'软刀子'、动乱的'催化剂'。"[1]

事发初期，情况混乱不明，可以在第一时间公布事件事实、政府的态度和采取的应对措施。对于事件的原因、后果、责任等，则可以少讲。[2] 关键是在第一时间发出党和政府的声音，达到引导舆论，减少国内外影响的目的。

（三）事后改进

事后总结是领导干部提高应急处突能力的重要方法。突发事件处置完毕后，要及时总结。这里指的突发事件，可以是本地区本部门发生的，也可以是其他地区其他部门发生的，还可以是国外发生的。领导干部要善于通过学习突发事件的应对案例，提高应急处突能力。

突发事件的发生暴露了问题，应对过程中逐渐认识到问题并解决了问题。事后要把突发事件作为改进工作的机会，针对调查发现的深层次原因，吸取教训，并举一反三，采取针对性措施，避免类似事件再次发生。还要认真总结应急管理的得失，修改应急预案，修订有关规章制度，完善应急管理规章体系和隐患排查治理体系。

在应急管理中，存在一个"6个月改革原理"。即突发事件发生后，通常有6个月时间，可供人们开展应对灾难需要的改革，这些改革在突发事件发生前很难推动；但在突发事件结束6个月后，再推动改革会再次变得非常困难。[3] 领导干部要善于抓住这6个月的时间窗口，学习相关知识，

---

[1] 《习近平总书记重要讲话文章选编》，418页，北京，党建读物出版社、中央文献出版社，2016。
[2] 钟开斌：《应急管理十二讲》，279页，北京，人民出版社，2020。
[3] 钟开斌：《应急管理十二讲》，319页。

推动相关改革，提高应急处突治理效能。

（四）勤于实践

实践是知识向能力转化的载体，实践性是马克思主义鲜明的理论品格，勤于实践是领导干部提高应急处突能力的必由之路。"纸上得来终觉浅，绝知此事要躬行。""非知之艰，行之惟艰。"[1]毛泽东同志指出："实践、认识、再实践、再认识，这种形式，循环往复以至无穷，而实践和认识之每一循环的内容，都比较地进到了高一级的程度。"[2]习近平总书记多次强调坚持学思用贯通、知信行统一的理论学习方法，强调"坚持学习、学习、再学习，坚持实践、实践、再实践"，[3]"坚持理论和实践相结合，注重在实践中学真知、悟真谛、加强磨炼、增长本领"。[4]因此，领导干部要在日常工作中，边学习，边实践，在学习中提高对应急工作的认识，再把学到的知识、经验运用到应急处突工作实践中，循环往复，不断提高。

总之，领导干部要摒弃错误思想束缚，加强政治理论学习，做好突发事件的事前预防、事中掌控和事后改进，做到学思践悟贯通，在实践中不断提高应急处突能力，增强突发事件全程管控水平，做到防灾、减灾、救灾相统一，为保障人民安居乐业、社会和谐稳定和国家长治久安作出应有的贡献。

---

[1] 尚书·商书·说命中。

[2] 《毛泽东选集（第一卷）》，296–297 页。

[3] 中国中央党校：习近平在中央党校建校80周年庆祝大会暨2013年春季学期开学典礼上的讲话，https://www.ccps.gov.cn/xxsxk/zyls/201908/t20190829_133853.shtml。

[4] 习近平在中央党校（国家行政学院）中青年干部培训班开班式上发表重要讲话强调　筑牢理想信念根基树立践行正确政绩观　在新时代新征程上留下无悔的奋斗足迹，载《人民日报》，2022年3月2日，第1版。

第六章
"用尽为国为民心"——提高群众工作能力

党的群众工作,是指以全体共产党员为工作者,以广大的人民群众为工作对象,以践行党的全心全意为人民服务的宗旨为原则,以贯彻落实党的正确主张为工作内容,以解决人民群众的根本利益为出发点和落脚点,以运用党的群众路线为根本方法,以宣传群众、组织群众、服务群众为工作手段,团结和带领群众共同推动中国社会历史前进的工作。

党和国家事业的发展进步,离不开人民的创造力量;党的全部执政活动,离不开强有力的群众工作。回顾过去,党在革命、建设、改革各个历史时期的成就,都是通过团结带领人民共同奋斗取得的。面向未来,我们要实现第二个百年奋斗目标,实现中华民族伟大复兴的中国梦,同样必须紧紧依靠人民,以党同人民坚强的团结战胜前进道路上的一切艰难险阻,不断开创中国特色社会主义事业新局面。

第一节 群众工作是党的优良传统和政治优势

一、群众工作是党的性质和宗旨的体现

高度重视群众工作,坚持人民主体地位,发挥人民首创精神,是由中

国共产党的性质和根本宗旨决定的。中国共产党是严格按照马克思主义理论武装起来的无产阶级政党，是以马克思主义为行动指南的党，马克思主义自诞生之日起，就旗帜鲜明地提出人民群众是历史活动的主体，是历史的创造者。马克思恩格斯在《共产党宣言》中庄严宣布："无产阶级的运动是绝大多数人的、为绝大多数人谋利益的独立运动。"[1] 唯物史观强调人民群众是社会物质财富和精神财富的创造者。中国共产党产生于马克思主义同中国无产阶级革命运动相结合的过程中，是根植于人民群众的政党。中国共产党坚持马克思主义的群众路线和群众观点，是我们党认识和对待人民群众的基本立场。因此，中国共产党最根本的政治立场就是人民立场，人民立场也是马克思主义政党区别于其他政党的显著标志。习近平总书记在党的十九大报告中指出："不忘初心，方得始终。中国共产党人的初心和使命，就是为中国人民谋幸福，为中华民族谋复兴。"再次明确了全心全意为人民服务，就是中国共产党的宗旨，就是党的初心和使命。

（一）群众路线是党的生命线和根本工作路线

群众路线是我们党把人民群众是历史创造者的根本原理运用在党的全部活动中形成的一条根本路线，是党的根本宗旨与实际工作的有机结合。《中国共产党章程》明确指出，党的群众路线是"一切为了群众，一切依靠群众，从群众中来，到群众中去，把党的正确主张变成群众的自觉行动"[2]。党的领导工作的正确方法，就是将群众意见集中起来形成正确的决策，又到群众中宣传解释，将决策化为群众的行动，并在群众实践中检验这些决策是否正确。群众是真正的英雄，是党的力量源泉和胜利之本。我们党来自人民、植根人民、服务人民，党的根基在人民、血脉在人民、力

---

[1]《马克思恩格斯选集（第一卷）》，283 页。
[2]《中国共产党章程》，11 页，北京，人民出版社，2022。

量在人民。失去了人民拥护和支持，党的事业和工作就无从谈起。党和人民事业能不能顺利发展，关键在我们党能不能始终保持同人民群众的血肉联系，能不能充分调动人民群众的积极性、主动性、创造性。一百多年来，中国共产党始终代表最广大人民的根本利益，紧紧依靠人民群众的智慧和力量，克服无数艰难险阻，创造了一个又一个彪炳史册的人间奇迹。

（二）群众路线是党长期探索实践的结果

党的群众路线是以毛泽东同志为主要代表的中国共产党人长期探索的结果。1933年6月，毛泽东同志指导查田运动时第一次提出了"群众路线"的概念，即"不按阶级路线与群众路线，不得群众赞助与同意，都不能使查田运动收到成绩，反会使群众不满，阻碍查田运动的进行。"[1] 1934年1月，毛泽东同志在江西瑞金召开的第二次全国工农兵代表大会上所作的报告《关心群众生活，注意工作方法》中说："国民党现在实行他们的堡垒政策，大筑其乌龟壳，以为这是他们的铜墙铁壁。同志们，这果然是铜墙铁壁吗？一点也不是！你们看，几千年来，那些封建皇帝的城池宫殿还不坚固吗？群众一起来，一个个都倒了。俄国皇帝是世界上最凶恶的一个统治者；当无产阶级和农民的革命起来的时候，那个皇帝还有没有呢？没有了。铜墙铁壁呢？倒掉了。同志们，真正的铜墙铁壁是什么？是群众，是千百万真心实意地拥护革命的群众。这是真正的铜墙铁壁，什么力量也打不破的，完全打不破的。"[2] 1941年，毛泽东同志在《〈农村调查〉序言》中指出："群众是真正的英雄，而我们自己则往往是幼稚可笑的，没有满腔的热忱，没有眼睛向下的决心，没有求知的渴望，没有放下臭架子、甘当小学生的精神，就不能得到起码的知识。共产党员要倾听人民群众的意见，要联系人

---

1 《毛泽东文集（第一卷）》，274页。
2 《毛泽东选集（第一卷）》，139页。

民群众，而不要脱离人民群众，应该站在民众之中，而决不应该站在民众之上。"[1] 1943 年 6 月，在《关于领导方法的若干问题》中，他又强调道："在我党的一切实际工作中，凡属正确的领导，必须是从群众中来，到群众中去。这就是说，将群众的意见（分散的无系统的意见）集中起来（经过研究，化为集中的系统的意见），又到群众中去作宣传解释，化为群众的意见，使群众坚持下去，见之于行动，并在群众行动中考验这些意见是否正确。然后再从群众中集中起来，再到群众中坚持下去。如此无限循环，一次比一次地更正确、更生动、更丰富。这就是马克思主义的认识论。"[2] 这是关于群众路线的第一次鲜明而且比较完整的论述。

1945 年，在中共七大会议上，毛泽东同志进一步把和最广大人民群众取得最密切的联系，提升为共产党人区别于其他任何政党的显著标志和优良作风。刘少奇同志在会议上做的《关于修改党章的报告》中对党的群众路线作了详细阐述。他指出，群众路线是我们党根本的政治路线，也是我们党根本的组织路线，党的一切组织与一切工作必须密切地与群众相结合。中国共产党是人民群众的先锋队，必须与人民群众建立正确的密切的关系，首先要在政治上代表人民群众的利益，必须用正确的态度去对待人民群众，必须用正确的方法去领导人民群众，否则，先锋队是完全可能脱离人民群众的。而先锋队如果脱离人民群众，就不能成其为人民的先锋队，就不独不能实现它解放人民群众的任务，而且有直接被敌人消灭的危险。刘少奇同志进一步指出，群众路线"就是要使我们党与人民群众建立正确关系的路线，就是要使我们党用正确的态度与正确的方法去领导人民群众的路线，就是要使我们党的领导机关和领导人与被领导的群众建立正确关

---

1 《毛泽东选集（第三卷）》，790 页。

2 《毛泽东选集（第三卷）》，899 页。

系的路线。"[1]

1981年,党的十一届六中全会通过《关于建国以来党的若干历史问题的决议》,对群众路线进行了理论总结,对群众路线作了更为明确、简洁的概括,认为把马克思列宁主义关于人民群众是历史的创造者的原理系统地运用在党的全部活动中,形成党在一切工作中的群众路线,这是我们党长时期在敌我力量悬殊的艰难环境里进行革命活动的无比宝贵的历史经验总结。诀议指出,党是阶级的先进部队,是为人民的利益而存在和奋斗的,但是党永远只是人民的一小部分;离开人民,党的一切斗争和理想不但都会落空,而且都要变得毫无意义。我们党要坚持革命,把社会主义事业推向前进,就必须坚持群众路线。

(三)群众路线是新时期新征程的需要

党的二十大报告指出:必须"坚持人民主体地位,充分体现人民意志、保障人民权益、激发人民创造活力"。[2] 在第十三届全国人民代表大会第一次会议上的讲话中,习近平总书记再次指出:"人民是历史的创造者,人民是真正的英雄。"[3] 在庆祝改革开放 40 周年大会上的讲话中,习近平总书记强调:"尊重人民主体地位,尊重人民群众在实践活动中所表达的意愿、所创造的经验、所拥有的权利、所发挥的作用,充分激发蕴藏在人民群众中的创造伟力。"[4] 习近平总书记还着重指出:"群众路线是我们党的生命线和根本工作路线,是我们党永葆青春活力和战斗力的重要传家宝。"[5] 把群

---

[1] 《刘少奇选集(上卷)》,348 页。
[2] 《高举中国特色社会主义伟大旗帜 为全面建设社会主义现代化国家而奋斗——在中国共产党第二十次全国代表大会上的报告》,37 页。
[3] 习近平:在第十三届全国人民代表大会第一次会议上的讲话,载《人民日报》,2018 年 3 月 21 日,第 1 版。
[4] 习近平:《在庆祝改革开放 40 周年大会上的讲话》,24–25 页,北京,人民出版社,2018。
[5] 《十八大以来重要文献选编》(上),697 页,北京,中央文献出版社,2014。

众路线提到党的生命线的高度来强调,使群众路线成为生命线和根本工作路线的统一,体现了我们党对党的建设新的伟大工程和中国特色社会主义伟大事业的深入思考。

中国共产党始终高度重视群众工作。得民心者得天下,失民心者失天下,人民拥护和支持是党执政的最牢固根基。人民群众是党存在和发展的根本,坚持群众观点和群众路线,做好群众工作,是党根据马克思主义基本原理,分析人民群众在社会历史中的主体地位和重要作用,确立无产阶级政党的性质和宗旨而得出的科学结论。人民群众是我们党执政的社会基础,是党发展壮大的力量源泉。依靠人民,坚决相信人民群众的创造力是无穷的,信任人民,和人民打成一片,就会战胜任何困难和敌人。因此,能否做好这一工作,始终关系到中国共产党事业的兴衰成败。

二、中国共产党历来重视群众工作

密切联系群众,善于做群众工作,是我们党的优良传统,也是党的政治优势。人们常说,延安革命根据地政权"是陕北人民用小米哺育出来的",淮海战役"是人民用独轮小车推出来的",改革开放"是适应人民愿望、根据群众创造搞起来的"。中国共产党百年奋斗历程表明,保持党同广大人民群众血肉般的联系,是党的胜利之本和力量源泉。

(一)党的事业从群众工作中起步

中国共产党的事业,是从群众工作中起步的。在党的创立时期,邓中夏等人早在1920年就进入北京长辛店铁路工厂,开展群众工作,创办工人夜校,启发工人觉悟,逐步组织起工人骨干力量,在1922年冬发起了京汉铁路工人大罢工。

1921年9月,毛泽东进入安源煤矿,之后与李立三、刘少奇创办工人夜校，组织建立安源路矿工人俱乐部，通过深入的群众工作，于1922年9月组织安源路矿工人大罢工。1922年共产党员彭湃在广东海丰县赤山约开始做农民工作，发展为建党初期范围广、影响大的海陆丰农民运动，彭湃后来被人们誉为"农运大王"。中国共产党创立时期的群众工作，掀起了伟大的工人运动和农民运动，党领导的革命事业由此生根发芽。

红军创建初期，由于敌人的封锁和根据地条件的艰苦，还不具备完善的出版报纸的条件。毛泽东因地制宜，提出运用标语、口号、传单、布告、壁报、简报、画报、演讲等各种形式搞好宣传工作。[1] 毛泽东还规定做群众工作是红军的"三大任务之一"。从1927年10月起，毛泽东把群众工作作为一项重大事情来抓。1927年12月，毛泽东在砻市首次宣布工农革命军的"三大任务"："第一、打仗消灭敌人；第二、打土豪筹款子；第三、宣传群众，组织群众，武装群众，帮助群众建立革命政权。"[2] "三大任务"的制定和颁布，明确了军队政治与军事的关系，说明工农革命军是一个执行革命政治任务的武装集团，除了打仗消灭敌人外，还要做群众工作，帮助群众建立革命政权，还要筹粮筹款，自己解决给养，不过多增加地方负担，从而使部队的政治工作、军事斗争都有了明确目标。

党的工作重心由城市转入农村后，党重视开展群众工作，宣传动员和组织群众展开打土豪、分田地，参加根据地建设和支前、参军参战，组织起了伟大的人民战争，推动革命事业日益走向胜利。1929年12月，毛泽东为中国工农红军第四军第九次党代表大会起草决议，再次提出红军必须担负起打仗、筹款和做群众工作三位一体的任务。其中，特别强调"红军的打仗，不是单纯地为了打仗而打仗，而是为了宣传群众、组织群众、武

---

[1] 冯俊主编：《执政的生命线——党的群众路线群众工作研究》，46—47页，北京，人民出版社，2014。

[2] 许毅主编：《中央革命根据地财政经济史长编（下册）》，615页，北京，人民出版社，1982。

装群众，并帮助群众建设革命政权才去打仗的，离了对群众的宣传、组织、武装和建设革命政权等项目标，就是失去了打仗的意义，也就是失去了红军存在的意义"。[1]

1934年1月，毛泽东在第二次全国苏维埃代表大会上，再次强调"真心实意为群众谋利益"问题，他指出："要得到群众的拥护吗？要群众拿出他们的全力放在战线上去吗？那么，就得和群众在一起，就得去发动群众的积极性，就得关心群众的痛痒，就得真心实意为群众谋利益，解决群众的生产和生活的问题，盐的问题，米的问题，房子的问题，衣的问题，生小孩的问题，解决群众的一切问题。我们是这样做了么，广大群众就必定拥护我们。"他在大会上还说："我郑重地向大会提出，我们应该深刻地注意群众生活的问题，从土地、劳动问题，到柴米油盐问题。妇女群众要学习犁耙，找什么人去教她们呢？小孩子要求读书，小学办起了没有呢？对面的木桥太小会跌倒行人，要不要修理一下呢？许多人生疮害病，想个什么办法呢？一切这些群众生活上的问题，都应该把它提到自己的议事日程上。应该讨论，应该决定，应该实行，应该检查。要使广大群众认识我们是代表他们的利益的，是和他们呼吸相通的。"[2]

在中央苏区时期，毛泽东关心群众的生产，他看见天干旱，就亲自下到田里去帮助老乡们车水抗旱。群众没水喝，他带领战士们打井。看到小桥坏了，就催促乡政府赶快修好。空闲的时候，他同农民一道捡花生。看到农民生脚疮，就请军医医脚疮。看到农村文盲多，就倡办了很多夜校、扫盲班、列宁小学等，帮助农民提高文化知识。由于党关心群众的生活，就得到了群众真心实意的拥护，苏区的群众拥军支前热情非常高涨，为中

---

[1]《毛泽东文集（第一卷）》，79页。
[2]《毛泽东选集（第一卷）》，138页。

央苏区四次反围剿斗争的胜利打下了坚实的基础。[1]

抗日战争时期,为了巩固统一战线,争取抗战力量,中共中央于1939年11月1日作出了《关于深入群众工作的决定》,这是党的历史上第一个关于群众工作的决定。决定指出:"共产党必须进一步依靠群众,必须深入群众工作,才能克服投降与反共危险,巩固统一战线,争取继续抗日,争取民主政治,准备反攻力量,否则是不可能的。同样共产党必须深入群众工作,获得广大群众的拥护,才能在投降与反共危险没有克服以致发生突然事变时,使党与抗战避免意外的损失,否则也是不可能的。"[2] 该决定要求一切国民党区域的共产党,必须有步骤地,有深远计划地,既不懈怠又不冒进地利用一切公开合法可能而不使党的公开工作与党的秘密工作相混同的方式去进行群众组织工作、群众教育工作与群众生活改善工作,并且要以群众工作的好坏,作为判断当地党的工作好坏的主要标准。

1939年11月3日,时任中央组织部部长的陈云与华北六个不同地区的有关同志谈话后,针对群众工作中存在的薄弱环节,撰写了《开展群众工作是目前地方工作的中心》一文。他在文中阐述了加强群众工作的方式和方法,这是抗战时期中国共产党关于群众工作的重要历史文献。陈云指出,华北处在艰苦抗战的环境中,需要大量人力、财力、物力的补充,而这些补充只能依靠民众。如果要民众诚心诚意、源源不绝地帮助军队,就必须在民众运动方面进行最好的工作,否则是不可能的,"今天在华北各个抗日根据地,要发动民众更广泛地在人力、财力、物力上援助军队,非依靠党在群众中进行大量的组织工作不可"。[3] 他提出,群众工作千头万绪,

---

1 冯俊主编:《执政的生命线——党的群众路线群众工作研究》,48页。
2 中共中央党校党史教研室选编:《中共党史参考资料(四)抗日战争时期(上)》,123页,北京,人民出版社,1979。
3 中共中央文献研究室:《陈云论党的建设》,76页,北京,中央文献出版社,1995。

当前最紧要的"就是在党的领导之下,从维护群众自己的利益出发,从群众内部去发动群众斗争,把群众团体自下而上地建立起来。这样,群众的利益与那些把持乡村政权为非作恶的乡长、村长的利益之间的矛盾,就会尖锐化。在共产党和上级政权推动之下,就很容易去改造这些乡村政权,使之掌握到真正代表人民利益的乡长村长手里"。[1]

这一阶段,中共中央还作出了《关于敌后大城市群众工作的指示》《关于检查拥政爱民及拥军优抗工作的指示》《关于发动与争取基本群众的方针给华中局的指示》《关于集中全力放手发动群众给东北局的指示》等一系列决定和指示,这些政策不仅体现了中国共产党对群众工作的高度重视,也反映了中国共产党从制度建设层面确保群众工作顺利实施所进行的积极探索。

1941年和1942是抗日战争期间根据地最困难的时期。由于日本侵略军的野蛮进攻和国民党的包围封锁,加上自然灾害频发,根据地财政发生了极大困难。中国共产党人继承和发扬群众工作的优良传统,依靠人民群众,精兵简政,开展大生产运动,开展"拥政爱民、拥军优抗"运动,把武装斗争和群众利益紧密结合在一起,党政军民学同甘共苦,成功粉碎了日军多次"扫荡""蚕食"活动,根据地迎来了恢复和再发展,为战略反攻和抗战胜利奠定了坚实的基础。[2]

解放战争时期,刘邓大军在大别山的群众工作经验为做好群众工作提供了宝贵的历史借鉴和启示。1947年8月底,晋冀鲁豫野战军主力部队在刘伯承司令员和邓小平政委带领下,冲破国民党军队的包围圈挺进大别山,揭开了全国解放战争从战略防御到战略进攻的序幕。邓小平同志在挺

---

[1] 中共中央文献研究室:《陈云论党的建设》,77页。
[2] 石立国:做好群众工作应成为共产党人的看家本领,载《学习时报》,2020年3月25日,第5版。

进大别山当天专门起草了《创建巩固的大别山根据地》。该指示明确指出：我们的军队要想在大别山站稳脚跟，一要大量地消灭敌人的力量，二要充分地发动人民群众。他提出："要充分发动群众及其游击战争，同我们一块斗争，是实现我们战略任务的决定条件。而我军严格三大纪律八项注意，严整军风军纪，是树立良好影响，使群众敢于接近的先决条件。各级必须专门检查实现，万勿忽视。"[1] 刘邓大军充分发动群众力量，组织群众通过开展游击战争配合我军同国民党军队作战，并且反复向群众解释子弟兵就是当年的红军，回来是要重建大别山根据地，而且根据地建立起来后，军队就不会再走了，这让当地群众吃了一颗定心丸，最终赢得了群众的信任、得到了群众的支持，取得了坚持大别山内线斗争的重大胜利。

（二）党执政后继续做好群众工作

新中国成立以后，伴随着党的历史方位的变化，我国政治、经济、社会生活等方面发生了深刻变化，中国共产党继续做好全面执政条件下的群众工作。1950年5月上旬，毛主席亲自回复群众来信80余封，仅5月7日一天就回复18封群众来信。同年毛主席批示要求对群众来信认真负责加以处理。毛主席要求秘书室每天至少选择10封群众来信让他看。毛主席善于抓住来信中的要害，言简意赅提出解决的途径和办法，充满政治智慧、政治热情和亲切情感，给来信人以慰藉和勉励，给全党同志以对人民群众高度负责和满腔热情的生动教育。[2] 1951年1月，毛泽东在起草给各中央局负责人的批语中把是否注意发动群众作为一项重要工作要求。他认为，要推翻地主阶级，使农民真正分到土地，必须把群众发动起来，让群众自己参与土改工作中，而组织上只需要派一些干部进行帮助指导一下，

---

[1]《邓小平文选（第一卷）》，95页。
[2] 索宏钢总主编：《党支部工作法》，234页，北京，人民出版社，2017。

这样的话，工作方向就是对的，工作也就好开展了。[1]

改革开放以来，中国共产党继续深化党的群众工作。邓小平同志在20世纪七八十年代指出："我们搞四个现代化，因为经验不足，会面临多方面的困难。……这些问题，归根到底，只有相信群众，依靠群众，充分走群众路线，才能够得到解决。"[2] "社会主义现代化建设的极其艰巨复杂的任务摆在我们的面前。很多旧问题需要继续解决，新问题更是层出不穷。党只有紧紧地依靠群众，密切地联系群众，随时听取群众的呼声，了解群众的情绪，代表群众的利益，才能形成强大的力量，顺利地完成自己的各项任务。"[3]

（三）人民利益是一切工作的出发点和落脚点

党的十八大以来，习近平总书记在党和国家的各项工作中都十分重视贯彻群众路线和群众工作方法。在全党开展党的群众路线教育实践活动，是党的十八大作出的一项战略决策。党的群众路线教育实践活动于2013年6月18日启动，活动紧紧围绕保持和发展党的先进性和纯洁性，以"为民、务实、清廉"为主题，按照"照镜子、正衣冠、洗洗澡、治治病"的总要求，自上而下在中共全党深入开展，目的在于帮助广大干部特别是领导干部进一步增强群众观点，解决脱离群众的各种问题，提高做好新形势下群众工作的能力，把为民务实清廉的价值追求深深植根于全党同志的思想和行动中，夯实党的执政基础，巩固党的执政地位，增强党的创造力凝聚力战斗力，使保持党的先进性和纯洁性。2014年10月8日，党的群众路线教育实践活动总结大会在北京召开，习近平同志发表了重要讲话，肯定了活动开展以来取得的成绩，同时要求全党同志继续打好党风建设这场硬仗，以好的作风保障党和国家各项工作顺利开展。深入开展党的群众

---

[1] 赵兴银：《新中国成立初期中国共产党群众工作研究》，扬州大学博士论文，2019年。
[2] 《邓小平文选（第二卷）》，230页。
[3] 《邓小平文选（第二卷）》，342页。

路线教育实践活动，对于教育引导党员干部牢固树立宗旨意识和马克思主义群众观点，改进工作作风，赢得人民群众信任和拥护，夯实党的执政基础，提高做群众工作的本领，具有十分重大而深远的意义。广大党员干部积极走进工厂车间、田间地头、居民社区，深入群众、服务群众，积极回应群众关切，着力打通联系服务群众的"最后一公里"，形成了人往基层走、钱往基层投、政策往基层倾斜的良好导向，影响群众切身利益的症结难点得到突破，活动受到群众的广泛好评。

在党的十九大报告中，习近平总书记揭示了新时代坚持和发展中国特色社会主义的十四条基本方略，其中第二条就是坚持以人民为中心，要求"把党的群众路线贯彻到治国理政全部活动之中，把人民对美好生活的向往作为奋斗目标，依靠人民创造历史伟业"。[1] 党的十九大报告还将群众工作本领作为要增强的八项本领之一，号召全党增强群众工作本领。在庆祝改革开放40周年大会上的讲话中，习近平总书记全面总结了改革开放以来的九条宝贵经验，其中第二条就是"必须坚持以人民为中心，不断实现人民对美好生活的向往"。[2] 习近平总书记指出，"必须以最广大人民根本利益为我们一切工作的根本出发点和落脚点，坚持把人民拥护不拥护、赞成不赞成、高兴不高兴作为制定政策的依据，顺应民心、尊重民意、关注民情、致力民生，既通过提出并贯彻正确的理论和路线方针政策带领人民前进，又从人民实践创造和发展要求中获得前进动力，让人民共享改革开放成果，激励人民更加自觉地投身改革开放和社会主义现代化建设事业"。[3]

---

[1] 习近平：《决胜全面建成小康社会 夺取新时代中国特色社会主义伟大胜利——在中国共产党第十九次全国代表大会上的报告》，21页。
[2] 习近平：《在庆祝改革开放40周年大会上的讲话》，23–24页。
[3] 习近平：《在庆祝改革开放40周年大会上的讲话》，24页。

党的二十大报告中更是百余次提到"人民",字字饱含深情,句句掷地有声。报告中出现的"人民至上""以人民为中心""人民主场""人民主体地位"等词汇,更是饱含着对人民的尊崇与热爱,深刻体现了新时代中国共产党人的人民观。

第二节　新时代提高群众工作能力的必要性和紧迫性

一、领导和组织群众为中华民族伟大复兴中国梦而奋斗是党在现阶段的重要任务

带领人民创造幸福生活,是中国共产党始终不渝的奋斗目标。党的十八大以来,改革开放和社会主义现代化建设取得了历史性成就。面对国际局势纷纭变幻、国内改革发展稳定任务十分繁重的形势,党中央坚定不移高举中国特色社会主义伟大旗帜,全面加强和改善党的领导,团结带领全党全国各族人民迎难而上、开拓进取,进行具有许多新的历史特点的伟大斗争,统筹推进"五位一体"总体布局、协调推进"四个全面"战略布局,出台一系列重大方针政策,推出一系列重大举措,推进一系列重大工作,战胜一系列重大挑战,解决了许多长期想解决而没有解决的难题,办成了许多过去想办而没有办成的大事,推动党和国家事业发生历史性变革,国家经济实力、科技实力、国防实力、综合国力、国际影响力和人民获得感显著提升,为党和国家事业进步发展奠定了更加坚实的基础。

中国特色社会主义事业进入了新的发展阶段。党的十九大作出了"中国特色社会主义进入了新时代"、"我国社会主要矛盾已经转化为人民日益增长的美好生活需要和不平衡不充分的发展之间的矛盾"等重大政治论

断,阐述了新时代中国共产党的历史使命,提出了新时代中国特色社会主义思想和基本方略,确定了决胜全面建成小康社会、开启全面建设社会主义现代化国家新征程的目标,对新时代推进中国特色社会主义伟大事业和党的建设新的伟大工程作出了全面部署。

当前,世界正经历百年未有之大变局。新冠疫情全球大流行使这个大变局加速变化,保护主义、单边主义上升,世界经济低迷,全球产业链供应链因非经济因素而面临冲击,国际经济、科技、文化、安全、政治等格局都在深刻调整,世界进入动荡变革期。国内发展环境也经历着深刻变化。我国人均国内生产总值达到1万美元,城镇化率超过60%,中等收入群体超过4亿人,人民对美好生活的要求不断提高。我国制度优势显著,治理效能提升,经济长期向好,物质基础雄厚,人力资源丰厚,市场空间广阔,发展韧性强大,社会大局稳定,继续发展具有多方面优势和条件。同时,发展不平衡不充分的一些突出问题尚未解决,发展质量和效益还不高,创新能力不适应高质量发展要求,农业基础还不稳固,实体经济水平有待提高,生态环境保护任重道远;民生领域还有不少短板,脱贫攻坚任务艰巨,城乡区域发展和收入分配差距依然较大,群众在就业、教育、医疗、居住、养老等方面面临不少难题;社会文明水平尚需提高;社会矛盾和问题交织叠加,全面依法治国任务依然繁重,国家治理体系和治理能力有待加强;一些改革部署和重大政策措施需要进一步落实。

我们已经实现第一个百年奋斗目标,正向第二个百年奋斗目标迈进,加快推进中国式现代化、实现中华民族伟大复兴既面临更为光明的前景,也需要领导干部付出更为艰巨的努力。在我国发展面临一系列矛盾和挑战的情况下,在关系到群众切身利益的问题显现的情况下,在群众利益诉求不断增强的情况下,作为一个拥有9600多万党员、在一个14亿多人口大国长期执政的党,领导和组织亿万群众为实现中华民族伟大复兴中国梦而奋斗是摆在党面前的根本任务。

要实现党的二十大确定的奋斗目标,必须紧紧依靠人民,充分调动最广大人民的积极性、主动性、创造性。在新时代的征程上,领导干部应顺应人民群众对美好生活的向往,坚持以人民为中心的发展思想,以保障和改善民生为重点,发展各项社会事业,加大收入分配调节力度,保证人民平等参与、平等发展权利,使改革发展成果更多更公平惠及全体人民,朝着实现全体人民共同富裕的目标稳步迈进。我们党执政的首要任务就是带领人民推动经济社会发展,不断满足人民日益增长的美好生活需要。提高党的执政能力,首先要提高党领导发展的能力。在现阶段,进一步实现好、维护好、发展好最广大人民的根本利益,就是要解决好人民群众反映强烈的问题,回应人民群众呼声和期待。只有切实贯彻落实群众路线、着力做好群众工作,把最广大人民的根本利益作为根本出发点和落脚点,努力兴办人民群众希望办的实事好事,不断为民造福,不断提高人民生活质量和水平,不断提高人民思想道德素质、科学文化素质和健康素质,不断保障人民经济、政治、文化、社会、生态环境权益,让发展成果惠及广大人民群众,才能更多地获取人民群众的认可,使党在坚持和发展中国特色社会主义的历史进程中始终成为坚强领导核心。

二、群众工作面临新特点新挑战

在不同历史时期和不同发展阶段,群众工作会有不同的具体特点。随着改革开放的深入和社会主义市场经济的发展,群众工作对象更加多样化,群众工作内容更加丰富,群众工作环境越来越复杂,群众工作组织网络需要进一步健全。这就要求我们把做好新形势下群众工作摆在更加突出的位置，不断增强群众工作的针对性和有效性。

（一）群众工作对象的多样化

党的十一届三中全会以后，伴随着改革开放和社会生产力的发展，作为我国社会结构重要方面的社会阶层结构也发生了十分深刻的变化。这种变化是社会主义市场经济体制建立和完善的必然结果，是经济体制的重大变化在社会层面的客观反映。随着改革开放的深入和经济文化的发展，工人阶级队伍不断壮大，素质不断提高。包括知识分子在内的工人阶级，广大农民，始终是推动我国先进生产力发展和社会全面进步的根本力量。党的十六大报告指出，在改革开放和发展社会主义市场经济过程中产生的新的社会阶层，包括以下六个方面的人员：民营科技企业的创业人员和技术人员、受聘于外资企业的管理技术人员、个体户、私营企业主、中介组织的从业人员和自由职业人员。可以看到，新的社会阶层人士主要由非公有制经济人士和自由择业的知识分子组成。他们作为改革开放特别是社会主义市场经济发展的产物，呈现快速增加的态势，在经济社会中的作用越来越突出。新的社会阶层的出现，使党的群众工作的对象比过去更加复杂，从而给党的群众工作带来一系列新的挑战、新的问题。

此外，群众工作对象的流动性也大大增强。据国家统计局数据，2022年末全国就业人员73351万人，其中城镇就业人员45931万人，全年城镇新增就业1206万人。全国农民工总量为29562万人，比上年增长1.1%。其中，外出农民工17190万人，增长0.1%。2022年，常住人口城镇化率为65.22%，比上年末提高0.50个百分点，全国人户分离的人口2.94亿人，其中流动人口2.47亿人。[1]

---

[1] 国家统计局：中华人民共和国2022年国民经济和社会发展统计公报，www.stats.gov.cn/sj/zxfb/202302/t20230228_1919011.html。

城镇新增就业人员和农民工数量的增多，使得做群众工作的基层组织将要面对结构复杂、流动性强的各类人员，传统的党组织联系群众的方式及渠道已经不能充分发挥作用，这使得党的群众工作的难度明显加大。

（二）利益诉求多样化增添了群众工作的难度

群众工作对象的多样化直接带来群众利益诉求的多元化，社会成员在根本利益一致性不断增强的同时，其思想观念、利益要求也呈现了巨大的差异性，如何协调群众多元的利益格局，成为党的群众工作的又一挑战。

进入新时代，我国社会主要矛盾已经转化为人民日益增长的美好生活需要和不平衡不充分的发展之间的矛盾。我国稳定解决了十几亿人的温饱问题，全面建成小康社会，人民美好生活需要日益广泛，不仅对物质文化生活提出了更高要求，而且在民主、法治、公平、正义、安全、环境等方面的要求日益增长。如何回应群众的利益诉求、如何协调群众之间的利益关系，都是党的群众工作需要直接面对的问题。

（三）意识形态多元化带来新考验

当今世界正在发生广泛而深刻的变化，国际形势中不稳定、不确定、不安全因素明显增多。霸权主义和强权政治有了新的表现，国际战略竞争更趋激烈，地区冲突和热点问题此起彼伏，金融危机、恐怖主义、环境恶化、流行疾病等非传统安全威胁日益突出，各种不确定因素和潜在风险大大增加。世界范围内各种思想文化交流、交融、交锋日益频繁。随着国与国相互依存日益紧密，各种思想文化在更大范围、更深层次相互激荡、彼此碰撞。

在这样的背景下，我国国内社会思想多元、多样、多变特征更加明显。经济体制的深刻变革、社会结构的深刻变动、利益格局的深刻调整，带来了思想观念的深刻变化，社会思想意识日益活跃，人们思想活动的独立性、选择性、多变性、差异性明显增强。在主流思想舆论进一步巩固的同时，各种非马克思主义的思想观念有所滋长，影响社会和谐稳定的舆论时有出现。这一方面有利于我国学习借鉴世界有益文明成果，另一方面我们将长期面对西方在经济、科技和文化传播方面占优势的压力，意识形态领域渗透和反渗透的斗争仍然十分尖锐复杂，维护文化安全和意识形态安全面临新的挑战，党在引领整合多样化社会思潮方面的任务更加繁重。

互联网的发展使党的群众工作面临新情况。在互联网兴起之前，意识形态传播的主要途径是报刊、书籍、广播、电视等，渠道较为单一，信息的传播是单向的。互联网取得飞速发展以后，网民能够自发地创造、传播信息，而不再仅仅是信息的接受者。互联互动、即时传播、共享共用的特征，使互联网的媒体功能日益强大。随着互联网技术门槛的不断降低，网民群体加速向普通大众发展，互联网大众化、媒体化、数字化趋势更加凸显。面对互联网技术和应用飞速发展，现行管理体制存在明显弊端，主要是多头管理、职能交叉、权责不一、效率不高，网上媒体管理和产业管理远远跟不上形势发展变化。特别是面对传播快、影响大、覆盖广、社会动员能强的微博客、微信等社交网络和即时通信工具用户的快速增长，如何加强网络法制建设和舆论引导，确保网络信息传播秩序和国家安全、社会稳定，已经成为党的群众工作面临的新考验。

（四）党员干部自身问题凸显群众工作的极端重要性

关于执政以后党情的变化对群众工作的挑战，1956年邓小平在党的八大上指出："执政党的地位，很容易使我们同志沾染上官僚主义的习气。脱离实际和脱离群众的危险，对于党的组织和党员来说，不是比过去减少而是比过去增加了。而脱离实际和脱离群众的结果，必然发展主观主义，即教条主义和经验主义的错误,这种错误在我们党内也不是比前几年减少而是比前几年增加了。"[1] 邓小平同志这些观点在党的十六大报告中被发展为:"我们党的最大政治优势是密切联系群众,党执政后的最大危险是脱离群众。"[2]

总体上看,当前各级党组织和党员、干部贯彻执行党的群众路线情况是好的,党群干群关系也是好的,广大党员干部在改革发展稳定各项工作中冲锋陷阵、忘我奉献,发挥了先锋模范作用,赢得了广大人民群众的肯定和拥护。同时必须看到,面对世情、国情、党情的深刻变化,精神懈怠危险、能力不足危险、脱离群众危险、消极腐败危险更加尖锐地摆在全党面前,党内脱离群众的现象仍然存在。

习近平总书记在党的群众路线教育实践活动第一批总结暨第二批部署会议上的讲话中曾指出:"从乡镇、街道和村、社区等其他基层组织看,有的不关心群众冷暖,责任心不强,坐等上门多、主动问需少,用上网代替上门、用通话代替见面,遇到矛盾绕道走;有的落实惠民政策缩水走样,机械执行、死板操作,好事办不好;有的工作不专心,在位不在岗,天天'走读',有事找不着人,领导职责空置;有的弄虚作假、欺上瞒下,哄骗上级、糊弄群众;有的方法简单粗暴,对待群众态度恶劣、随意训斥,'通不通三分钟、再不通龙卷风';有的软弱涣散,服务群众意识和能力不强,办事不公;有的侵犯群众利益,克扣群众财物,个别地方的党政单位、干部拖欠群众钱款,打白条,耍赖账,等等。"[3]

2018年2月12日,习近平总书记在打好精准脱贫攻坚战座谈会上的

---

[1] 《邓小平文选(第一卷)》,214页。

[2] 中共中央文献研究室编:《十六大以来重要文献选编(上)》,41—42页,北京,中央文献出版社,2004。

[3] 习近平:在党的群众路线教育实践活动第一批总结暨第二批部署会议上的讲话,载《党建研究》,2014年第2期。

讲话中指出："从脱贫攻坚工作看，形式主义、官僚主义、弄虚作假、急躁和厌战情绪以及消极腐败现象仍然存在，有的还很严重，影响脱贫攻坚有效推进。""形式主义、官僚主义主要表现是会议多、填表多、检查多。"他举例道，"有个地方的精准扶贫档案资料包括贫困户入户资料、贫困户档案、村级档案、乡级资料4个部分，每1户要填写10份表格，村级档案有4类21种，乡级资料有4类25种，真可谓眼花缭乱！有些地方还规定，扶贫档案必须由第一书记亲笔填写，一式3份，均不得出错，不得涂改；如有变化，3份都得改，改一项数据就得折腾很长时间，耽误了真正的扶贫工作。……检查多也让基层干部不堪重负。一位县委书记反映，曾在一天内接待了国家、省里、部门、市里的4个检查组和调研组，应接不暇。……考核评估也存在重形式偏向。一些考核评估只看资料全不全、表格填好没填好、老百姓能不能答上问题，对区域发展、政策落地、群众获得感等情况关注不够。贫困户在家的多是老人和小孩，有些政策虽然宣讲多次，他们还是搞不清记不住，但第三方评估抽访时一次没答对或没答准，就认定干部工作没做到位，这让基层干部很委屈。"[1]

对群众问题的不关心、和群众联系得不紧密、群众工作方法的滞后、甚至部分党员干部腐败堕落，党员干部自身存在的上述问题使党的群众工作比以往任何时候都更为困难又更为重要。

第三节　领导干部提高群众工作能力的举措和途径

做好群众工作是领导干部的重要职责。是否重视做群众工作，是否善于做群众工作，是衡量领导干部政治上是否合格、工作上是否称职、领

---

[1] 习近平：在打好精准脱贫攻坚战座谈会上的讲话，载《求是》，2020年第9期。

导能力强不强的一个基本标准。各级领导干部要以身作则，从树立群众观点、坚定群众立场、坚持群众路线、增进同群众的感情和创新群众工作方式方法等方面加强修养和锻炼，以正确的世界观立身，以正确的权力观用权，以正确的事业观做事，在做好群众工作中充分发挥示范引领作用，不断提升自身的群众工作能力。要善于研究和把握群众工作的特点和规律，创新工作方法，把群众工作做深做细做实，增强群众工作的亲和力和感染力，提高群众工作的针对性和实效性。

一、密切联系群众，提高了解社情民意能力

"知屋漏者在宇下，知政失者在草野。"[1] 只有到基层工作的第一线，带着感情深入群众，和群众打成一片，才能学到知识，练硬本领。对此，习近平总书记曾提出："既要到工作局面好和先进的地方去总结经验，又要到困难较多、情况复杂、矛盾尖锐的地方去研究问题，特别是要多到群众意见多的地方去，多到工作做得差的地方去，既要听群众的顺耳话，也要听群众的逆耳言，这样才能听到实话、察到实情、收到实效。"[2] "正确的方式方法是做好群众工作的保障。要认真贯彻执行已有的行之有效的群众工作制度，大力弘扬深入群众、深入基层、深入调查研究的优良传统，拿出更多的时间和精力到基层去、到一线去、到条件较差和情况复杂的地方去，察实情、办实事、求实效，做到谋划发展思路向人民群众问计，查找发展中的问题听人民群众意见，改进发展措施向人民群众请教，落实发展任务靠人民群众努力，衡量发展成效由人民群众评判。"[3]

---

[1] 东汉·王充：论衡·书解篇。
[2] 习近平：在党的十九届一中全会上的讲话，载《求是》，2018年第1期。
[3] 习近平与中央党校省部班学员座谈时强调　领导干部要不断提高新形势下群众工作水平，载《人民日报》，2011年1月6日，第1版。

习近平总书记本人也是这样做的。他说:"当县委书记一定要跑遍所有的村,当市委书记一定要跑遍所有的乡镇,当省委书记一定要跑遍所有的县市区。"[1]在河北正定工作期间,习近平同志很少待在县委机关,一年大部分时间都在基层调研,跑遍了正定的每一个村。他经常让县委干部走上街头搞随机问卷调查,有时自己还在大街上支起桌子听取群众意见。在宁德任地委书记时,他倡导开展"四下基层",并以身作则三进下党乡。后来在福州工作时,又大力推动"进万家门、知万家情、解万家忧、办万家事"。到浙江工作后,他用一年多时间就跑遍了全省90多个县(市、区)。到中央工作后,他的足迹已遍及了全国31个省(区、市)。习近平总书记身体力行深入基层,从群众中来、到群众中去,为各级领导干部树立了榜样。[2]

经过多年探索和实践,我们在贯彻群众路线、密切联系群众方面有了比较系统的制度规定,大多行之有效、群众认可。不管建立和完善什么制度,都要本着于法周延、于事简便的原则,注重实体性规范和保障性规范的结合和配套,确保针对性、操作性、指导性强。比如应建立健全社情民意调研制度。各级领导干部可以带头调研,每年就1至2个重点问题,到条件最艰苦、矛盾最突出、社情最复杂的地方深入调查研究,每年下基层的时间可以规定不少于30天。认真落实蹲点调研制度,领导干部可以结合各自分工,建立不同类型的基层联系点,选择群众生产生活中的重点热点难点问题,协调有关方面研究解决。对各种涉及群体性事件问题,领导干部要亲自到一线,面对面地做工作,及时妥善处理。在重大节日、发生严重自然灾害等特殊时期,领导干部要主动深入基层、深入群众。充分发

---

[1]《习近平谈治国理政(第二卷)》,144–145页。
[2] 中央党校党建部:《党员教育培训学习辅导》,144页,北京,人民出版社,2020。

挥职能部门和群团组织网络健全、联系群众广泛的优势，及时收集了解群众的意见和建议。不断拓展领导干部信箱、专线电话（传真）、网上信访等多种渠道，引导群众更多地以书面形式表达诉求。充分发挥社会中介组织在收集反映群众诉求方面的积极作用。

在具体方法运用上，中央国家机关事务管理局曾总结了群众工作"十法"[1]，其中多数方法都是和密切联系群众直接相关的，列举如下，供领导干部参考。

一是挂钩联系法。挂钩联系是防止干部作风漂浮的有效方法，具体是让党员干部结对子认穷亲戚，这样可以使群众工作的指挥链条最短，群众需求的反映速度最快，基层信息失真最少，工作决策最迅速效能最高。采用这种方法，可以保证党员干部与群众直接沟通，真实具体地掌握群众的利益需求，群众也能够直接体会到党委政府执政为民的决策意图，从而密切党群关系和干群关系，推动群众工作螺旋式上升。

二是解剖麻雀法。解剖麻雀，就是在群众工作中深入实际，认真进行调查研究，通过对个别地方、个别单位、个别典型的科学剖析，求得对普遍情况的真正了解和对一般规律的正确认识。解剖麻雀法，关键是要找准典型，掌握大量第一手真实材料，进行一番去粗取精、去伪存真、由表及里、由此及彼的比较研究工作，以掌握事物固有的本质联系和发展趋势，既要防止把个别现象误认为具有普遍指导意义，防止犯片面性的错误，又要防止误把主流当支流，贻误错过解决矛盾问题的时机。

三是明察暗访法。明察暗访是推动政策执行及工作落实的重要方法，是党务政务督查的重要手段，是刹住"四风"的有效措施。早在战国时代

---

[1] 中央国家机关事务管理局资产管理司党支部撰写《群众工作"十法"》，参见索宏钢总主编：《党支部工作法》，北京，人民出版社，2017。

就有"齐桓公微服以巡民家"的记载,可见暗访更能察知实情。明察暗访,"微服以巡民",就是要通过观察表面现象,求得对事物本质的认识。从一定意义上说,群众工作不断深入的过程,就是透过现象看本质的过程。

四是座谈听证法。听证是行政机关在作出行政处罚决定之前听取当事人陈述和申辩,由听证程序参加人就有关问题相互进行质问、辩论和反驳,从而查明案件事实的过程,这是行政管理、行政执法民主化的大趋势。在群众工作中借用这个行政程序法的规定,就涉及群众利益的决策广泛听取不同利益诉求群体的意见,听取利益群体以外的群众和专家的意见,在一定范围召开座谈会,充分发扬人民民主,有助于验证修订错误观点,形成正确决策意见,决策也容易得到执行。

五是来信来访法。信访是群众反映诉求的重要窗口。重视解决来信来访是化解民忧解决社会矛盾的着力点,是践行群众路线的桥梁纽带。老一辈革命家把信访工作视为了解民意、为群众排忧解难的重要渠道。在我国发展的关键期和社会矛盾的凸显期,这个方法尤应值得提倡。

六是问计网民法。网络克服了地理空间和时间的约束,为群众参与民主决策提供了便捷的路径保障,降低了参与成本,拓宽了民主空间。据中国互联网络信息中心发布的第52次《中国互联网络发展状况统计报告》显示,截至2023年6月,我国网民人数已达10.79亿。[1] 充分利用网络问需于民,问计于民,无疑可以促进党员干部与普通群众的良性互动,因而可以成为新形势下开展群众工作的重要方法。关键是要提高党员干部使用网络的能力,关注网,会用网,用好网。一些地区开通了社区民情热线和民情微博,安排社区工作者专职收集、汇总、回复网上民意;社区"两委"班子坚持每周对网上民意进行汇总、分析、研究,能解决的,详细排出时

---

1 参见 https://www.cnnic.cn/n4/2023/0828/c88-10829.html.

间表和路线图,及时向居民通报工作进展;不能解决的,形成解释答复意见,尽快回复居民。

七是公开征文法。就开展某一项工作,通过下发通知、明确征文的内容和要求,以纸质媒体、网络媒体等多种载体,向群众广泛问计,是汇聚民力、集中民智的重要方法。如教育部、人民网《关于在全国高校组织开展"我的中国梦"征文活动的通知》,就是教育部通过征文的方式,向全国高校教职员工和学生问计中国梦的圆梦方式,通过征文汇集亿万青年的强国之愿。只有当人民的首创精神得以充分发挥,社会主义的积极因素才能竞相迸发,社会主义制度的优越性才能得以体现。

二、解决好群众最直接最现实的利益问题

坚持群众路线,就要坚持全心全意为人民服务的根本宗旨。"政之所兴在顺民心,政之所废在逆民心。"[1]全心全意为人民服务,是党一切行动的根本出发点和落脚点,是我们党区别于其他一切政党的根本标志。党的一切工作,必须以最广大人民根本利益为最高标准。检验一切工作的成效,最终都要看人民是否真正得到了实惠,人民生活是否真正得到了改善,人民权益是否真正得到了保障。做好群众工作必须贯彻全心全意为人民服务的根本宗旨,从人民群众最关心最直接最现实的利益问题入手,努力解决学有所教、劳有所得、病有所医、老有所养、住有所居的问题,真心实意为群众谋利益,扎扎实实为群众办实事、办好事。时时处处、切切实实关心群众生活,紧抓民生之本、解决民生之急、排除民生之忧,这是密切党群关系的治本之策,也是最根本的群众工作。

解决好群众最直接最现实的利益问题,是中国共产党人做好群众工作

---

[1] 管子·牧民。

的历史传统。1934年1月,毛泽东同志在《关心群众生活,注意工作方法》的讲话中,尖锐批评了在根据地基层政府中存在的只讲扩大红军,扩充运输队,收土地税,推销公债,其他事情都不管的现象。他认为,我们是革命战争的领导者、组织者,我们又是群众生活的领导者、组织者。组织革命战争,改良群众生活,这是我们的两大任务。对于广大群众的切身利益问题,群众的生活问题,就一点也不能疏忽,一点也不能看轻。要使他们从这些事情出发,认识我们是代表他们的利益的,是和他们呼吸相通的。毛泽东同志还明确指出:"要联系群众,就要按照群众的需要和自愿。一切为群众的工作都要从群众的需要出发,而不是从任何良好的个人愿望出发。这里是两条原则:一条是群众的实际上的需要,而不是我们脑子里头幻想出来的需要;一条是群众的自愿,由群众自己下决心,而不是由我们代替群众下决心。"[1]

时至今日,领导干部要提高群众工作的能力,应"面对面、心贴心、实打实做好群众工作,把人民群众安危冷暖放在心上,雪中送炭,纾难解困,扎扎实实解决好群众最直接最现实的利益问题、最困难最忧虑最急迫的实际问题"。[2] 习近平总书记强调:"马克思主义权力观概括起来是两句话:权为民所赋,权为民所用。"[3] "要坚持眼睛向下,脚步向下,尊重基层群众实践,解决群众生产生活中面临的突出问题,务必使改革的思路、决策、措施都能更好满足群众诉求,做到改革为了群众、改革依靠群众、改革让群众受益。"[4] "要落实党中央关于逐步实现全体人民共同富

---

[1] 《毛泽东选集(第三卷)》,1012–1013页。
[2] 习近平:《在庆祝"五一"国际劳动节暨表彰全国劳动模范和先进工作者大会上的讲话》,8页,北京,人民出版社,2015。
[3] 习近平:领导干部要树立正确的世界观权力观事业观,中共中央党校网站。https://www.ccps.gov.cn/xxsxk/xldxgz/20181223_126884.shtml。
[4] 习近平主持召开中央全面深化改革领导小组第七次会议强调 鼓励基层群众解放思想积极探索 推动改革顶层设计和基层探索互动,载《人民日报》,2014年12月3日,第1版。

裕的要求，带领群众艰苦奋斗、勤劳致富，在收入、就业、教育、社保、医保、医药卫生、住房等方面不断取得实实在在的成果。"[1]

党的二十大对保障和改善民生作出了全面部署，成为领导干部解决好群众最直接最现实利益问题的遵循。领导干部应坚持把人民群众关心的事当作自己的大事，从人民群众关心的事情做起，多谋民生之利，多解民生之忧，在幼有所育、学有所教、劳有所得、病有所医、老有所养、住有所居、弱有所扶上不断取得新进展，不断促进社会公平正义，不断促进人的全面发展、全体人民共同富裕，让改革发展成果更多更公平惠及全体人民，使人民获得感、幸福感、安全感更加充实、更有保障、更可持续，朝着实现全体人民共同富裕不断迈进。

优先发展教育事业。建设教育强国是中华民族伟大复兴的基础工程，必须深化教育改革，加快教育现代化，办好人民满意的教育。要全面贯彻党的教育方针，落实立德树人根本任务，发展素质教育，推进教育公平，培养德智体美全面发展的社会主义建设者和接班人。推动城乡义务教育一体化发展，高度重视农村义务教育，办好学前教育、特殊教育和网络教育，普及高中阶段教育，努力让每个孩子都能享有公平而有质量的教育。完善职业教育和培训体系，深化产教融合、校企合作。加快一流大学和一流学科建设，实现高等教育内涵式发展。健全学生资助制度，使绝大多数城乡新增劳动力接受高中阶段教育、更多接受高等教育。支持和规范社会力量兴办教育。加强师德师风建设，培养高素质教师队伍，倡导全社会尊师重教。办好继续教育，加快建设学习型社会，大力提高国民素质。

提高就业质量和人民收入水平。就业是最大的民生。要坚持就业优先战略和积极就业政策，实现更高质量和更充分就业。大规模开展职业技能

---

[1] 习近平在中央党校（国家行政学院）中青年干部培训班开班式上发表重要讲话强调　年轻干部要提高解决实际问题能力　想干事能干事干成事，载《人民日报》，2020年10月11日，第1版。

培训，注重解决结构性就业矛盾，鼓励创业带动就业。提供全方位公共就业服务，促进高校毕业生等青年群体、农民工多渠道就业创业。破除妨碍劳动力、人才社会性流动的体制机制弊端，使人人都有通过辛勤劳动实现自身发展的机会。完善政府、工会、企业共同参与的协商协调机制，构建和谐劳动关系。坚持按劳分配原则，完善按要素分配的体制机制，促进收入分配更合理、更有序。鼓励勤劳守法致富，扩大中等收入群体，增加低收入者收入，调节过高收入，取缔非法收入。坚持在经济增长的同时实现居民收入同步增长、在劳动生产率提高的同时实现劳动报酬同步提高。拓宽居民劳动收入和财产性收入渠道。履行好政府再分配调节职能，加快推进基本公共服务均等化，缩小收入分配差距。

加强社会保障体系建设。按照兜底线、织密网、建机制的要求，全面建成覆盖全民、城乡统筹、权责清晰、保障适度、可持续的多层次社会保障体系。全面实施全民参保计划。完善城镇职工基本养老保险和城乡居民基本养老保险制度，尽快实现养老保险全国统筹。完善统一的城乡居民基本医疗保险制度和大病保险制度。完善失业、工伤保险制度。建立全国统一的社会保险公共服务平台。统筹城乡社会救助体系，完善最低生活保障制度。坚持男女平等基本国策，保障妇女儿童合法权益。完善社会救助、社会福利、慈善事业、优抚安置等制度，健全农村留守儿童和妇女、老年人关爱服务体系。发展残疾人事业，加强残疾康复服务。坚持房子是用来住的、不是用来炒的定位，加快建立多主体供给、多渠道保障、租购并举的住房制度，让全体人民住有所居。

三、持之以恒加强党的作风建设

党的优良作风是历来坚持的理论联系实际、密切联系群众、批评和自我批评以及艰苦奋斗、求真务实等作风。在革命、建设、改革长期实践中，党始终要求全党同志坚持光荣传统、发扬优良作风，为党和人民事业不断从胜利走向胜利提供了重要保障。

"苏区干部好作风，自带饭包去办公，日着草鞋分田地，夜走山路访贫农。"这是20世纪30年代流行在中央苏区的山歌，歌词形象地概括了当时苏区干部的好作风。在中央苏区，干部的良好作风体现在几个方面：首先，发挥先锋带头作用。中共兴国县委提出，所有苏维埃工作人员都要做到"十带头"（政治学习、军事训练、执行勤务、参军参战、遵纪守法、购买公债、节省粮食、发展生产、移风易俗、优待红军带头）。其次，红军干部下乡吃饭都是自己带。自己带米带饭包，带点包菜霉豆腐。米饭可以放到老百姓家里煮，但不允许吃老百姓家的饭菜。红军干部在工作时，每人自带一双草鞋、一顶雨笠。这种好的干部作风，给苏区发展带来一片生机。在党的领导下，苏区军民团结一心，坚持自力更生，克服种种困难，改变了苏区落后的条件，苏区经济社会建设有了很大发展。[1]

新中国成立前后，毛泽东同志多次郑重地告诫全党，务必防止因胜利而骄傲，以功臣自居、停顿起来不求进步、贪图享乐不愿再过艰苦生活等情绪的滋长，务必警惕别人用糖衣裹着的炮弹的袭击。改革开放初期，邓小平同志强调："在目前的历史转变时期，问题堆积成山，工作百端待举，加强党的领导，端正党的作风，具有决定的意义。"[2] 党中央高度重视作风建设，改革开放以来先后开展了整党、"三讲"教育、保持共产党员先进性教育、深入学习实践科学发展观活动、党的群众路线教育实践活动、"三严三实"专题教育"两学一做"学习教育、"不忘初心、牢记使命"主题

---

1 赵兴银：《新中国成立初期中国共产党群众工作研究》，扬州大学博士论文，2019年。
2 《邓小平文选（第二卷）》，178页。

教育、党史学习教育、深入开展学习贯彻习近平新时代中国特色社会主义思想主题教育等。中国共产党始终强调，执政党的党风关系党的形象，关系人心向背，关系党和国家生死存亡；马克思主义执政党的最大危险就是脱离群众，加强和改进党的作风建设，核心问题是保持党同人民群众的血肉联系。

保持党同人民群众的血肉联系是一个永恒课题，干部作风是人民群众观察评价党风的晴雨表。党的十八大以来的实践证明，作风建设必须以上率下，用钉钉子精神抓落实。抓好全党作风建设，首先要抓好中央委员会作风建设。习近平总书记强调："中央委员会的每一位同志都要勤勤恳恳为民，兢兢业业干事，清清白白做人。勤勤恳恳为民，就是要践行全心全意为人民服务的根本宗旨，做人民公仆，始终把人民群众安危冷暖放在心上，想问题、作决策、抓工作坚持从群众中来，到群众中去，时时做到与群众同甘苦、共忧乐、共奋进。兢兢业业干事，就是要确立献身党和人民事业的崇高情怀，聚精会神履行党和人民赋予的神圣职责，实干苦干，不务虚功，夙兴夜寐，勤奋工作，以一流业绩回报党和人民的信任和重托。清清白白做人，就是要一身正气、两袖清风，自觉遵守廉洁自律准则，自觉遵守中央八项规定精神，自觉接受监督，敬畏人民、敬畏组织、敬畏法纪，公正用权、依法用权、廉洁用权，拒腐蚀、永不沾，决不搞特权，决不以权谋私，做一个堂堂正正的共产党人。我们的领导干部不仅要自身过得硬，还要管好家属和身边工作人员，履行好自己负责领域的党风廉政建设责任，坚决同各种不正之风和腐败现象作斗争。"[1]

作风问题具有反复性和顽固性，形成优良作风不可能一劳永逸，克服不良作风也不可能一蹴而就，更不能一阵风、刮一下就停。"四风"问题

---

[1] 习近平：在党的十九届一中全会上的讲话，载《求是》，2018年第1期。

积习甚深，可谓冰冻三尺非一日之寒。以往的经验告诉我们，纠风之难，难在防止反弹。事物是不断发展变化的，"四风"问题具有很强的变异性和传染性，这样的问题消失了，那样的问题又会出现。正所谓"由俭入奢易，由奢入俭难"，必须经常抓、长期抓。

2017年，新华社一篇名为《形式主义、官僚主义新表现值得警惕》的文章反映：党的十八大以来，从制定和执行中央八项规定开始，全党上下纠正"四风"取得重大成效，但形式主义、官僚主义在一定程度上仍然存在，如一些领导干部调研走过场、搞形式主义，调研现场成了"秀场"；一些单位"门好进、脸好看"，就是"事难办"；一些地方注重打造领导"可视范围"内的项目工程，"不怕群众不满意，就怕领导不注意"；有的地方层层重复开会，用会议落实会议；部分地区写材料、制文件机械照抄，出台制度决策"依葫芦画瓢"；一些干部办事拖沓敷衍、懒政庸政怠政，把责任往上推；一些地方不重实效重包装，把精力放在"材料美化"上，搞"材料出政绩"；有的领导干部热衷于将责任下移，"履责"变"推责"；有的干部知情不报、听之任之，态度漠然；有的干部说一套做一套、台上台下两个样。[1]

习近平总书记就文章作出批示，他指出文章反映的情况，看似新表现，实则老问题，再次表明"四风"问题具有顽固性反复性。纠正"四风"不能止步，作风建设永远在路上。各地区各部门都要摆摆表现，找找差距，抓住主要矛盾，特别要针对表态多调门高、行动少落实差等突出问题，拿出过硬措施，扎扎实实地改。各级领导干部要带头转变作风，身体力行，以上率下，形成"头雁效应"。[2]

---

[1] 习近平近日作出重要指示强调 纠正"四风"不能止步 作风建设永远在路上，中国政府网，https://www.gov.cn/2017–12/11/content_5246002.htm.
[2] 习近平总书记就新华社一篇《形式主义、官僚主义新表现值得警惕》的文章作出指示，载《先锋队》，2018年第1期。

加强和改进作风建设是保持党同人民群众血肉联系的有效途径，必须聚焦解决群众反映强烈的突出问题，以作风建设新成效汇聚起推动改革发展的正能量。既要立足当前、切实解决群众反映强烈的突出问题，又要着眼长远、建立健全促进党员、干部坚持为民务实清廉的长效机制。只有持之以恒抓作风建设，做到一丝都不放松、一刻都不停顿，才能以优良作风把广大人民群众紧紧团结在党的周围。

领导应首先带头从思想和行动上解决存在的问题。要从思想上真正明白自己的公仆身份，自觉摆正自己的位置，站稳群众的立场，增进同群众的感情，克服一切脱离群众、违背群众意愿、损害群众利益的私心杂念。行动上要端正作风、端正行为，做一个堂堂正正的人，做一个合格的共产党员，做一个称职的党员干部。

领导干部应教育引导广大党员、干部把践行中国特色社会主义共同理想和坚定共产主义远大理想统一起来，以至虔诚而执着、至信而深厚。有了坚定的理想信念，站位就高了，眼界就宽了，心胸就开阔了，就能坚持正确政治方向，在胜利和顺境时不骄傲不急躁，在困难和逆境时不消沉不动摇，经受住各种风险和困难考验，自觉抵御各种腐朽思想的侵蚀，永葆共产党人政治本色。应把群众工作理论作为各级党委中心组学习和干部教育培训的重要内容，不断增强广大干部的群众观念和服务观念，切实提高做好群众工作的政治思想素质。加强培训，提高党员干部的群众工作能力。应鼓励基层党组织和党员不断创新联系和服务群众的方式方法，并把好经验好做法及时推广运用到联系和服务群众的工作中去。

领导干部应把推动整治"四风"顽症和破解改革难题相结合，推动树立形象、提振精神和凝心聚力相结合，使广大党员、干部锤炼思想和作风，增强宗旨意识、进取意识、机遇意识、责任意识，团结带领广大人民群众共同把改革蓝图变成现实。要从解决"四风"问题延伸开去，努力改进思想作风、工作作风、领导作风、干部生活作风，努力改进学风、文风、会风，加强治本工作，使党员、干部不仅不敢沾染歪风邪气，而且不能、不想沾染歪风邪气，从而使党的作风全面纯洁起来。

领导干部应重点着力纠正损害群众利益的不正之风。"不矜细行，终累大德。"[1]正人必先正己，正己才能正人。领导干部要从我做起、从小事做起，带头坚守正道、弘扬正气，努力营造良好从政环境。要紧紧盯住作风领域出现的新变化新问题，及时跟进相应的对策措施，做到掌握情况不迟钝、解决问题不拖延、化解矛盾不积压，谁以身试法就要坚决纠正和查处。坚持依法行政，规范执法行为，完善执法程序，改进执法方式，强化执法监督，做到严格规范、公正文明执法。加强对安全生产法律法规和责任制落实情况的监督检查，加强矿山、交通安全管理，及时消除事故隐患。严厉打击制售假冒伪劣食品行为，保障食品安全。加大行业不正之风治理力度，治理行政事业单位和经营服务性单位乱收费和加重企业负担问题，着力整治医药购销及医疗服务中的不正之风。严肃查处群体性事件、重大责任事故及执法司法不公等背后的腐败案件和渎职行为。

四、积极探索基层治理体制机制创新

基础不牢，地动山摇。党的基层组织和基层干部是加强和创新社会管理、做好群众工作最基本、最直接、最有效的力量，是党执政为民最为重要的组织基础。领导干部应切实加强基层组织建设，推动基层组织把知民情、解民忧、化民怨、暖民心作为经常性工作，按照情况掌握在基层、问题解决在基层、矛盾化解在基层、工作推动在基层、感情融洽在基层的要

---

[1] 尚书·周书·旅獒。

求做好群众工作。

2018年11月中旬，中央全面深化改革委员会第五次会议审议通过了《"街乡吹哨、部门报到"——北京市推进党建引领基层治理体制机制创新的探索》，认为北京市委以"街乡吹哨、部门报到"改革为抓手，积极探索党建引领基层治理体制机制创新，聚焦办好群众家门口事，打通抓落实"最后一公里"，是行之有效的做法。

"街乡吹哨、部门报到"形式上是破解基层治理难题的一个"响应机制"，其实质是推动城市基层从传统管理向现代治理转变的一场系统性变革。这项改革的核心是以党组织领导基层社会治理为主线，加强党的领导，发挥党的政治优势，把基层党组织建设成为领导基层社会治理的坚强战斗堡垒；关键是坚持党建引领，着力形成到基层一线解决问题的导向，走好新时代群众路线；目的是建立基层治理的应急机制、服务群众的响应机制、打通抓落实"最后一公里"工作机制，切实做到民有所呼、我有所应。其中的主要做法包括：

做好"双报到"工作，广泛引导党员干部参与基层治理。2018年，北京市委组织部印发《关于进一步做好基层党组织和在职党员"双报到"工作的通知》（京组通[2018]13号），（以下简称《通知》），积极引导驻区党组织、在职党员服务社区治理。

强化担当导向和正向激励，建强基层治理生力军。充分发挥考核导向作用，加强区委、区政府对考核评价工作的统筹，推动自下而上与自上而下的考评相结合。建立由街乡党（工）委牵头，对社区（村）、街乡内设机构、区政府职能部门及其派出机构进行分类考评的制度，探索将考评结果与干部选任、公务员评优、绩效奖励等相结合，进一步树立忠诚担当、事业为上的正确导向。

围绕"赋权",增强街乡统筹协调功能。《通知》着眼改善条块关系、明确权责分配、解决街乡权责不对等问题,重点落实了街乡党(工)委四项权力,即对市、区级层面涉及辖区重大事项的意见建议权,对辖区需多部门协调解决的综合性事项的统筹协调和督办权,对政府职能部门派出机构领导人员任免调整奖惩的建议权,对综合执法派驻人员的日常管理考核权。

聚焦"下沉",促进条块管理力量聚合。为解决联合执法召集难、协调难,基层治理力量不足的问题,按照"区属、街管、街用"的原则,加强市、区、街政策统筹,将城管执法、安监综合执法等适宜由街乡管理的职能部门派出机构逐步下沉到街乡,在街道乡镇普遍建立实体化综合执法中心,并提出要通过持续深化改革,逐步实现"一支队伍管执法",真正实现联合执法向综合执法转变。

坚持群众事情群众办,发动社区群众自我管理自我服务。针对政府治理活动群众了解不深、理解不够、参与度不高等问题,《通知》要求各级党组织积极健全党组织领导的居民自治机制,通过议事厅、恳谈会、理事会等,听民声汇民意集民智,拓宽群众参与渠道。

北京市"吹哨报到"改革抓住基层治理中条块分割、权责不一、碎片运作等顽瘴痼疾,大力推进街道管理体制机制创新,打破行政组织"条块分割"的困境,整合各方力量参与治理,有效推动了职能部门和辖区单位力量在街道聚合,从体制机制上为街道党组织领导基层治理、统筹各方力量创造了条件,实现了"一招破题、满盘皆活"的局面。

北京市"街乡吹哨、部门报到"的经验和做法提示我们:哨下硬骨头,要有新办法。概括起来主要包括:着力加强基层党组织建设,推动社会治理重心向基层下移、把基层党组织建设成为领导基层治理的坚强战斗堡垒；在做群众工作过程中切实深化体制机制改革、破除体制机制壁垒，推进基层治理体系和治理能力现代化；积极搭建基层党组织和在职党员参与基层党建、基层治理的平台载体；进一步形成群众工作合力；培育发展社会公益性民间组织，加强志愿服务者队伍建设；进一步突出重视基层的用人导向，更好教育引导党员干部转变作风，走进一线、贴近群众，切实增强团结群众、破解难题的能力，真正成为引领群众的先锋、服务群众的模范、联系群众的纽带。

第七章
"足履分明深踏石"——提高抓落实能力

"一分部署,九分落实。"抓落实是做事、创业之要,也是党员干部履职尽责的基本功。习近平总书记强调指出:"抓落实是领导工作中一个极为重要的环节,是党的思想路线和群众路线的根本要求,也是衡量党员领导干部世界观正确与否和党性强不强的一个重要标志。"[1] 重申抓落实的重要性,既是对历史经验的总结,又是基于形势发展的现实要求。党的二十大报告明确要求:"增强干部推动高质量发展本领,服务群众本领、防范化解风险本领。"[2] 这体现了党对落实能力的高度重视。在建设社会主义现代化国家新征程上,面对国内外发展环境深刻变化带来的新机遇新挑战,必须狠抓落实、善抓落实,拿出实实在在的举措,在危机中育先机、于变局中开新局。

第一节 抓落实是共产党最讲"认真"二字的体现

抓落实是马克思主义实践观点的生动体现,是共产党人认识世界、改

---

[1] 习近平:关键在于落实,载《求是》,2011年第6期。
[2] 习近平:《高举中国特色社会主义伟大旗帜 为全面建设社会主义现代化国家而奋斗——在中国共产党第二十次全国代表大会上的报告》,66页。

造世界的根本方法。马克思曾经说过:"哲学家们只是用不同的方式解释世界,问题在于改变世界。"[1] "一步实际运动比一打纲领更重要。"[2] 行胜于言,中国共产党百年的历史就是一部善谋划、抓落实的创业史,"世界上怕就怕'认真'二字,共产党就最讲认真。"[3] 抓落实让中国共产党人心往一块想、劲往一处使,在革命、建设和改革的不同历史时期,形成了强大的政党凝聚力和政策执行力,从而推动党的事业不断取得更大的辉煌。

一、抓落实是马克思主义实践观的生动体现

实践的观点是马克思主义最基本的观点。马克思主义哲学将实践观引入认识论,这是与其他一切旧哲学的根本区别。马克思主义哲学的创立,本身是理论与实践成功结合的标志,从而让哲学家从书本中解放出来,成为人们改造世界最有力的精神后盾。马克思指出,人的社会生活就是由各种实践活动构成的,人们对理论的各种总结与归纳都是从实践中得来的,都能在实践中找到源头与答案。也就是说,实践是认识的唯一来源,实践出真知。认识世界和改造世界的历史任务是长期而艰巨的,这就要求人们要反复不断地进行实践活动,将在实践中取得的认识,再用于实践,在实践中检验认识的真伪,不断修正、发展自己的认识。"人的思维是否具有客观的真理性,这不是一个理论的问题,而是一个实践的问题。人应该在实践中证明自己思维的真理性,即自己思维的现实性和力量,自己思维的此岸性。关于离开实践的思维的现实性或非现实性的争论,是一个纯粹经院哲学的问题。"[4]

---

[1] 《马克思恩格斯选集(第一卷)》,4页。
[2] 《马克思恩格斯选集(第三卷)》,355页,北京,人民出版社,2012。
[3] 《毛主席在苏联的言论》,15页,北京,人民日报出版社,1957。
[4] 《马克思恩格斯选集(第一卷)》,134页。

实践是认识的来源、动力和归宿，实践是检验真理的唯一标准。理论是实践的指导，同时理论也接受实践的检验而得到丰富发展。实践是永无止境的，认识随着实践的变化而不断变化。人们在认识世界和改造世界的过程中，遵循着"实践—认识—再实践—再认识"的循环法则，经过多次重复实践，才能达到对客观世界进一步的认识，才能推动科学认识和真理的深化发展。客观世界的运动没有终结，人的实践就不会完结。人类的认识随着实践的加深而不断发展。

抓落实是将主观范畴内的认识转化为客观现实的过程，是理性认识向实践飞跃的过程，是任何一项工作都不可或缺的重要环节。习近平总书记在深刻领会和把握马克思主义实践观的基础上，对"落实"的科学内涵进行了界定。2011年3月1日，他在中共中央党校春季学期开学典礼上发表重要讲话，《求是》杂志以《关键在于落实》为题发表，其中就指出："我们党之所以能够带领党和人民取得各项事业的伟大成就，在全国各族人民中享有崇高的威望，靠的就是把马克思主义基本原理同中国具体实际结合起来形成的正确的理论和路线方针政策；靠的就是全党同志团结带领人民群众一步一个脚印地把党的路线方针政策变成认识世界和改造世界的巨大精神力量与物质力量。"[1] 在认识论的意义上，"落实"就是"把党的路线方针政策变成认识世界和改造世界的巨大精神力量与物质力量"的过程和环节，就是主观见之于客观的人的主观能动的活动。抓落实，就是把党和国家各项方针政策、工作部署和措施要求，落实到基层中、落实到群众中。

抓落实的目的在于使党的理论、路线方针政策成为广大党员、干部、群众的自觉行动，成为改造主观世界和客观世界的武器和工具。马克思在

---

[1] 习近平：关键在于落实，载《求是》，2011年第6期。

《黑格尔法哲学批判》中指出："批判的武器当然不能代替武器的批判，物质力量只能用物质力量来摧毁；但是理论一经掌握群众，也会变成物质力量。"[1] 理论之所以可以让群众掌握，那它必然是来源于实践的、具备说服力的科学理论。这样的科学理论一经群众掌握，便可以成为群众认识世界和改造世界的指导思想，能使人们更好地从事实践活动，创造出更多优秀成果造福人类，这对无产阶级革命具有重要的指导意义。相反，理论一旦无法与群众相结合，那它就无法转变成物质力量。哲学如果不能用之于无产阶级手中，那它就只能是空想的理论，无产阶级如果没有科学理论作为实践指导，那就看不到共产主义胜利的曙光。要想使我党理论能够永葆时效性，不会因为时代的发展而脱节，就必须在抓落实的过程中不断总结实践的新鲜经验，去丰富和发展理论。

抓落实促进了理论与实践的有机统一。首先，在抓落实中能够检验真理。实践是认识的源泉，也是检验真理的唯一标准。党的路线方针政策需要在落实的过程中证实检验其科学性和正确性。其次，在抓落实中能够修正真理、发展真理。每一个真理性认识的获得，都是人们根据在实践中获得的新结论对原有认识加以修正实现的。抓落实为完善和深化理性认识、发展真理提供了路径选择。只有通过抓落实，把真理性认识返回到实践中，进行修改和完善，才能使真理性认识在辩证否定中不断上升到新的更高层面。最后，在抓落实中实现理论的第二次飞跃。认识的过程包含着从感性认识到理性认识的飞跃、由理性认识向实践的飞跃。完成从感性认识到理性认识的飞跃，事情只进行了一半，更重要的一半，是要回到实践中，通过抓落实，用理性认识指导实践，实现再认识的目的，完成理论形态到现实形态质的飞跃。

---

1 《马克思恩格斯选集（第一卷）》，9页。

二、抓落实是中国共产党人的优良传统

注重实践，强调落实，真抓实干，是中国共产党的优良传统。以毛泽东、邓小平、江泽民、胡锦涛、习近平为代表的中国共产党人，在继承马克思主义实践观和抓落实思想的基础上，结合中国革命、建设和改革实践，提出了一系列抓落实的思想观点和举措。

毛泽东一贯强调要把党的各项工作落到实处、收到实效，强调抓落实必须始终抓紧抓牢。早在1928年，他就指出因为条件的艰苦和复杂，"党的各级机关解决问题，不要太随便。一成决议，就须坚决执行。"[1]1942年他再次强调："一个人做事只凭动机，不问效果，等于一个医生只顾开药方，病人吃死了多少他是不管的。又如一个党，只顾发宣言，实行不实行是不管的"[2]"我们判断一个党、一个医生，要看实践，要看效果。"[3]1949年，毛泽东在《党委会的工作方法》一文中再次强调党委对主要工作不但一定要"抓"，而且一定要"抓紧"，"什么东西只有抓得很紧，毫不放松，才能抓住。抓而不紧，等于不抓"，"不抓不行，抓而不紧也不行"。[4]

邓小平强调"鼓实劲，不鼓虚劲"，强调抓落实必须秉持实事求是的态度。在我国改革开放之初的关键时期，邓小平认真总结新中国成立以来社会主义建设的经验教训，语重心长地指出："要抓住机会，现在就是好机会。我就担心丧失机会。不抓呀，看到的机会就会丢掉了，时间一晃就过去了。"[5]他提出："路线是非基本澄清了，规划制订了，措施提出来了，群众已经发动起来了。现在，摆在我们各级党组织面前的事情，就是要鼓

---

[1]《毛泽东选集（第一卷）》，89页。
[2]《毛泽东选集（第三卷）》，875页。
[3]《毛泽东选集（第三卷）》，874页。
[4]《毛泽东选集（第四卷）》，1442页。
[5]《邓小平文选（第三卷）》，375页。

实劲，要切实解决问题，要踏踏实实地工作，一句话，就是要落在实处。"[1]为了争取时间，邓小平大力倡导不搞争论。他说："不搞争论，是我的一个发明。不争论，是为了争取时间干。一争论就复杂了，把时间都争掉了，什么也干不成。"[2]所以，"改革开放胆子要大一些，敢于试验。看准了，就大胆地试，大胆闯"，[3]"每年领导层都要总结经验，对的就坚持，不对的就赶快改，新问题出来抓紧解决"。[4]在谈到发展速度时，他特别强调："以后要求的速度、数字是扎扎实实的，没有水分的，产品要讲质量的，真正能体现我们生产的发展。"[5]在讲效益的前提下，速度应尽可能搞快点，因为"低速度就等于停步，甚至等于后退"。[6]归根结底，抓工作落实，落脚点就在推动社会生产力的发展。

江泽民重视"督促检查抓落实"，强调抓落实必须强化领导干部主体责任。1994年6月，江泽民在中央办公厅关于开展督促检查情况报告上作出重要批示："决策的制定和实施方案的部署，事情还只是进行了一半，还有更重要的一半就是要确保决策和部署的贯彻落实。"[7]这一论述充分体现了马克思主义的唯物辩证法。决策与落实二者一起构成了各级党委、政府领导工作最本质的内容，没有决策就谈不上落实，没有落实，决策也就失去了意义，二者缺一不可。随着改革的深化，国有企业职工下岗问题日渐突出，为了推进中央关于国有企业下岗职工基本生活保障和再就业政策的进一步落实，中央办公厅和国务院办公厅组成联合督查组，分赴18个

---

1 《邓小平文选（第二卷）》，99–100页。
2 《邓小平文选（第三卷）》，374页。
3 《邓小平文选（第三卷）》，572页。
4 《邓小平文选（第三卷）》，572页。
5 《邓小平文选（第三卷）》，198页。
6 《邓小平文选（第三卷）》，576页。
7 王子恺主编：《新编党支部书记培训教材》，107页，北京，人民出版社，2006。

省区市,深入了解情况,督促地方落实中央决策。1995年,中央办公厅发布了《关于进一步加强督促检查工作的意见》,就督查工作的性质、任务、内容、工作方法及队伍建设等作了进一步的明确。全国各省、区、市党委办公厅相应设立了"省委督查室"等专门督查机构,地市、县区和一些部委局都设立了督查机构,形成了多层次抓决策落实的大环境。这些机构对中央和党委的重大决策和重要工作部署的落实进行督促检查,在推动决策落实上发挥了重大作用。

胡锦涛提出"用制度管权管事管人",强调抓落实必须发挥制度的功能。面对一些体制障碍和制度漏洞阻碍决策落实的现状,胡锦涛深刻指出:"有些问题存在已久,但解决问题的制度没有及时建立,跟不上形势发展需要;一些制度缺乏针对性和可操作性,过于原则宽泛,缺少具体实施措施;一些制度缺乏系统性和配套性,不能有效发挥作用。"[1]他多次强调,"坚持用制度管权管事管人",并提出"建立制度不仅要有实体性制度,更要有程序性制度",[2]并主持出台了《中国共产党纪律处分条例》《关于对党员领导干部进行诫勉谈话和函询的暂行办法》等程序性制度,明确党内问责的具体情形和相应惩处办法,追究制度执行责任落实不力的单位和个人。通过抓大案树典型的责任追究活动,促使各级党员领导干部在责任制督促下认真落实各项制度。

习近平总书记强调,要"打通'最后一公里'",强调抓落实是释放治理效能的关键。当前,全面深化改革持续推进,改革的复杂性、敏感性、艰巨性更加突出。面对抓落实中存在的"稻草人""橡皮筋"等问题,习近平总书记在不同场合强调:"政策不落实或落实不到位、落实走样等问题,

---

[1] 《胡锦涛文选(第三卷)》,298页,北京,人民出版社,2016。
[2] 《胡锦涛文选(第三卷)》,253页。

主要是'最后一公里'问题。我还是那句话,一分部署,九分落实"。[1] 习近平总书记曾指出:"有些地方、部门和单位抓落实之所以成效不佳,往往与缺乏经常抓、反复抓、持久抓有关。如果抓一阵子松一阵子,热一阵子冷一阵子,不能一抓到底,那怎么能把工作落实好呢?抓落实,一定要防止虎头蛇尾。"[2] 另一方面要依靠制度抓出成效。治理国家,制度是起根本性、全局性、长远性作用,然而再好的制度,也会因为落实不到位而走样、变形,甚至沦为一纸空文。所以,习近平强调:"制度制定了,就要立说立行、严格执行,不能说在嘴上,挂在墙上,写在纸上,把制度当"稻草人"摆设,而应落实在实际行动上,体现在具体工作中。"[3]

三、抓落实是中国革命、建设和改革的成功经验

为政之道,贵在落实。一部百年党史,就是一部我们党抓落实、务实效,夺取一个又一个胜利的历史。不抓落实,百年大党难以铸就;不抓落实,伟大复兴终将成空。坚持将马克思主义基本原理同中国具体实际相结合,是共产党人抓好落实工作的思想武器,也是引导中国革命、建设和改革事业不断发展的成功之道。2018年5月4日,习近平总书记在纪念马克思诞辰200周年大会上指出:"马克思主义为中国革命、建设、改革提供了强大思想武器,使中国这个古老的东方大国创造了人类历史上前所未有的发展奇迹。历史和人民选择马克思主义是完全正确的,中国共产党把马克思主义写在自己的旗帜上是完全正确的,坚持马克思主义基本原理同中国具体实际相结合、不断推进马克思主义中国化时代化是完全正确的!"[4] 这

---

1 《习近平著作选读(第一卷)》,465 页,北京,人民出版社,2023。
2 习近平:关键在于落实,载《求是》,2011 年第 6 期。
3 习近平:《之江新语》,71 页。
4 习近平:在纪念马克思诞辰 200 周年大会上的讲话,载《人民日报》,2018 年 5 月 5 日,第 1 版。

铿锵有力的话语，指明了百年大党的成功之道，也指明了新时代中国共产党所肩负的重大历史使命和努力方向。

在中国革命和建设时期，中国共产党人经过艰辛探索，不断把马克思主义基本原理贯彻落实到中国实践中，从而不断从胜利走向新的胜利。1925年12月，毛泽东发表的《中国社会各阶级的分析》，就是运用了唯物史观，科学说明了中国革命的领导力量、动力和对象，初步回答了马克思主义如何与中国革命结合的问题，孕育出新民主主义思想的丰富内涵。针对盲目照搬苏俄模式，提出了"政权是由枪杆子中取得的"重要论断，探索出"农村包围城市、武装夺取政权"中国革命道路。1930年5月，毛泽东写出《反对本本主义》，严厉批评当时党内讨论问题时有人开口闭口"拿本本来"，告诫党内同志："马克思主义的'本本'是要学习的，但是必须同我国的实际情况相结合。我们需要'本本'，但是一定要纠正脱离实际情况的本本主义。"[1] 1937年，毛泽东发表《矛盾论》《实践论》，厘清了主观主义(特别是教条主义)产生的哲学基础。"两论"分别从认识论和辩证法两个方面，对马列主义普遍真理同中国革命具体实践相结合的必要性作了充分的哲学论证，并对如何实现这种结合在方法论上给予了明确的概括和总结，从而为马克思主义中国化奠定了坚实的哲学基础。

新中国成立后，我国走上了有别于马克思所设想的、不同于苏联模式的中国道路。随着国民经济恢复工作的顺利完成，我国社会主要矛盾已经发生变化，要求对社会生产关系进行一场深刻革命。1953年，毛泽东在中央政治局会议上提出："从中华人民共和国成立到社会主义改造基本完成，这是一个过渡时期，党在这个过渡时期的总路线和总任务是，要在一

---

[1]《毛泽东选集（第一卷）》，111–112页。

个相当长的时期内,逐步实现国家的社会主义工业化,并逐步实现对农业、对手工业和对资本主义工商业的社会主义改造。"[1] 在"三大改造"过程中,对资本主义工商业的社会主义改造最具有中国特色。毛泽东运用马克思主义阶级分析方法,科学地揭示了中国民族资产阶级和民族资本的二重性,运用和平赎买方式完成了对资本主义的改造。他认为:"我们对资本主义工商业的社会主义改造,实际上就是运用从前马克思、恩格斯、列宁提出过的赎买政策。"[2] 党的十一届六中全会通过的《关于建国以来党的若干历史问题的决议》指出:"在过渡时期,我们党创造性地开辟了一条适合中国特点的社会主义的改造道路。"[3]

20 世纪 50 年代后期至"文化大革命"十年,在改革旧体制和创新发展模式的过程中,出现了一系列严重失误。社会主义建设遭受重大挫折,现实倒逼着中国共产党慎重反思"什么是社会主义、怎样建设社会主义"问题。1978 年,党的十一届三中全会系统总结了社会主义建设的正反经验,明确提出要突破"两个凡是"原则,解放思想、实事求是,将全党工作重心从阶级斗争转移到社会主义现代化建设之中,并实行改革开放战略。

作为一个发展中的大国,我国不同于发达国家,也不同于其他发展中国家,这决定了我国建设社会主义不能照搬他国模式。同时,初级阶段的基本国情又决定了建设不能急于求成,只能循序渐进。因此,党的十二大明确提出了建设有中国特色的社会主义,党的十三大进一步提出党在社会主义初级阶段的基本路线是"一个中心,两个基本点",即坚持以经济建设为中心,坚持四项基本原则,坚持改革开放。1992 年 1 月到 2 月邓小

---

[1] 《毛泽东著作选读(下册)》,704 页,北京,人民出版社,1986。
[2] 《毛泽东文集(第六卷)》,499 页,北京,人民出版社,1991。
[3] 关于建国以来党的若干历史问题的决议,载《人民日报》,1981 年 7 月 1 日,第 1 版。

平发表南方讲话,提出了"市场经济不等同于资本主义,社会主义也有市场。计划和市场都只是经济手段"[1],同时提出了评判改革成败的标准,应该主要依据"三个有利于"。党的十四大将我国经济体制改革方向确定为建设中国特色社会主义市场经济体制,在实践中探索如何运用马克思主义中国化让中国"富起来"。此后,中国特色社会主义理论体系在改革开放伟大实践的推动下,在"结合"的过程中不断得到丰富和完善。江泽民继续推进马克思主义基本原理同中国具体实际相结合,形成了"三个代表"重要思想。胡锦涛把坚持马克思主义基本原理同推进马克思主义中国化结合起来,创立了科学发展观,为推进全面建设小康社会指明了方向,把对中国特色社会主义规律的认识提升到一个新高度。

进入新时代,以习近平同志为核心的党中央不断推进马克思主义中国化,在不断抓落实中带领全国人民实现中华民族复兴强盛。党的十八大以来,习近平总书记将理论和实践结合,系统回答新时代坚持和发展什么样的中国特色社会主义、怎样坚持和发展中国特色社会主义的重大问题。顺应我国社会主要矛盾的新变化,作出了中国特色社会主义进入新时代的重大判断,确立了实现中华民族伟大复兴中国梦的奋斗目标,提出了坚持以人民为中心的发展思想,明确了中国特色社会主义事业"五位一体"总体布局和"四个全面"战略布局,推动构建人类命运共同体、共建"一带一路"等战略举措。展望21世纪的发展前景,我们要以更加宽阔的眼界审视马克思主义在当代发展的现实基础和实践需要,坚持问题导向,坚持以我们正在做的事情为中心,倾听时代声音,更加深入地推动马克思主义同当代中国发展的具体实际相结合,实现全面建设社会主义现代化强国的宏伟目标。

---

1 《邓小平文选(第三卷)》,373页。

第二节　新时代提高抓落实能力的必要性和紧迫性

落实是成事之基、发展之本。不沉下心来抓落实，再好的思路政策都只能是纸上谈兵，再美的蓝图也只能是空中楼阁。习近平总书记指出："要把抓落实作为推进改革工作的重点，真抓实干，蹄疾步稳，务求实效。"[1]广大干部不忘初心、牢记使命，带领人民群众干事创业，就要让抓落实成为自己的鲜明特质，不断增强抓落实的思想自觉和行动自觉。

一、抓好落实是习近平总书记治国理政的重要方略

习近平总书记在多个重要场合反复强调"一分部署，九分落实"。"抓落实"具有鲜明的马克思主义立场、观点和方法，彰显共产党人鲜明的政治品质和历史担当。抓好落实既是习近平总书记治国理政方略的重要组成部分，又是贯彻落实新理念新思想新战略的重要方法。

（一）抓好落实蕴含"以人民为中心"的根本立场

抓落实首要的解决"为谁抓"这一问题。习近平总书记强调要"始终把人民放在心中最高的位置"[2]，要求党员干部要"怀着强烈的爱民、忧民、为民、惠民之心，心里要始终装着父老乡亲，想问题、作决策、办事情都要想一想是不是站在人民的立场上"[3]，指出"我们必须把人民利益放在第一位，任何时候任何情况下，与人民群众同呼吸共命运的立场不能变，全心全意为人民服务的宗旨不能忘，坚信群众是真正英雄的历史唯物主义观

1　习近平主持召开中央全面深化改革领导小组第二次会议强调　把抓落实作为推进改革工作的重点　真抓实干蹄疾步稳务求实效，载《人民日报》，2014年3月1日，第1版。
2　《习近平谈治国理政（第一卷）》，43页。
3　《习近平谈治国理政（第三卷）》，520页。

点不能丢"[1]，强调"为什么人、靠什么人的问题，是检验一个政党、一个政权性质的试金石。"[2] 这些无不显现着"为人民抓落实"的根本价值取向。中国共产党自成立之日起就把初心鲜明地写在自己的旗帜上，从中华民族站起来、富起来到强起来，从"赶考"到"答卷"，每走一步无不坚持一切工作的出发点和落脚点皆为人民谋利益，皆由人民来评判，从而赢得了人民的衷心拥护，推进了事业的飞速发展，创造了为世界赞叹的"中国奇迹"。"只有植根人民、造福人民，党才能始终立于不败之地。"[3] 鲜明地彰显了以人民为中心抓落实的根本立场。我们党所需要的"抓落实"，绝不是为某个团体和部门搞官僚主义、圈子主义的"抓落实"，也不是为某个地方和领域搞形式主义和痕迹主义的"抓落实"，更不是为某个领导和个人搞自私自利、损公肥私的"抓落实"，而是为广大人民根本利益的"抓落实"、为全体人民过上幸福美好生活的"抓落实"，只能以"人民高兴不高兴、满意不满意、答应不答应"作为根本的评判标准。

（二）全面落实新发展理念

党的十九届五中全会明确提出要"坚定不移贯彻创新、协调、绿色、开放、共享的新发展理念"，并将其作为"十四五"时期经济社会发展必须遵循的一项重要原则。坚持新发展理念是抓落实的重要遵循，推动各项任务落实理所应当要坚持这一原则要求。习近平总书记反复强调"抓创新就是抓发展，谋创新就是谋未来""协调发展是制胜要诀""协调既是发展手段又是发展目标，同时还是评价发展的标准和尺度"，强调"环境就是民生，青山就是美丽，蓝天也是幸福，绿水青山就是金山银山"，强调"我

---

[1]《习近平谈治国理政（第二卷）》，295 页。
[2]《习近平谈治国理政（第三卷）》，520 页。
[3]《十八大以来重要文献选编（上卷）》，38 页。

们大胆开放、走向世界，无疑是选择了正确方向"，强调"共享发展是人人享有、各得其所，不是少数人共享、一部分人共享"。[1] 这些新理念新思想充满着辩证的哲思、闪耀着马克思主义的真理光芒，是党治国理政的重要指导思想，也是我们推进事业、落实工作的根本遵循。我们要牢牢坚持"创新是第一动力"，创造性推动任务落实，持续推进高质量发展；牢牢坚持全国一盘棋、统筹协调各方面，着眼锻长板、补短板，实现错位发展、协调发展、有机融合，形成整体合力；牢牢坚持"两山论"，不以破坏环境浪费资源为代价抓落实；牢牢坚持"全面融入开放的世界"，不断提高把握国内国际两个大局的自觉性和能力水平；牢牢坚持"全面小康路上一个也不能少"，保证全体人民在共建共享中有更多获得感，不断促进人的全面发展、全体人民共同富裕。

（三）抓好落实是坚持对标对表的实践要求

"落实"体现的是结果，意味着必须用心专一、用力担当，彰显着善作善成的思想意蕴。实现"落实"目标，必须全面把握"怎么抓"这一实践要求。在抓落实工作中，领导干部应从这样几个方面入手：一是必须快速精准抓落实。快速、精准强调的是效率和质量。习近平总书记历来坚持"马上就办，办就办好"的工作作风，始终强调精准施策，善始善终、善作善成，行动上要时刻对标对表。习近平总书记强调"解决问题要一抓到底，一时一刻不放松，一丝一毫不马虎"[2]，"上上下下必须把工作抓得很紧很紧""不能停顿、不能大意、不能放松"[3]，强调决不能松懈、走样，决不能过得去就行，必须对标对表中央的各项要求，快速精准落实到位。二是

---

[1] 习近平：深入理解新发展理念，载《求是》，2019年第10期。
[2] 习近平在统筹推进新冠疫情防控和经济社会发展工作部署会议上的讲话，载《人民日报》，2020年2月24日，第1版。
[3] 习近平在决战决胜脱贫攻坚座谈会上的讲话，载《人民日报》，2020年3月7日，第1版。

勇当先锋抓落实。"喊破嗓子，不如做出样子。"抓落实要求党员干部必须身先士卒、带领群众一起干，尤其是面对急难险重任务，要带头冲锋、亲力亲为抓实工作，敢于担当、永不退缩。习近平总书记指出各级干部要"强化带头意识，时时处处严要求、作表率"[1]，"不仅亲自抓、带头干，还要勇于挑最重的担子、啃最硬的骨头，做到重要改革亲自部署、重大方案亲自把关、关键环节亲自协调、落实情况亲自督察，扑下身子，狠抓落实"[2]。党员干部尤其是领导干部要坚持一级带着一级干，一级干给一级看，做到始终走在前列。三是要实干巧干抓落实。习近平总书记反复强调"空谈误国、实干兴邦"，强调要聚焦形式主义、官僚主义问题开展全面检视、靶向治疗，切实为基层减负，让干部有更多时间和精力抓落实。面对当前改革发展稳定的繁重任务，领导干部必须增强紧迫感和战胜困难的信心，抓实经济社会发展各项工作；要聚焦、聚神、聚力抓落实，做到紧之又紧、细之又细、实之又实；要力戒表态多调门高、行动少落实差，坚决杜绝不担当、不作为、慢作为、乱作为、假作为等顽瘴痼疾。同时，抓落实还离不开巧干。习近平总书记曾提出为官办事"敢、细、巧、实"四字诀，巧就是讲究工作方法，掌握领导艺术，统筹全局，抓主要矛盾，强调要牵住牛鼻子，抓好统筹协调，学会弹钢琴，处理好主次轻重等各种关系。

社会主义是干出来的，新时代是奋斗出来的。开启新征程、扬帆再出发，尤须大力弘扬实干精神，每个党员干部都应当涵养务实、求实、扎实的作风，说到做到、干就实干、干就干成，把抓落实具体体现在工作举措、工作流程、工作环节、工作实效上，不折不扣、心无旁骛地把党中央决策部署落到实处。

---

[1]《十八大以来重要文献选编（上卷）》，351页。
[2]《习近平谈治国理政（第二卷）》，106页。

二、抓落实能力是党员干部立身之本

在中国革命、建设和改革的不同历史时期，党和人民的事业之所以不断取得伟大的成就，蒸蒸日上、兴旺发达，靠的就是广大党员干部团结带领人民群众，脚踏实地地把党的路线方针政策变成无穷无尽的力量和实践。习近平总书记明确指出要"把抓落实的出发点放到为党尽责、为民造福上""把抓落实的落脚点放到办实事、求实效上"[1]。可以说，埋头实干、狠抓成效的抓落实能力，是党员干部的基本素质和过硬本领之一，是共产党人生存发展、建功立业的成功密码。

（一）抓落实是共产党人先进性的体现

《共产党宣言》明确指出，共产党人胜过其余无产阶级群众的地方在于他们了解无产阶级运动的条件、进程和一般结果，共产党人是各国工人政党中最坚决的、始终起推动作用的部分。这个"最"，就集中体现在始终"最认真"地代表着整个工人运动的利益。中国共产党是中国工人阶级的先锋队，同时是中国人民和中华民族的先锋队。这个先锋队就意味着与中国其他阶级、阶层的组织相比，与其他社会群体和成员相比，素质高、能力强，始终走在最前面，引领和促进整个社会的发展与进步。这种状态就来自他们最认真的学习、最认真的思考，去改造主观世界；就来自他们最认真的实践、最认真的落实，去改造客观世界。否则，是难以站在时代前列、实践前沿，去呈现"先锋队"的先进性状态的。

全心全意为人民服务是中国共产党的唯一宗旨，也是中国共产党对全体中国人民做出的庄严承诺。践行这一根本宗旨和庄严承诺必须走好每一步。以人民为中心的党的路线、方针和政策的科学制定只是工作的第一步，

---

1 习近平：关键在于落实，载《求是》，2011年第6期。

关键的第二步是切实将这些路线、方针和政策真正落地、落实。在这关键的第二步的实施过程中，党的各级领导干部的地位和作用不言而喻。可以说，党的各级领导干部重视落实的程度、实际抓落实的程度和力度，直接关系到党的宗旨的实现程度、人民群众的满意程度。因此，各级党委和广大党员干部更应该强化人民立场和执政为民理念，牢记为人民服务宗旨，将人民群众的新期待、新渴望、新企盼作为狠抓落实的不竭动力，不断提升人民群众的获得感。

（二）抓落实是加强作风建设的现实需要

好作风是抓落实的重要保障。作风过硬，工作力度就大，成效就明显；作风漂浮，工作就难以到位，必然贻误发展。习近平总书记指出："抓落实是衡量领导干部党性和政绩观的重要标志。"[1] 当前，干部队伍中不同程度地存在精神不振、贪图安逸、得过且过、不思进取等不良状态，存在形式主义、官僚主义、享乐主义和奢靡之风问题，存在不想干事、不敢干事、不会干事和干不成事的现象和不正之风。习近平总书记曾讲到一个对联，上联是"你开会我开会大家都开会"，下联是"你发文我发文大家都发文"，横批是"谁来落实"。[2] 有的干部工作重部署、轻落实，有计划、没行动，抓形式、无实效，等等。如果干部队伍中的这些人多了，那就会影响干工作、抓落实的效果，影响事业发展。不落实问题不仅是形式主义、官僚主义的突出表现，而且与享乐主义、奢靡之风密切相关。不作为、慢作为、乱作为，是不落实的顽症；遇到困难绕道、遇到问题推诿、遇到矛盾回避，是干部不落实的陋习。针对领导干部作风建设邓小平曾指出："一句话，就是要落在实处。追求表面文章，不讲实际效果、实际效率、实际速度、

---

[1] 《习近平关于"不忘初心、牢记使命"论述摘编》，64页，北京，中央文献出版社，2019。
[2] 习近平：关键在于落实，载《求是》，2011年第6期。

实际质量、实际成本的形式主义必须制止。说空话、说大话、说假话的恶习必须杜绝。"[1] 现在许多工作存在落实难的问题，很重要一个原因就是少数干部抓工作不尽心，不愿把主要精力用在抓落实上。落实是党员干部作风的体现，干部作风是落实的折射。所以，坚持抓落实，坚决反对"四风"，解决"为官不为"问题，既是保证工作效果、提高工作效率的基本要求，也是确保保证党员优良作风的关键所在。

（三）抓落实是衡量党员干部能力素质的重要指标

习近平总书记指出："抓落实是领导工作中一个极为重要的环节。"[2] 抓落实是党执政能力的重要展现，也是对各级领导干部工作能力的重要检验。党的十八大以来，党中央经过集体努力和探索，形成了习近平治国理政新思想、新理念、新战略，提出全面深化改革的总目标是推进国家治理能力与治理体系现代化。国家治理能力的现代化离不开落实党的路线、方针和政策的能力。重要战略机遇期和全面深化改革进程中不断涌现的新矛盾、新问题和新挑战，对各级领导干部的能力素质提出了新的要求和考验。在这种情况下，能否将我们党最新理论创新、制度创新和道路创新的成果落到实处、落实到人民群众中，是检验党员干部能力的重要标尺。

三、提高抓落实能力是开启新征程夺取新胜利的重要保证

全面建设社会主义现代化国家，实现中华民族伟大复兴的中国梦，是全党全国各族人民的奋斗目标。习近平总书记强调："真抓才能攻坚克难、实干才能梦想成真。"[3] "幸福美好生活不是从天上掉下来的，而是要靠艰

---

[1] 《邓小平文选（第二卷）》，100页。
[2] 《习近平关于"不忘初心、牢记使命"论述摘编》，64页。
[3] 习近平：在同全国劳动模范代表座谈时的讲话，载《人民日报》，2013年4月29日，第2版。

苦奋斗来创造。"[1] 他告诫我们："如果不沉下心来抓落实，再好的目标，再好的蓝图，也只是镜中花、水中月。"[2] 在向"第二个百年目标"奋进过程中，必须提高广大党员干部抓落实的能力，真抓实干，蹄疾步稳，务求实效。

当今世界正经历百年未有之大变局，国际环境日趋复杂，不稳定性不确定性明显增加。中华民族伟大复兴进入关键期，维护国家统一的核心利益不容挑战。共产党是为实现社会主义、共产主义而奋斗的马克思主义政党，中国共产党是中国特色社会主义事业的坚强领导核心，其历史使命就是全力推进中国特色社会主义的进步与发展。同时，这一使命完成得如何，直接关系到民族的兴衰、国家的前途、人民的安康。

当前，中国特色社会主义事业已推进到全面深化改革的崭新阶段。亟须认真研究、深刻把握全面深化改革总目标的历史背景、现实根据、科学内涵。习近平总书记强调："今天，摆在我们面前的一项重大历史任务，就是推动中国特色社会主义制度更加成熟更加定型，为党和国家事业发展、为人民幸福安康、为社会和谐稳定、为国家长治久安提供一整套更完备、更稳定、更管用的制度体系。这项工程极为宏大，必须是全面的系统的改革和改进，是各领域改革和改进的联动和集成，在国家治理体系和治理能力现代化上形成总体效应、取得总体效果。"[3]

当前，改革已经进入攻坚期和深水区，亟需认真负责的态度去抓落实，敢于突破，扎实推进。改革开放40多年快速发展积累的矛盾问题，浅层次的、比较容易解决的已经解决了，现实存在的大多是一些错综复杂、深

---

[1] 把革命老区发展时刻放在心上——习近平总书记主持召开陕甘宁革命老区脱贫致富座谈会侧记，载《人民日报》，2015年2月17日，第2版。

[2] 《习近平关于协调推进"四个全面"战略布局论述摘编》，167页，北京，中央文献出版社，2015。

[3] 《习近平谈治国理政（第一卷）》，104–105页。

层尖锐，甚至是牵一发动全身的矛盾。只有切实解决好落实全面深化改革中存在的"稻草人""橡皮筋"等问题，才能在改革的关键领域实现新突破。

"行百里者半九十"，重大部署和改革方案能否落地生根，取决于推进过程中的"最后一公里"能否彻底打通。改革实践表明，越到"最后一公里"，各种"中梗阻"对改革的阻滞力也越大，任何跑冒滴漏、虚晃一枪，都有可能使相关改革的成效大打折扣，甚至走形变样、半途而废、前功尽弃。全党同志只有以强烈的历史责任感和使命感，始终保持"钉钉子"的精神状态，最大限度集中全党全社会智慧，最大限度调动一切积极因素，敢于啃硬骨头，敢于涉险滩，以更大决心冲破思想观念的束缚，突破利益固化的藩篱，一环紧扣一环、一步紧跟一步，盯住干、马上办、改到位，才能完成全面深化改革总目标和总任务。

认真对待事业，狠抓落实成效，才能不断开创新局面。我们党正是凡事讲"认真"，艰辛探索、不懈奋斗，才战胜了一个又一个艰难险阻，取得了一个又一个举世瞩目的成就。当前，全面建设社会主义现代化国家的号角已吹响，更需要我们以最认真的态度，深入贯彻落实"十四五"规划的战略部署，以更大的决心和勇气、更踏实的作风不断推动改革向纵深发展，进一步完善和发展中国特色社会主义制度，推进国家治理体系和治理能力现代化，从而不断夺取中国特色社会主义的新胜利。

第三节　领导干部提高抓落实能力的举措和途径

领导干部作为党和国家建设的关键力量，其抓落实能力的高低对党和人民事业的发展具有深刻的影响。领导干部的抓落实能力不是先天形成的，而是需要在理论学习、调查研究、机制保障等各方面持久用力,通过长期实践不断加强的。

一、在理论学习中把握规律

加强理论学习是领导干部的立身之本、成事之基,也是提高能力素质和落实水平的有效途径。习近平总书记指出:"我们党始终高度重视理论武装,每逢重大历史关头,都要用党的创新理论统一全党思想,……今天,我们党带领全国各族人民迈上了全面建设社会主义现代化国家、全面推进中华民族伟大复兴的新征程,要更好肩负起新时代新征程党的使命任务,迫切需要用新时代中国特色社会主义思想武装头脑、指导实践、推动工作。"[1] 他强调:"只有加强学习,才能增强工作的科学性、预见性、主动性,才能使领导和决策体现时代性、把握规律性、富于创造性。"[2]

中国特色社会主义进入新时代,我国正日益走近世界舞台中央,但仍然面临着不少困难和挑战,也面临着一系列新情况新问题,如发展不平衡不充分、触碰既得利益集团的利益而使某方面改革受阻、各种错误社会思潮扰乱人们的思想等,这就要求各级领导干部必须具备分析、解决各种复杂问题的能力和技巧。广大党员干部只有保持理论上的清醒,才能确保政治上的坚定。党员干部增强理论知识的储备,有助于更好地指导工作实践;加强理论思维的培养,才能有力地提高工作效率。而加强理论武装和政治思想教育,是提高抓落实能力的基础,也是党的大政方针政策落地生根的关键。

马克思主义是认识世界和改造世界的强大思想武器,学习掌握马克思

---

[1] 习近平:《在学习贯彻习近平新时代中国特色社会主义思想主题教育工作会议上的讲话》,2-3页,北京,人民出版社,2023。

[2]《习近平谈治国理政(第一卷)》,404页。

主义理论素养是党政领导干部的基本功。1940年12月底,毛泽东接见从前线回来到中央党校学习的同志,在与他们的谈话中说道:"没有大量的真正精通马克思列宁主义革命理论的干部,要完成无产阶级革命是不可能的。"[1] 领导干部要有计划、有重点地研读马克思主义基本理论,从根本上了解马克思主义的真理性,用马克思主义的立场观点方法来认识世界和改造世界,去伪存真,抓住本质,把握规律,做到真学、真懂、真信、真用,不断提高理论素质、党性修养、实际能力。

中国特色社会主义理论体系是马克思主义中国化的最新成果,是我们党领导改革开放和社会主义现代化建设伟大实践的重要理论结晶,是全国各族人民团结奋斗的共同思想基础。党员领导干部要紧密结合自己的思想和工作实际,深入系统地学习中国特色社会主义理论体系,特别是要深入系统地学习习近平新时代中国特色社会主义思想,坚持问题导向,把解决经济社会发展重大问题和人民群众最关心、最直接、最现实的问题作为引导理论学习的重要方向。同时,党员干部在查找问题的基础上,要善于拆解矛盾,分析利弊,抓准突出的重点、难点和痛点,让理论学习真正成为抓落实的"万能钥匙"。

在理论学习中要善于抓住本质,把握规律,提升政策领悟力。政策领悟力是抓落实的前提,只有对党的基本路线、党的中心任务和党的建设要求真正理解吃透和正确诠释,才会自觉地、坚定地、持之以恒地去落实。毛泽东在《反对本本主义》中说:"盲目地表面上完全无异议地执行上级的指示,这不是真正在执行上级的指示,这是反对上级指示或者对上级指示怠工的最妙方法。"[2] 领导干部要着眼于在改革开放和发展社会主义市场

---

[1] 《毛泽东思想年编:1921—1975》,278页,北京,中央文献出版社,2011。
[2] 《毛泽东选集(第一卷)》,111页。

经济，在全面建设小康社会和实现社会主义现代化的历史进程中，对如何准确认识我国社会主义初级阶段的基本国情和当前发展的阶段性特征，如何科学统筹中国特色社会主义事业中的一系列重大关系，如何全面推进中国特色社会主义经济、政治、文化、社会以及生态文明建设协调发展等问题加强研究，不断深化对社会主义建设规律的认识。年轻干部应把学懂弄通做实习近平新时代中国特色社会主义思想作为看家本领，将上级精神与本地本单位实际结合，在"上情"与"下情"之间寻找对接点，在共性和个性之间寻找统一性，因地制宜，有的放矢，具体问题具体分析，切忌照抄照转、照葫芦画瓢。

理论学习应坚持守正创新，确保学习见到实效。要大力加强理论学习工作的创新发展，将理论学习和具体工作相融合，切实做到"因事而化、因时而进、因势而新"。灵活运用多种学习形式，建立"互联网+"的学习模式，充分利用名师名家网络公开课、数字图书馆，开设网上学习专栏等途径，结合党委中心组集中学习、日常自学等常态化学习，营造线上线下联动学习、后方与一线交流互动、内部与外部相互借鉴的良好学习氛围，搭建联动学习机制，使理论学习更加贴近实际，让广大领导干部全面准确地了解党的路线、方针、政策。在学习内容上，延安时期推荐书目的做法非常值得借鉴，相关部门可以整理出每年中央要求领导干部阅读的书目或推荐一些好书供学习者参考；在学习氛围上，可以利用专栏、微信群等介绍领导干部理论学习的经验、典型做法，公开表彰先进单位或个人；在学习方法上，理论教员要精准把握思想政治工作的形势任务和规律特点，紧密结合当地的发展实际和领导干部的工作特点，制定符合本部门需求的学习体系和学习要点，促进党员干部在"学中干，干中学"的氛围中，更加精准、全面地掌握科学理论，更好地推动工作的落实。

二、在完善制度中加强保障

体制机制是确保制度得以落实的反复性、周期性活动的关键因素，建立良好的体制机制是制度优势转化为治理效能的基本要求。无论是推进工作，还是解决问题，只有在健全的体制机制下有序运行，在制度的刚性约束下规范作为，才能确保各项事业的顺利推进，才能确保各种问题的彻底解决。习近平同志强调，"抓好落实，具有良好的精神状态和优良的作风很重要，建立科学管用的制度和机制同样很重要"。[1] 只有不断完善各项制度，强化机制约束力，用制度管权、按制度办事、靠制度管人，才能为各项工作稳步、有序推进提供重要保障。

坚持完善党的领导落实机制。处理好党政关系、党群关系，实现党的全面领导与国家权力机关和社会团体履行职责有机结合。将坚持党内民主和实行正确集中相结合，实现统一领导与集体行动有效衔接，科学统筹调配资源，综合运用管理、技术等多种手段，清晰界定各级审批权限，减少和规范行政审批，健全机构、部门之间协调配合机制，着力解决职责交叉、多头办事的问题，确保制度运行顺畅。进一步健全党领导各类组织的制度、党委（党组）工作制度、党领导各项事业的具体制度等，加强党对相关工作的领导和统筹调配，把党的领导贯彻于党和国家机关正确履职的各阶段各环节，实现全周期管理。简化办事程序和办法。通过督查督导、巡视巡查等方式，形成确保党实施集中统一领导的制度环境，建立协同联动、友好协商、高效运行的工作机制。

形成共建共治共享机制。国家治理现代化的目标是"善治"，就是要最大限度地发挥各类治理主体的集体智慧，实现社会价值有效统合。因此，

---

[1] 习近平：关键在于落实，载《求是》，2011 年第 6 期。

要在改进党的领导方式和执政方式推进抓落实工作的同时，坚持和完善共建共治共享的社会治理制度，加快政府职能转变，督促政府更好地履行社会治理和公共服务职能。最广泛地动员、组织和扩大人民群众参与国家和社会治理，不断完善保障人民权益、接受人民监督的体制机制。通过公共资源和社会力量的横向交互整合，尊重社会内部信任合作，充分挖掘各治理主体的自身潜力，继而建立起良性联结、优势互补的合作局面，共同打造社会治理体系。与此同时，积极鼓励社会组织和民间团体参与共建共治，努力形成党政主导、多方参与、全员共享的协调联动机制，一体推进各项制度的落实落地。

健全领导干部责任机制。责任清楚，落实就有力。建立严格的目标管理责任制，把目标任务"菜单"分解到部门单位、具体到项目、细化到岗位、量化到个人，确保事有专管之人、人有明确之责、责有限定之期，坚决防止出现无人问津的"盲区"和推诿扯皮的"难区"，打造一级抓一级、层层抓落实、事事有着落的"责任链条"，始终保持重点工作集中攻坚的紧迫感和压力感。要抓住重要权力行使的重点环节，合理界定实体性违规、程序性违规的具体情形，明确行政处置、纪律处分、法律处罚的主要标准，从快从严地建立起权力行使问责机制，提醒、警示和督促依规依法正确行使权力。要严格执行工作报告制度，贯彻落实相关文件精神，推动工作落实情况报告的规范化、制度化和常态化。

建立效能反馈评价机制。各项政策有效落实的关键，在于政策公信力与适应性相互调适，公共权力与群众权利相互统一。从公共权力行使角度讲，人民群众是一切权力的所有者，加强党的领导就是要让人民群众成为国家的主人。因此，要进一步规范工作程序，运用科学有效的手段，尽最大努力维护人民群众权益。比如，利用大数据和人工智能等现代技术手段，构建方便群众参与的信息管理平台，实时高效地打通各民主党派、人民团体和社会组织反映民声、表达民意的渠道，听取群众呼声、接受群众监督，根据群众评判和意见优化政策落实手段。

健全党的能力建设机制。实践证明，加强和改善党的领导、提高党的执政能力是领导干部抓落实能力加速升级的题中应有之义。加强党的执政能力建设，关键在于依法执政、依规治党。由于中国共产党的特殊领导地位，党纪党规在党内治理中的作用将会对党的治理能力产生影响。党内法规是党中央和有党内法规制定权的中央部委、地方党委制定的党内制度规范，将其作为党的领导制度的有力补充，有利于更好地体现党的意志，提高党的政策供给和制度执行力。因此，应当进一步完善以党章为根本、党内法规为支撑的法规体系，严明政治纪律和政治规矩，严肃党内政治生活，净化党内政治生态，运用制度建设成果推动党的建设向纵深发展，通过党的建设成效促进各项制度有效落实。

三、在督促检查中检验成效

督查是推动决策落实的实践活动。从领导科学来讲，督查工作既是整个领导工作活动全过程的基本职能，又是科学领导的重要手段和方法，是领导者实施有效管理的直接产物。习近平总书记高度重视督查工作，他深刻指出："督查工作很重要，它是全局工作中不可缺少的一个重要环节。在一定意义上说，没有督查就没有落实，没有督查就没有深化。"[1] 他明确提出，"督察是抓落实的重要手段"，"各地区各部门要把抓改革落实摆到重要位置，投入更多精力抓督察问效，加强和改进督察工作，拓展督

---

[1] 习近平：没有督查就没有落实——在与浙江省委督查室干部座谈时的讲话，载《秘书工作》，2015年第1期。

察工作广度和深度,点面结合,多管齐下,提高发现问题、解决问题的实效"。[1]

督查工作只有不断适应新阶段、新形势、新任务的要求,在发展中创新,在创新中发展,才能不断提高质量和水平。牢固树立创新、协调、绿色、开放、共享的新发展理念,围绕干部群众最关心、最直接的利益问题,强化责任意识,发挥主观能动作用,不断增强督查工作的积极性、主动性,努力实现由被动交办型督查向主动自觉型督查转变。具体来讲:一是树立"结果为本"的督查理念。检验任何一项决策落实的成效,关键看最终结果。开展督查工作,以测评政府部门依法行政、依法履职的结果为基本出发点,全面、整体衡量政府部门的工作效能。只有这样,才能达到督查的目的。二是树立系统性的督查理念。督查工作是一项系统工程,不仅需要领导抓,职能部门抓,而且需要各级各部门联手互动。按照系统理念注重建立完善上下贯通、左右联动的督查工作网络,努力构筑方方面面齐抓共管的大督查格局。三是树立持续全流程的督查理念。围绕推进国家治理体系和治理能力现代化的总目标制定实施一系列督查措施,进一步拓宽督查面,采取多视角、全方位的督查方法,将督查内容拓宽至各部门工作落实情况、各岗位工作流程和工作标准执行情况、党风廉政建设、财经纪律贯彻落实情况等方方面面,不仅对某一时段的工作进行督促检查,跟踪问效,而且应对整体工作全面、持续、深入地督查落实。

做好督查工作,不能眉毛胡子一把抓,而是在总揽全局的基础上,善于抓住事关大局的重点环节、关键问题,集中力量攻坚克难,寻求突破,从而推动全局。领导干部可以从这样几个方面着手:一是善抓大事。始终把党中央的重大决策部署的贯彻落实,作为督查工作的中心环节,明确督

---

[1] 慎海雄主编:《习近平改革开放思想研究》,358页,北京,人民出版社,2018。

查工作的目标、重点和措施，通过经常而有效的督查，使重大决策和重要工作部署真正落到实处。强化领导批办文件和指示精神的督查，及时督办，及时反馈，力求优质高效。二是敢抓难事。在实际工作中，由于政策执行出偏差、部门职能交叉或界限不清等原因，会出现诸如一些工作无人负责、一些问题久拖不决的现象，以致工作不能落实，政策不能兑现，干部利益受到损害。这就要求督查工作必须抓住难以解决特别是久拖不决的问题，按表逐项督查，随时掌握情况，使督查工作的"触角"跟着目标走，哪项工作最艰巨，督查就跟到那里；哪项工作推进慢，督查就深入到那里，坚决扫除工作落实过程中的各种障碍，确保政令畅通。三是勤抓急事。社会经济发展过程当中，不确定因素很多，热点、难点、焦点问题频出，如果不及时加以解决，就会影响发展稳定大局，影响政府形象。这就要求督查工作突出急难险重，讲求时效，利用政务信息网、"领导信箱"等平台，立即督办，及时解决，确保件件有回音、项项有落实。

采取恰当的督查方式方法，是做好督查工作的基本保证。根据工作实际，应重点采取以下方法：一是重点督查法。围绕党中央、国务院的各项决策部署这一中心环节，以及政府部门中涉及全局性、综合性、根本性的工作任务，突出重点，集中精力开展督查。二是专项督查法。围绕上级安排的单项工作、本部门需要限时完成的阶段性工作、领导交办的专项工作任务、社会舆论关注的焦点问题等方面，结合部门的职能特点，有针对性地专题立项督办，及时督促有关单位按时反馈情况，并适时提出建议。三是定点督查法。在不同层次、不同行业确定督查工作联系点，采取定期下去和不定期汇报的办法及时反馈决策落实情况。专职督查人员应经常到各联系点了解决策实施情况，兼职和特约督查员要及时主动提供督查信息，形成上下联动、左右配合的督查格局。四是跟踪督查法。对涉及持续推进的重大改革任务、连续开展的重要工作，以及上级领导密切关注进展的工作，仅靠一次性督查达不到目的。因此，应建立督查台账，明确时间节点，定期跟踪督查，确保各项决策部署得到不折不扣落实。督查工作不应局限于单一方法，而应针对督查内容和对象的实际情况，灵活运用，综合采取书面督查、会议督查、现场督查、实地暗访、第三方评估、社会评价等方式进行。

督查工作常态化，关键在于持久有序的运作模式，而机制建设是创立持久有序运作模式的关键。机制建设主要包括三个方面：一是健全领导带头抓督查的良性机制。领导抓督查，可以有效增强督查工作的权威性，对决策落实起到极大的促进作用。建立部门领导班子成员抓督查、抓落实的责任制，分解细化督查任务，使每一位领导同志既担当指挥员、调度员角色，又担当巡视员、督查员角色，从而把部门领导班子成员抓督查落实的工作纳入经常化、规范化轨道。二是健全督查工作日常规范的良性机制。进一步细化督查工作任务，明确督查工作责任分工，规范督查工作程序，确保交办、立项、督办等环环相扣，构建"锁链式"工作模式。变"被动型办事"为"主动型办事"，从突击性督查向常态化督查转变，努力形成功能完善、传递反馈顺畅的督查网络，形成各方联动的大督查氛围。三是健全督查问责的良性机制。徒有虚名的督查等于没督查，缺乏监督的落实难以真落实。应坚持有督查必有情况反馈，有督查须有处理结果。盯住不落实的事，追究不落实的人，明确规定调整、降职、免职、辞退、开除等具体条件，以及相应的工资福利待遇减扣数额，让"能者上、庸者下、劣者汰"成为常态，让不作为、慢作为、乱作为的干部物质待遇受损，实际收入降低，让滥竽充数的南郭先生在领导干部队伍中难以藏身，真正让干部有压力、工作重落实。

四、在正向激励中激发活力

正向激励对于充分调动干事创业的积极性，让广大党员干部想干愿干积极干，提升工作精气神具有重要作用。对此，习近平总书记指出："要建立崇尚实干、带动担当、加油鼓劲的正向激励体系，树立体现讲担当、重担当的鲜明导向。"[1] 提高抓落实的能力，更加需要完善以示范引领激励担当作为、以精准考核激励科学实干、以合理容错纠错激励大胆创新的正向激励机制，真正把"愿作为、能作为、善作为"的干部选拔出来，从而为实现"两个一百年"奋斗目标、实现中华民族伟大复兴的中国梦营造良好的政治生态和从政环境。

注重示范激励。示范激励是我们党教育和引导广大党员干部担当作为的一条基本经验。要充分发挥领导干部的率先垂范作用、先进典型的榜样示范作用、荣誉表彰的精神引领作用，推动全党全社会形成见贤思齐、崇尚英雄、争做先锋的良好氛围。习近平总书记指出，领导干部是党和国家事业发展的"关键少数"，对全党全社会都具有风向标作用。当前，改革发展稳定任务繁重、形势严峻复杂，迫切需要领导干部当先锋、做表率、展作为，发挥以上率下、示范带动作用，激励广大干部担当作为、奋勇争先。教育和引导领导干部特别是党政一把手争当改革的促进派、实干家，敢于挑最重的担子、啃最硬的骨头，敢于打破利益阻隔、推进有风险阻力的重大改革。

加强荣誉表彰。荣誉表彰是充分发挥典型示范、精神引领作用的有效举措。加强荣誉表彰，有利于形成崇尚先进、尊爱英雄的良好风尚，增强中国特色社会主义事业凝聚力和感召力。落实党和国家功勋荣誉表彰制度，

---

[1] 习近平：切实贯彻落实新时代党的组织路线　全党努力把党建设得更加坚强有力，载《人民日报》，2018年7月5日，第2版。

规范部门和地方荣誉表彰工作，设立改革创新、担当作为奖项，表彰各条战线中涌现出的具有强烈创新意识和担当精神的干部。完善荣誉表彰评选甄别制度，坚持高标准、严要求，激励更多在基层一线和普通岗位上担当作为、实绩突出的干部。完善表彰对象管理服务工作，把表彰结果作为干部任用、评先选优的重要依据，制定表彰对象的待遇及帮扶规定，为他们干事创业、再立新功创造良好的环境和条件。

重视考核评估。考核评价是引导干部奋发有为、促进事业发展的"指挥棒"。要充分发挥考核评价的激励鞭策作用，增强干部担当作为内生动力，从源头上解决"干与不干、干多干少、干好干坏一个样"的问题。在改革进入攻坚期、深水区的关键时刻，迫切需要大批敢于担当型干部来攻克体制机制顽疾、突破利益固化藩篱。因此，制定考核指标体系，应着力突出政治担当、历史担当、责任担当，突出处理复杂问题、完成急难险重任务的成效，实施分级分类分岗位考核，调动和保护好各区域、各层级、各战线干部的积极性。必须进一步优化方法流程，完善部门协同联动机制，统筹推进社会经济发展重点领域的系统性、全局性考核。完善综合分析研判规则，全方位、多角度、近距离了解干部，把日常考核和重大事件、关键任务考核结合起来，把潜绩考核和显绩考核结合起来，精准识别干部抓落实的能力、作风、实绩。强化考核结果运用，确保抓落实实效彰显。坚持考用结合、考奖结合、考培结合，把考核结果落实到干部选拔任用、评奖评优、培养教育之中。营造以担当立身、凭实绩进步的良性竞争环境。

建立完善容错纠错机制，是激励党员干部敢于担当作为、大胆探索实践的有效方式。改革创新有风险，只有允许试错、宽容失败，建立鼓励干部探索创新的容错纠错机制，旗帜鲜明为那些敢于担当、踏实做事、不谋私利的干部撑腰鼓劲，才能激励广大干部奋发有为，凝聚形成创新创业的强大合力。要把容错激励落实到各项工作中，宽容干部在改革创新中的失误错误，让干事创业者轻装上阵，为担当作为者保驾护航。明确清晰的范围界限，是防止混淆错误性质，避免错容、乱容的前提。习近平总书记强调："要把干部在推进改革中因缺乏经验、先行先试出现的失误和错误，同明知故犯的违纪违法行为区分开来；把上级尚无明确限制的探索性试验中的失误和错误，同上级明令禁止后依然我行我素的违纪违法行为区分开来；把为推动发展的无意过失，同为谋取私利的违纪违法行为区分开来"。[1] 科学界定容错条件情形，从问题性质、主观动机、客观条件、决策程序、后果影响、纠错处置等方面着手细化标准、厘清边界。完善分级分类、动态调整的容错清单，划定红线和底线，使广大干部准确掌握容错的尺度。是否合理妥善对待容错结果，使之转化为干部担当作为、干事创业的内在动力，是衡量容错激励机制水平的重要标准。完善容错处置标准，对认定为容错免责对象的干部，不打棍子、不揪辫子、不扣帽子，在干部考核、选拔任用、评先评优等方面予以客观评价、公正对待。完善容错公开标准，对认定为容错免责的事项，在适当范围内及时通报公开、说明缘由，为干部澄清正名、消除负面影响。完善纠偏纠错标准，坚持容纠并举、有错必纠，对造成损失或不良影响的错误，及时采取补救措施止损、挽损，通过谈心谈话帮助干部汲取经验教训、调整心态情绪，勉励其重整旗鼓再出发、提振精神再担当。

---

1 《习近平谈治国理政（第二卷）》，225 页。

后 记

毛泽东指出："政治路线确定之后，干部就是决定的因素。"而决定干部的因素则在于其各方面的能力如何。立足新时代，面对世界百年未有之大变局、中华民族伟大复兴战略全局，两者同步交织、相互激荡之大情势，习近平总书记对年轻干部提出了新的更高的要求。本书结合习近平总书记对年轻干部提出的七种工作能力的要求，进行了深入的阐释和剖析。

本书由中央党校（国家行政学院）进修一部副主任、教授杨英杰博士主持撰写。杨英杰负责本书大纲的编写和统稿工作。各章作者分别是：四川省委党校陈名财教授（第一章）；中央党校（国家行政学院）党史教研部聂文婷教授、中央党校（国家行政学院）研究生院博士生杨恒磊（第二章）；中央党校（国家行政学院）报刊社编辑王雪（第三章）；陆军军事交通学院李元同（第四章）；中国民航局第二研究所高工马德超（第五章）；中央党校（国家行政学院）党建教研部马丽教授（第六章）；国防大学研究生院梅腾（第七章）。

中央党校（国家行政学院）报刊社李步前教授、中央广播电视总台徐问笑女士做了大量的协调工作，特此致谢。感谢清华大学出版社主题出版中心徐学军、周菁两位老师和责任编辑王如月老师在书稿撰写过程中给予的重要指导。

杨英杰谨识

2024 年 1 月